中國學術思想 研究輯刊

二三編
林慶彰 主編

第13冊

論朱熹鬼神觀之哲學與宗教向度

郭芳如 著

花木蘭文化出版社

國家圖書館出版品預行編目資料

論朱熹鬼神觀之哲學與宗教向度／郭芳如 著 — 初版 — 新
北市：花木蘭文化出版社，2016〔民105〕
目 2+190 面；19×26 公分
（中國學術思想研究輯刊 二三編；第 13 冊）
ISBN 978-986-404-564-8（精裝）
1.（宋）朱熹 2.學術思想 3.鬼神
030.8   105002149

中國學術思想研究輯刊
二三編　第十三冊　　　　　　　　ISBN：978-986-404-564-8

論朱熹鬼神觀之哲學與宗教向度

作　　者　郭芳如
主　　編　林慶彰
總 編 輯　杜潔祥
副總編輯　楊嘉樂
編　　輯　許郁翎
出　　版　花木蘭文化出版社
社　　長　高小娟
聯絡地址　235 新北市中和區中安街七二號十三樓
　　　　　電話：02-2923-1455／傳眞：02-2923-1452
網　　址　http://www.huamulan.tw 信箱 hml 810518@gmail.com
印　　刷　普羅文化出版廣告事業
封面設計　劉開工作室
初　　版　2016 年 3 月
全書字數　167794 字
定　　價　二三編 24 冊（精裝）新台幣 46,000 元

論朱熹鬼神觀之哲學與宗教向度

郭芳如　著

作者簡介

郭芳如
學歷：臺灣大學哲學所博士
　　　臺灣大學哲學所碩士
　　　東吳大學哲學系／中文系雙學士
現職：中原大學通識教育中心兼任助理教授
　　　德霖技術學院通識教育中心兼任助理教授

提　要

　　本書之研究目的在於釐清朱熹對於鬼神的看法，以及化解朱熹思想中，由「鬼神」而引發之哲學與宗教不一致問題。

　　經由思想史的角度，朱熹對於鬼神的看法，引發朱熹思想上無法自圓其說的質疑，甚至產生哲學與宗教向度間不一致的關係。故本書參考傅科《知識考古學》所提供的考古學方法，由思想斷裂處進行研究，以發掘當中得以整合的關鍵，建構朱熹思想中理氣論與宗教關係的一致性。

　　本書的研究方法為著作研究法，以朱熹注疏考異之著作中《詩集傳》、《周易本義》、《周易參同契考異》、《楚辭集注》和《儀禮經傳通解》等五本著作為主要研究對象，分別探究當中的鬼神觀，發現朱熹論鬼神蘊含政治性與儒學教化的目的，一方面使用宗教，作為理氣哲學實踐的媒介，運用祭祀的儀式與鬼神的信仰，推行儒學義理教化與政治策略，另一方面以理氣作為鬼神存在的根據，使得卜筮與所有合理的宗教活動都具有正當性，某些合理的神話傳說和民俗義的鬼神，也得適存。因此，朱熹所論理氣哲學與鬼神之宗教向度，並非不一致的關係，而是緊密相連的關係。

　　本書論證朱熹論鬼神，並無違背理氣論，而為理氣論的延伸，倘若我們將哲學義理，視為朱熹「理」概念的延伸，鬼神宗教這些朱熹以哲學義理去加以規範的議題，則為「氣」概念的延伸，那麼由朱熹鬼神觀來看，朱熹的哲學與宗教思想就是一個「理在氣中」，理氣不離不雜的關係。

目次

第一章　緒　論

　　本書之研究目的在化解由「鬼神」而導致之朱熹哲學，與宗教態度不一致問題，並且回應諸位學者對朱熹論鬼神的質疑，證明朱熹對鬼神宗教的看法，並無違背理氣論，而只是理氣論在實用上的應用。

　　本書參考傅科《知識考古學》的研究方法，以產生不一致之焦點「鬼神」作為研究入手處，重新探尋詮釋上，使朱熹哲學與宗教態度一致的關鍵。而著作研究為本書採取之研究方法，也是分章要領。本書共以《詩集傳》、《周易本義》、《周易參同契考異》、《楚辭集注》和《儀禮經傳通解》五本著作為主要分章研究內容，各章雜以相關的注疏考異及語錄類作品，以求完整呈現朱熹鬼神觀，並藉由鬼神觀研究，論證朱熹哲學與宗教態度的一致性。

　　各章安排按照主題與著作年代先後次序，分別以古代商周「天」信仰、卜筮、道教神仙術、神話傳說（含民俗義鬼神），以及禮的祭祀等為主題，說明朱熹如何在理氣論範疇內，接納宗教信仰，以及彰顯儒家的宗教觀。

第一節　論旨定義與研究背景

　　本書題目為「論朱熹鬼神觀之哲學與宗教向度」，其中包含「鬼神觀」、「哲學」與「宗教」三個概念，本節首在釐清本書對此三個概念的使用。朱熹對於鬼神的看法，目前已有許多學術成果，本節也將加以整理，並確認本書研究取向的定位。

　　本節分兩部分進行闡述，第一部份為概念釐清，說明論旨定義，第二部分為研究背景，說明本論題已有之學術成果，以及尚待解決的問題。

一、論旨定義

首先在論旨定義的部分，本書主要涉及的三個重要概念爲「鬼神觀」、「哲學」與「宗教」三個概念。

其中「鬼神觀」指朱熹對於鬼神存在以及與鬼神相關事宜的態度，特指天神、卜筮、道教神仙術神話傳說與民俗義鬼神，以及祭祀等方面。

而「哲學」，本書之設定爲朱熹理氣論，包含朱熹所論之理氣架構，以及理氣論相關的命題。

「宗教」爲此三者中最難定義者，根據希克（John H. Hick）在《宗教哲學》（*Philosophy of Religion*）這本書中所列舉對於宗教（Religion）的定義，即便運用維根斯坦（Ludwig Wittgenstein）之家族相似性理論（Family Resemblance），也很難概括其中特點，唯一勉強能找出的大概是救贖（Salvation）或解放（Liberation）兩個概念〔註1〕，但這兩個概念於朱熹所論鬼神皆不甚相關，因此本書無法採用。

其他宗教學看法，如懷德海（A. N. Whitehead）在《宗教的創生》（*Religion in the Making*）這本書中所論，宗教具有儀式（Ritual）、情感（Emotion）、信仰（Belif），與理性化（Rationalization）四個元素〔註2〕，於朱熹所論鬼神也不甚相容。

唯希克（John H. Hick）在《宗教哲學》（*Philosophy of Religion*）書中，所提及牛津辭典的解釋，較爲簡明，也較能符合本書論旨。因此本書採牛津辭典「宗教」的解釋，作爲本書「宗教」的定義。根據牛津辭典「宗教」（Religion）的定義，宗教是人類對超人類控制力量，特別是應該順從和崇拜的人格性的神或神祇們的認知〔註3〕。根據此定義，本書之「宗教向度」探討的乃是朱熹是否認爲鬼神存在，假如存在，以何種方式存在，以及朱熹是否認爲鬼神爲具有超人類控制力量之人格神或許多神祇。

〔註 1〕 Hick, John. *Philosophy of Religion*. Englewood Cliffs, New Jersey: Prentice-Hall, 4th ed., 1990, p.2～3.

〔註 2〕 Whitehead, Alfred North（懷德海）：《宗教的創生》（*Religion in the making*）蔡坤鴻譯，台北市：桂冠，1995 年，頁 4～14。

〔註 3〕 「Human recognition of a superhuman controlling power and especially of a personal God or gods entitled to obedience and worship.」（Concise Oxford Dictionary）.

　　因此，本書「論朱熹鬼神觀之哲學與宗教向度」的論旨定為：論述朱熹在天神、卜筮、道教神仙術、神話傳說與民俗義鬼神，以及祭祀等方面上，理氣論與鬼神存在二者間的關係。

二、研究背景

　　對於朱熹是否認為鬼神存在的問題，已有許多學者進行研究，大抵來說是直接以「鬼神」概念作為研究對象，而發展出氣化鬼神觀，由氣化鬼神觀再推衍出自然哲學、世界觀、道統觀、攝人文於宗教，以及與道佛抗衡等朱熹論鬼神之目的。

　　然而以鬼神存在作為直接研究對象，以理氣哲學中的「氣」概念，作為鬼神存在的解釋，雖然可以解釋朱熹鬼神概念的使用，但是對於朱熹肯定某些世俗義之鬼怪神仙存在，卻又似仍存可補足之處。氣化鬼神觀的研究成果整理如下：

1、氣化鬼神

　　現今對於朱熹鬼神觀的研究多認為朱熹以「鬼神」為一種「氣」的存在，大抵認為朱熹承繼了先秦、兩漢至宋代，陰陽、精氣和魂魄等「氣」的發展概念而來。此類論著者，附於專書者有劉述先〔註4〕和張立文〔註5〕，劉述先認為「朱子是完全由自然的眼光來看鬼神」〔註6〕並且「鬼神還是陰陽屈伸邊事」〔註7〕，而張立文則由形神、魂魄來看朱子論鬼神。專文的部分有黃瑩暖〔註8〕，以氣的觀點談朱子論鬼神、魂魄仙怪與祭祀。

〔註4〕劉述先：《朱子哲學思想的發展與完成》，台灣學生書局，1982年，頁306～315。
〔註5〕張立文：《朱熹思想研究》（上下冊）上冊。台北：谷風出版社，1986年10月，頁358～394。
〔註6〕劉述先：《朱子哲學思想的發展與完成》，台灣學生書局，1982年，頁307。
〔註7〕同上書，頁314。
〔註8〕黃瑩暖：〈朱熹的鬼神觀〉，《國文學報》第二十九期，台北：國立台灣師範大學國文系，2000年6月，頁77～116。
　　　黃瑩暖於文中並提及姜廣輝：〈理學氣靈論的鬼神觀〉（文見《孔孟月刊》第三十一卷第八期，頁25～33，1993年4月）和姜新：〈試析朱熹的鬼神觀〉（文見《朱子研究》一九九九年第一期，頁15～17，1999年1月）因皆以氣論著手，且黃瑩暖已加評述，此處不多加贅述，僅以黃瑩暖文章為代表。

2、自然哲學

同樣認為朱熹以「鬼神」為「氣」，還有一延伸出的觀點，即「自然哲學」的討論脈絡，以此為代表者為徐剛〔註9〕和金永植〔註10〕，皆以「氣」為朱熹哲學詮釋主軸，而「鬼神」為「氣」概念中的一環。

3、世界觀、道統觀、攝人文於宗教，以及與道佛抗衡

還有些學者由朱熹論鬼神的諸意涵，試推出其隱含目的，再由其目的思考朱熹鬼神觀，這類研究者如吳展良〔註11〕、田浩〔註12〕和林維杰〔註13〕。吳展良認為朱熹將鬼神視為自然化的鬼神，也就是將鬼神納入自然界氣化的體系中，是為了不但可以駁斥輪迴說，也可以將萬物的存在，皆收納在一氣化生的系統之下，而成就萬物一體的一元論，支持朱熹「此世一元」的世界觀。而田浩為根據所梳理的屈伸、鬼怪和祖先之靈三個意涵，由「祭祀」的面向，論述朱熹論鬼神有其「道統」的目的性〔註14〕。

林維杰則以陳淳歸納的四個鬼神意涵〔註15〕，再加上魂魄一義，共五個

〔註9〕 徐剛：《朱熹自然哲學思想論稿》，福州：福建教育出版社，2002年。

〔註10〕 Kim, Yung Sik（金永植）：《朱熹的自然哲學》（*The Natural Philosophy of Chu Hsi (1130～1200)*），潘文國譯，上海：華東師範大學出版社，2003年11月。

〔註11〕 吳展良：〈朱子世界觀體系的基本特質〉，台大文史哲學報，第六十八期，2008年5月，頁135～167。

〔註12〕 〔美〕田浩：〈朱熹的鬼神觀與道統觀〉，收錄於朱杰人主編：《邁入21世紀的朱子學：紀念朱熹誕辰870週年、逝世800週年論文集》，上海：華東師範大學出版社，2001年11月，頁171～183。

〔註13〕 林維杰：〈朱熹論鬼神及其氣化與人文化的相關問題〉，收錄於鍾振宇、廖欽彬主編：《跨文化視野下的東亞宗教傳統：個案探討篇》，當代儒學研究叢刊29，台北市：中央研究院中國文哲所，2012年12月。

〔註14〕 「隨著朱熹的氣哲學強調只有自己的子孫才能從祭祖中得益的重要性，朱熹需要進一步把他看成是孔子想像的後代。如果他在精神上隸屬於孔子的宗族，他就與聖賢之心有特殊的感應。受他在道統祠中所得啟示的鼓舞，朱熹似乎能宣稱宗譜式的『道統』觀，來壓制當時的不同聲音，並恢復對道的統一性的認識。因此，鬼神、文和道最終共同增強並產生出他的哲學系統內的『理』（coherence）。因為這樣，所以當我們在試圖理解朱熹如何形成他的懾於時，不應當忽略『鬼神』在其中的作用。」（〔美〕田浩：〈朱熹的鬼神觀與道統觀〉，收錄於朱杰人主編：《邁入21世紀的朱子學：紀念朱熹誕辰870週年、逝世800週年論文集》，上海：華東師範大學出版社，2001年11月，頁181）。

〔註15〕 根據陳淳：「鬼神一節，說語甚長，當以聖經說鬼神本意作一項論，又以古人祭祀作一項論，又以後世淫祀作一項論，又以後世妖怪作一項論。」（〔宋〕

方面，論述朱熹以氣論鬼神具有「宗教人文化」，即「攝人文於宗教」的目的，因為「氣化」本身即帶有人文化與倫理化的意涵，但朱熹又非極端地全然氣化，林維杰認為朱熹鬼神論述具有不可知論意涵，並且「弱義」地保留了民俗信仰，以此避免若全然去除鬼神的感知性，以及所有世俗祭拜鬼神的效益需求，可能導致的人文化反受破壞〔註16〕。

在宗教方面，若考量朱熹時代性因素，首先需要注意的即是儒道佛的論辯，在這方面金永植也認為朱熹論鬼神是為了與道佛抗衡不得不論〔註17〕，而認為朱熹論鬼神，是為儒釋道三教辯證者為杜保瑞〔註18〕。

綜觀以鬼神為氣的論著，雖能兼顧思想史發展進程，配合朱熹理氣哲學，但終究未能一致性解釋為何朱熹認可鬼怪神仙。學者們提出的質疑，以及待解決的問題整理如下：

1、幾種可能的解釋與無法自圓其說的質疑

諸位學者對於朱熹認可某些鬼怪神仙，劉述先認為這是偶有例外〔註19〕，張立文認為這是朱熹未能擺脫傳統習慣的緣故〔註20〕，金永植認為朱熹是反對迷信但承認異常〔註21〕，黃瑩暖則直接指出朱熹鬼神觀有五個方面「無法自圓其說」〔註22〕，因此單就「氣」論朱熹鬼神觀，仍然無法解

陳淳：《北溪字義》，收入〔清〕張伯行集解：《近思錄集解・北溪字義》，卷下，頁 26b，總頁 43，台北：世界書局，1991 年）鬼神有本意、祭祀、淫祀和妖怪四個意涵。

〔註16〕參閱林維杰：〈朱熹論鬼神及其氣化與人文化的相關問題〉，收錄於鍾振宇、廖欽彬主編：《跨文化視野下的東亞宗教傳統：個案探討篇》，當代儒學研究叢刊 29，台北市：中央研究院中國文哲所，2012 年 12 月，抽印本第 55～56 頁。

〔註17〕金永植：《朱熹的自然哲學》，潘文國譯，上海：華東師範大學出版社，2003 年 11 月，頁 115。

〔註18〕杜保瑞：〈朱熹對三教辯證的鬼神問題之處理〉，《南宋儒學》，台灣商務印書館，2010 年 9 月，頁 470～521。

〔註19〕劉述先：《朱子哲學思想的發展與完成》，台灣學生書局，1982 年，頁 309～310。

〔註20〕張立文：《朱熹思想研究》（上下冊）上冊。台北：谷風出版社，1986 年 10 月，頁 393。

〔註21〕金永植：《朱熹的自然哲學》，潘文國譯，上海：華東師範大學出版社，2003 年 11 月，頁 112～115。

〔註22〕第一個方面是人死後氣散或不散相互矛盾，朱熹既主張人死氣散，又主張祖先死後其氣留根於子孫，可感格召聚，第二個方面承繼第一個方面而來，黃

決朱熹哲學因著「鬼神」，而具有的理氣與鬼神存在的不一致問題。

2、哲學思想退化的質疑

除了上述提及的質疑，更有甚之的是，周予同直指朱熹之於鬼神觀，是「宋儒哲學思想退化之一証」。

周予同《朱熹》書中之「宗教哲學」部分。他認為朱熹雖然以陰陽二氣解釋鬼神，但是其對於人鬼的看法，事實上只是順從世俗而已，而這種一味順從世俗，不僅承認大眾祭祀之鬼神存在，又相當程度認同大眾祭祀行為的態度，周予同認為這是朱熹為儒家人文精神退化代表的證據。

周予同認為以《論語》為代表的古代儒家是鮮及鬼神的，孔子以實踐道德為依歸，不向鬼神這種玄虛之談，就算注重喪葬祭祀，看似注重宗教行為，但實質上也只是假借宗教的儀式，重在修養內心而已，並且禮儀的要求也旨在維繫社會，作為管理的工具而已，周予同說：

> 古代儒家，鮮及鬼神。《論語》謂：「未知生，焉知死。」「未能事人，焉能事鬼。」「子不語：怪、力、亂、神。」蓋孔子以實踐道德為依歸，故不尚幽冥玄虛之談。雖儒家注重喪葬祭祀，近似宗教；然實則假借儀式，以為修養內心、維繫社會之工具；故與其斥為宗教的，不若指為倫理的之為當。下迄宋儒，於本體論多所發揮，自不能不涉及「鬼神」一觀念；然其所謂鬼神，已脫離原始宗教的解釋，而進於哲學的思辯，故每藉《易・繫辭》「精氣為物，游魂為變，是故知鬼神之情狀」，及《中庸》「鬼神之為德，其盛矣乎！視之而不見，聽之而不聞，體物而不可遺」等語，以為發端。張載謂鬼神為二氣之良能，程頤謂鬼神為天地之妙用，其哲學的意味已極顯著。及至

瑩暖認為朱子「以氣之聚散解釋人物之生死的理論脈絡上不夠周延。」已散之氣如何能在聚。第三個方面是指朱熹的感格說有矛盾，因為朱熹以血脈貫通的角度說祭祖，但卻無法以此狹義角度涵蓋姻親、天地山川、五祀、無主後者和先聖先賢的祭祀。第四個方面是朱熹認為妖怪神仙雖為終久必散之氣，但有知覺、有形質，能啜飲、叫罵和雲遊四方，已與世俗義之鬼神無異，所以朱熹對於世俗義之鬼神時而否定，時而肯定，立場不一。第五個方面是指朱熹說人身上有豬特徵的意象，是因人偶然秉得豬氣，黃瑩暖認為這是朱熹在無法否認事實，又不能贊同佛教觀點的情形下，詞有所窮。（詳細內容見黃瑩暖：〈朱熹的鬼神觀〉，《國文學報》第二十九期，台北：國立台灣師範大學國文系，2000年6月，頁108～112）。

> 朱熹復本其本體上理氣二元論之見解，而演化爲陰陽二元論，更演
> 化爲鬼神二元論。雖其指導門徒，不願多及鬼神；如云：「鬼神事自
> 是第二者，那個無形影，是難理會底，未消去理會，且就日用緊切
> 處做工夫。」「此（鬼神有無）豈卒乍可說？便說，公亦豈能信得及？
> 需於眾理看得漸明，則此惑自解。」「待日用常行處理會得透，則鬼
> 神之理將自得」等等；然一涉哲學的論辨，則其廣譬妙喻，殊見其
> 趣味之濃厚；故就其所遺之《語類》而言，其論及鬼神，亦頗足供
> 人論述之資也。〔註23〕

周予同認爲到了宋儒，「鬼神」因著本體論討論的需要，受到更多的重視，這
點原是可以接受的，但朱熹由《語類》看來對於其對「鬼神」的興趣並不僅
止於陰陽二氣的哲學論辯而已，就足使人多加論述並且質疑。周予同對朱熹
承認世俗大眾祭祀之鬼神存在，論述如下：

> 朱熹於鬼神一觀念，雖哲學的視爲陰陽之靈之別稱；然對世俗之
> 所謂鬼神，以及人鬼物魅等，絕不加以否認，而且客觀的承認其
> 存在。就此點而言，朱熹之鬼神論，實未完全脫離原始宗教之意
> 味，而不無大純小疵之譏。彼以爲玄學上之鬼神系正直之氣所表
> 現，世俗之所謂鬼神系邪暗之氣所凝聚，又落於二元論之論調。
> 其言曰：「雨風露雷，日月晝夜，此鬼神之迹也。此是白日公平正
> 直之鬼神。若所謂有嘯於梁，觸於胸，此則所謂不正邪暗，或有
> 或無，或去或來，或聚或散者。又有所謂禱之而應，祈之而獲，
> 此亦所謂鬼神，同一理也。世間萬事皆此理，但精粗小大之不同
> 爾。」至於人類死後之生命（即所謂人鬼），朱熹雖排斥佛家輪迴
> 之說，斥人死爲鬼、鬼復爲人之言爲誤謬；但死後之靈魂，在特
> 殊情境之下，得以暫時存在，並非絕不可能。簡言之，朱熹之人
> 鬼論不過世俗見解之修正者而已。……總之，朱熹以爲在普通情
> 境中，人死則氣散，如聖賢與凡人，故無鬼之可言；若在特殊情
> 境之下，如不伏其死及僧道之凝聚精神，則其鬼得暫時的存在；
> 蓋與通俗之見解殊無大差異也。〔註24〕

〔註23〕周予同原著，朱維錚編校：《孔子、孔聖和朱熹》，上海人民出版社出版，2012
　　　　年6月初版，頁183～184。（底線爲筆者加上）
〔註24〕同上書，頁184～185。

對周予同而言，朱熹完全接受了世俗對於鬼神存在與祭祀的看法，這是未脫離原始宗教意味的。就此而言，甚至可以推說朱熹此種順應世俗民間神怪的看法，已經使得他的理氣論之哲學氣息漸滅了，周予同先生說：

朱熹不僅以爲人鬼有暫時不散之可能，而且進一步承認物魅之客觀的存在。其言曰：「《家語》云：『山之怪曰夔魍魎，水之怪曰龍罔象，土之怪羵羊。』皆是氣之雜揉乖戾所生，亦非理之所無也，專以爲無則不可。如冬寒夏熱，此理之正也。有時忽然夏寒冬熱，豈可謂無此理！但既非理之常，便謂之怪。」又如：「問：今人家多有怪者。曰：此乃魑魅魍魎之爲。達州有一士人，行遇一人，只有一腳，問某人家安在。與之同行，見一腳者入某人家。數日，其家果死一子。」觀此，則朱熹之物魅論，直類村嫗女巫之談，其哲學的氣息已漸滅無餘矣。〔註25〕

另外，在與鬼神問題相關的「祭祀」部分，周予同更是直指朱熹的祭祀論實爲宋儒哲學思想退化的證明，周予同說：

朱熹既承認鬼神之客觀的存在，則其祭祀觀亦殊有論述之必要。祭祀之起源，本爲野蠻時代避禍祈福之原始宗教行爲；及至儒家，托古改制，雖客觀的否認鬼神之存在，而主觀的利用祭祀以爲報本返始之内心的表示，蓋已由宗教的儀式而演化爲倫理的手段。朱熹之祭祀論，不能於論理方面多無發揮而復返於宗教的解釋，實爲宋儒哲學思想退化之一証。朱熹以爲人類與鬼神相關在於氣，而一切祭祀之所以有效亦在乎氣之感應。故其言曰：「鬼神是本有底物事。祖宗亦只是同此一氣，但有個總腦處。子孫這身在此，祖宗之氣便在此，他是有個血脈貫通。所以神不歆非類，民不祀非族，只爲這氣不相關。如天子祭天地，諸侯祭山川，大夫祭五祀，雖不是我祖宗，然天子者天下之主，諸侯者山川之主，大夫者五祀之主。我主得他，便是他氣又總統在我身上，如此便有個相關處。」又如：「問子孫祭祀，卻有感格者，如何？曰：畢竟子孫是祖先之氣。他氣雖散，他根卻在這裡；盡其誠敬，則亦能呼召得他氣聚在此。如水波樣，後

〔註25〕周予同原著，朱維錚編校：《孔子、孔聖和朱熹》，上海人民出版社出版，2012年6月初版，頁185。（底線爲筆者加上）

水非前水，後波非前波，然卻通只是一水波。子孫之氣與祖考之氣，亦是如此。他那個當下自散了，然他根卻在這裡。根既在此，又卻能引聚得他那氣在此。此事難說，只要人自看得。」吾人如以朱熹之祭祀觀與《禮記》中《祭義》、《禮器》、《郊特》《牲》之祭祀觀相較，則一般以宋儒為能於古代儒家思想加以哲學的解釋，而視為中國學術思想之進步者，不足憑信矣。〔註26〕

根據以上周予同論述的引文，可以推知周予同之所以認為朱熹對鬼神的論述，為宋儒哲學思想退化的證據，乃在於他認為先秦儒家對於鬼神，以及鬼神相關問題如祭祀的描述，都傾向於避而不談，或者將其轉化為倫理意涵，以道德修養為依歸，即便講究宗教的儀式，也只是倫理的手段，但是朱熹則似乎復返於宗教的詮釋，接受世俗信仰之鬼神存在，這點是所謂的退化。

因此，由「鬼神」引發的朱熹哲學不協調問題，事實上是「哲學」與「宗教」兩個面向的不協調，在鬼神這個議題上，朱熹似乎表現出理氣哲學與鬼神存在，兩個不同路徑的思考方向。

倘若完全以有神論的角度，思考朱熹對於理氣論與鬼神存在的看法，又會全然走向另一個面向，牟宗三即有以理神論為考量的看法〔註27〕，陳來〔註28〕和萊布尼茲〔註29〕也有以自然神學為考量的看法。另外，對比於

〔註26〕周予同原著，朱維錚編校：《孔子、孔聖和朱熹》，上海人民出版社出版，2012年6月初版，頁186。（底線為筆者加上）。

〔註27〕基於概念上的相似性，牟宗三曾在《圓善論》這本著作中提到：「順思辯理性（知解理性）之進路而前進充其極只是一理神論（deism）。而『理神論』之神亦無多大的意義，只是一理極論，即『以理極為體』之義，如朱子之『太極』。」（牟宗三：《圓善論》，台灣學生書局，1985年，頁250。）

〔註28〕陳來在《朱熹哲學研究》中有這樣的一段話：「朱熹的所以然之故的思想與萊布尼茲的充足理由思想是有些類似的。在本體論上，充足理由說認為宇宙萬物都有其為什麼這樣而不那樣的理由。對於一般事實的認識是要尋找它們各自的理由，而歸根結底，在無盡的特殊理由系列之上存在著最後的充足理由，這是一切事物的終極根據（上帝）。朱熹當然沒有理由系列和上帝的觀念，但他認為一切事物都有其所以然之故，說到底，一切事物的存在直接或間接地以天理為究竟根源。在萊布尼茲，充足理由是上帝的化身，而在朱熹，充足理由即被歪曲誇大為萬物所根據的普遍規律的天理。」（陳來：《朱熹哲學研究》，文津出版社，1990，頁263。）
陳來藉由與萊布尼茲充足理由律的比較，已經間接將朱熹理氣論對比於萊布尼茲自然神學的觀點了。

基督教上帝者，也有秦家懿〔註30〕和卜道成〔註31〕。

因此，朱熹的理氣哲學與朱熹對鬼神存在的看法，實有繼續深究的必要性，當重新審視朱熹理氣哲學與鬼神的關係。

第二節　研究目的

有鑑於多位學者的研究成果，仍遺留對朱熹論鬼神的質疑，朱熹之理氣哲學與論鬼神的宗教面向，似乎仍存在不一致性，因此本書研究之目的，在以一新的研究視角，回應諸學者的質疑，並完整說明朱熹鬼神思想，以及論證理氣哲學與鬼神之宗教面向的一致性關係。

由本書鬼神觀的研究，本書也欲提供一個朱熹哲學新的研究方向，由宗教的進路，重新審視朱熹著作以及思想體系。

一、建構鬼神觀與宗教的研究進路

本書以「鬼神觀」作為全文研究入手，其目的不僅在藉由鬼神觀的研究，化解朱熹哲學與宗教向度間的不一致問題，也在提供一個朱熹哲學研究方向。

在本書所論及之著作中，筆者皆以「鬼神觀」作為研究角度，發掘各著作中朱熹之鬼神觀，本書所涉及之著作，雖以五本著作為主，實則幾近包含朱熹所有注疏考異類作品，以及語錄體文本，有助於觀得朱熹鬼神觀全貌。

除此之外，本書也藉由「鬼神觀」建立各著作之宗教面向的詮釋架構。朱熹身處的環境，本就具有宗教的多元性〔註32〕和眾多鬼神祭祀〔註33〕的事

〔註29〕 萊布尼茲曾在《論中國自然神學》（*Discourse on the Theology of the Chinese*）（Gottfried Wilhelm Leibniz, *Discourse on the Theology of the Chinese*, translated, with an introduction, notes and commentary by Henry Rosemont, Jr. and Daniel J. Cook, Monograph No.4 of the *Society for Asian and Comparative Philosophy*, 1977.）這本著作中，對朱熹理氣論做出深入的討論，他認為朱熹就是中國哲學家裡面自然神學的代表。

〔註30〕 秦家懿：《朱熹宗教思想》，曹劍波譯，廈門大學出版社，2010 年 3 月，頁 325～345

〔註31〕 （英）卜道成著，謝曉東譯：《朱熹和他的前輩們：朱熹與宋代新儒學導論》，廈門：廈門大學出版社，2010 年 3 月初版。

〔註32〕 朱熹自小生長在閩越文化中，秦漢時，閩越族盛行著原始宗教和巫術，與北方以「帝」或「上帝」為最高神靈的宗教體系有著極大的不同，閩越的原始宗教以靈魂不死、萬物有靈、圖騰崇拜和祖先崇拜為主要內容，尤其重視祭

實，以鬼神觀作爲研究進路，更能發掘朱熹如何思考儒學與宗教的關係，以及在眾多關於鬼神的注疏考異著作中蘊含的「寫成定本」〔註34〕與「教化」〔註35〕動機。因此本書之研究提供了一個宗教的詮釋途徑，作爲朱熹哲學研究的進路。

二、化解朱熹理氣哲學與鬼神之宗教向度不一致問題

　　根據前一節研究背景的敘述，對朱熹理氣哲學與鬼神之宗教向度不一致問題的質疑，大致存在於「鬼怪神仙與民俗義鬼神存在問題」、「與儒家思想人文化相左問題」、「祭祀上氣的聚散與感格問題」，以及「朱熹所論鬼神是否爲人格神或理神」四個方面。

　　針對這四個方面的質疑，本書特排除思想史研究法，而吸收傅科《知識考古學》所提供的考古學方法，於「鬼神」相關的著作入手，逐步研究當中理氣哲學與鬼神存在問題間的關係，化解上述四個方面的質疑。

　　由考古學方法與著作研究，本書論證「政治」與「儒學教化」二者，爲

　　　　祖活動，祖先崇拜對他們而言是一種由血緣觀念衍生出的宗教活動，以與自己有血緣關係的死者鬼魂爲崇拜對象，子孫對祖先有祭祀的義務，而祖先要保護子孫。直到三國以至唐中期，福建地區就又多了對山川水火、日月星辰、風雨雷電以及天地等自然崇拜，但這些崇拜對象基本上屬於北方周文化的傳統的影響。唐末至宋元時期，道教和佛教在閩越地區產生了極驚人的發展速度，剎時寺廟林立，宋代時福建僧侶人數居當時全中國之冠。（林國平、彭文宇：《福建民間信仰》，福建人民出版社，1993年12月，頁1～12。）

〔註33〕朱熹說：「今世鬼神之附著生人而說話者甚多，亦有祖先降神於其子孫者。又如今之師巫，亦有降神者。」（《朱子語類》卷90，北京中華書局，1986年3月，頁2309～2310）

〔註34〕朱熹於《周易參同契考異・跋》中曾表示其考異目的爲「寫成定本」。

〔註35〕教育是朱熹重視的項目之一，據陳榮捷所述，朱熹的正式門人有四百八十八人。（參見陳榮捷：《朱學論集》，台北：學生書局，1982年，頁279，281）並且興辦許多書院、精舍，陳榮捷說：「朱子各人與二十四所書院有關，其中包括三所精舍。若干種類是相跨的。……王先謙這位湖南大儒，在1888年所寫的一篇文章，僅湖南一處他列舉書院十所。除一所外，所有書院都在一種或他種方事之後，與朱子有關。至少朱子有八位門人建立書院，其中上有門人之父或門人知孫先後承建者。……朱子及其門人，在推行書院制度上，在宋代較之其他社團，更爲積極與活躍，那是毫無疑問的。」（台北：《史學評論》，1985年，第9期）（見高令印：〈朱熹與福建文化〉，《國際朱子學會議論文集》，（上、下冊），上冊，張季琳執行編輯，台北市：中央研究院中國文哲研究所籌備處發行，1994年5月，頁27，31～32）

理氣與鬼神一致性的關鍵，朱熹論鬼神具有「政治」與「儒學教化」的目的。基於「政治」與「儒學教化」的目的，朱熹以理氣哲學作為一切鬼怪神仙是否存在的判準，以及可能存在的根據，破除迷信荒謬的思維，並以理氣哲學重塑祭祀上，儒學人文化的根基，以理義為核心。朱熹以「理」、「氣」為鬼神的說明，也分別避免了人格神與理神信仰的質疑。

　　為回應周予同與林維杰提出宗教與儒學人文化的關係，本書進一步論證朱熹理氣哲學與鬼神之宗教向度間的關係，為不離不雜的關係。筆者認為周予同雖注意到朱熹由鬼神之論，而引起之宗教與人文（或哲學）張力，但為鬼神的片面性描述，未得全貌。林維杰相當程度的回應了周予同的質疑，但對於宗教與人文間的關係，本書以為林維杰所認為之「攝人文於宗教」，也有再進行討論的空間。

　　以宗教與人文為一命題並非一個新的概念，徐復觀有「宗教人文化」的說法〔註 36〕，唐君毅有「攝宗教於人文」的見解〔註 37〕，牟宗三也有「人文教」與「道德宗教」的論點〔註 38〕。但宗教與人文對比的脈絡，多在形上天與倫理價值意識間的關係架構中，即使徐復觀也論及原始宗教，但朱熹所論鬼神仍超出這個範圍以外。朱熹所論鬼神除「天」以外，尚有民俗義之鬼怪神仙，以及先祖。

　　又林維杰「攝人文於宗教」的觀點，雖注意到朱熹對民間信仰的重視，但「攝人文於宗教」的命題，卻也弱化了「人文」於朱熹論鬼神的旨要，筆者認為無法更完善的掌握朱熹理氣哲學，與鬼神之宗教向度間的關係。

　　因此本書論證朱熹理氣哲學與鬼神之宗教向度間的關係，為以理化氣、理在氣中的關係。就人文化的角度來說，朱熹論鬼神的目的不在於民俗信仰，而在推廣理氣哲學之儒學教化，以及藉宗教端正社會體制；而就宗教面向來說，朱熹以理氣論支持了鬼神存在，是以「可知論」的姿態，強力的保全民俗信仰，提升宗教地位。

　　因此若將儒學教化之內涵視為「理」，待馴化與保全的鬼神宗教視為「氣」，那麼理氣哲學與鬼神之宗教向度間的關係，即為以理化氣、理在氣中

〔註 36〕徐復觀：《中國人性論史・先秦篇》，台北市：台灣商務印書館，1984 年 4 月
　　　　7 版。
〔註 37〕唐君毅：《中國文化之精神價值》，台北：正中，1979 年，台修訂二版。
〔註 38〕牟宗三：《生命的學問》，台北市：三民，1984 年，三版。

的關係。朱熹對鬼神宗教的看法，並無違背理氣論，反而與理氣論爲理氣關係的延伸，仍屬理氣論架構，朱熹的論理氣與論鬼神是一致的。

第三節　研究方法

　　針對朱熹思想中由「鬼神」引發的不一致，大部分學者皆採取思想史的角度加以研究，筆者此處暫稱思想史研究法，但筆者以爲針對這樣思想家，思想發生不一致的情況，傅科在《知識考古學》中所介紹的考古學方法，更適合作爲研究方法，筆者此處暫稱「衝突點研究法」。爲了擴展「衝突點研究法」的功效，本書兼採一「著作史研究方法」，以全面考察朱熹的鬼神觀，以下本節簡述此三種研究法。

一、思想史研究法的不足

　　思想史式研究方法的代表爲束景南的《朱熹研究》〔註39〕，相關的著作還包括：《朱子大傳》〔註40〕和《朱熹年譜長編》〔註41〕。

　　《朱熹研究》的寫作方式結合年齡、教育背景，與政治因素等三方面，以時間軸爲縱貫，描述朱熹一生的思想變化，束景南將朱熹的思想演變描述爲四個階段，第一個時期是二十四歲以前，第二個時期是到六十歲，第三個時期六十歲到六十六歲，第四個時期是六十八歲到人生的最後階段。

　　在第一個時期，束景南介紹了朱熹早期接受的教育背景，最早是朱熹父親朱松的家庭教育〔註42〕，朱熹也由此接觸了洛學〔註43〕，朱松去世之後，

〔註39〕 束景南：《朱熹研究》，北京人民出版社，2008年10月。
〔註40〕 束景南：《朱子大傳》，福建教育出版社，1992年10月。
〔註41〕 束景南：《朱熹年譜長編》，上海華東師範大學出版社，2001年。
〔註42〕 年11歲的朱熹開始接受父親的家庭教育，「紹興十年三月，秦檜暗中指使黨羽右諫議何鑄，以『懷異自賢，陽爲辭遜』的罪名，將朱松外放上饒郡。朱松便憤然自請奉祠，一棹翩然南歸。」（束景南：《朱熹研究》，頁35）「朱松奉祠歸閩後，定居到建歐城南的建溪之上。……朱松要求沈郎『努力誦書史』（《韋齋集》卷三，《守歲》），寄託了他把沈郎培養成爲忠君濟世之才的苦心。」（束景南：《朱熹研究》，頁35）。
〔註43〕 「朱松的思想源自洛學，他師從於龜山楊時的高足豫章羅從彥。楊時在穎昌師事明道程顥歸時，……楊時回閩中大力傳播二程之學，成爲江南洛學大宗，閩學的開山。朱松對沈郎的四書五經教育貫穿了明道——龜山——豫章一脈的理學思想，在四書學上，《中庸》是思孟派的聖經，楊時的道南一脈也以《中

朱熹十四歲在潭溪師事武夷三〔註44〕、十七歲拜道謙禪師爲師〔註45〕，學習道佛思想，《牧齋淨稿》詩集是這時候的代表作〔註46〕。第二個時期是自朱熹見了李侗之後有的轉變〔註47〕，這時候的朱熹漸漸走向二程理學，也越來越多作品反對佛老，並對湖湘派提出批判。束景南認爲六十歲的朱熹開始生平學問的第二次總結〔註48〕，太極學、五經學和理一分殊等理論都在這個時候漸漸完成。

　　到了朱熹六十六歲，慶元元年開始，慶元黨爭使得朱熹進入了第四個階段，一方面透過《韓文考異》和《楚辭集注》抒發自己對政局以及道學的看法〔註49〕，另一方面以空同道士之名，重拾少年時代出入老佛，嚮往學仙煉丹之心〔註50〕。

　　在引論當中束景南自道：「宋代理學文化思潮的崛起，從根本上是衰微的儒家振興自救以對抗氾濫猖獗的佛教與道教的一次文化活動，它在排辟佛道中又融合了佛道的矛盾運動中對儒家傳統文化的結構進行新的調整，具體地說就是用儒家的倫理理性來整合與重造傳統文化系統的結構，以強化它的超穩定性，這一任務正是在朱熹的理學體系中得到了完成。」〔註51〕束景南就是由這樣的一個角度來詮釋朱熹思想，以入佛老和排佛老來對朱熹思想作階段性的區分，朱熹生平第一個階段是入佛老，第二個和第三個階段是出佛老，而最後一個階段則又是入佛老。

　　然而朱熹並沒有眞正的入佛老，成爲一個修行者，也不能說完全出佛老，因爲這樣，束景南如何解釋他將朱熹的晚年以空同道士爲名的作品，視之爲重拾少年對佛老的嚮往，假若眞的深受二程理學的薰習出了佛老，又怎在晚年還有重拾的心，況且筆者以爲朱熹作品當中的宗教色彩，並不能僅僅以佛

　　庸》爲宗。朱松對沈郎的四書學教育也以《中庸》爲本，注重思孟派的內心自我道德修養。」（束景南：《朱熹研究》，頁36）。

〔註44〕束景南：《朱熹研究》，北京人民出版社，2008年10月，頁40。

〔註45〕同上書，頁46～47。

〔註46〕「是朱熹師事道謙的思想軌跡的紀錄」（束景南：《朱熹研究》，北京人民出版社，2008年10月，頁50）。

〔註47〕「從此儒與佛老兩個自我、兩種力量在他身上發生了交戰。」（束景南：《朱熹研究》，北京人民出版社，2008年10月，頁54）。

〔註48〕束景南：《朱熹研究》，北京人民出版社，2008年10月，頁183。

〔註49〕束景南：《朱熹研究》，北京人民出版社，2008年10月，頁303～312。

〔註50〕同上書，頁312～321。

〔註51〕同上書，頁1。

老概括，所以單以出入佛老來看朱熹思想中哲學與宗教的不一致，應是不盡
完整的。

　　再者，如此思想史式的研究法，無法解釋爲何在晚年以空同道士之名所
作的入佛老代表作《周易參同契考異》中，仍表現濃厚儒家思想，因此筆者
以爲以時間先後爲基準的思想史式研究法，能夠加入時代環境的因素，卻無
法充分解釋爲何同一時間點，或同一本著作出現的兩種歧異思想。

　　本書所兼採者爲下文所稱衝突點研究法，以及著作研究法。

二、衝突點研究法

　　衝突點研究法是筆者於傅科《知識考古學》〔註 52〕中，發現的考古學研
究方法。《知識考古學》中介紹了思想史與考古學兩種不同的研究方式，而考
古學相較於思想史而言是更多地談論思想連續性中的斷裂、缺陷和缺口處。
傅科說：

> 同思想史相比，考古學更多地談論斷裂、缺陷、缺口、實證性的嶄
> 新形式乃至突然的再分配。編寫政治經濟學史，從傳統觀念上看，
> 就是尋找一切曾先於李嘉圖的觀點；一切曾預先表現出他的分析，
> 他的分析方法和主要觀念的東西；一切曾使他的發現成爲更加可能
> 的東西。編寫比較語法史，就是重新發現——遠在波普和拉斯科之
> 前——關於語言的前後關係和親緣關係的預先研究的痕跡；……考
> 古學的作法卻與其相反：它更趨向分解由歷史學家的不厭其煩編織
> 起來的所有這些網絡；它使差異增多，攪亂溝通的線路，並且竭力
> 使過程變得更加複雜。〔註53〕

在這段引文中，傅科比較了思想史研究法與考古學方法的差異，思想史研究
法重在以歷史發展的角度，找出觀念的傳承，以及發展的源流，以此作爲解
釋的根據。而考古學者則力圖拆解由史學家構建出的歷史脈絡，使當中呈現

〔註52〕Foucault, Michel（米歇爾・福柯）：《知識考古學》（*L'archeologie du savoir*）
　　　　謝強、馬月譯，北京：生活・讀書・新知三聯書店，1998 年 6 月初版。(「福
　　　　柯」爲《知識考古學》譯者所用譯名，本書正文皆以「傅科」翻譯，而非福
　　　　柯。）

〔註53〕Foucault, Michel（米歇爾・福柯）：《知識考古學》（*L'archeologie du savoir*）
　　　　謝強、馬月譯，北京：生活・讀書・新知三聯書店，1998 年 6 月初版，頁 188。

出差異與不一致的地方，更加明顯，而此正為考古學欲著眼之處。

考古學研究的目的，並不在於破壞原本歷史學研究法所構建的體系，而在解決透過歷史學研究法，時常出現的「無法自圓其說」的問題，因此考古學方法力圖認真對待這些思想史中出現的差異處，並且分析和理清這些差異處，將這些差異處重新放置到它們應屬的位置，然後再針對這些差異重新給予說明。傅科《知識考古學》中說：

> 這種對不連續性的強調與什麼東西相關連呢？老實說，它只是與歷史學家們的習慣格格不入。正是他們的這些習慣——即關注連續性、過程、提前、預先的設計——才經常地不能自圓其說。……考古學只是力圖認真對待這些差別；力圖理清這些差別，確定它們怎樣分配，怎樣相互包容，相互依附和互相隸屬，它們屬於怎樣的不同的種類，簡言之，就是要描述這些差別，並在它們之間建立它們的差別的系統。〔註54〕

> 考古學把人們習慣當作障礙的東西作為自己描述的對象：因為它不以克服差別為目的，而是要分析差別，準確地說出它們是什麼，並對它們加以區分。〔註55〕

朱熹關於「鬼神」的相關論述，即是在朱熹思想史研究中，出現不協調的地方，就如同在本書研究背景中，黃瑩暖對朱熹所提出的「無法自圓其說」的質疑，「鬼神」正是朱熹思想當中的斷裂處、缺口處。因此傅科《知識考古學》提供了一個研究途徑，就是直接由其斷裂不協調處加以研究，進行重新分配和說明的工作。

本書接受《知識考古學》中考古學方法的啓發，採用衝突點研究法，以「鬼神觀」作為研究出發點，研究朱熹哲學與鬼神存在之宗教向度間的關係，由朱熹相關注疏考異作品中出現「鬼神」的部分，作為研究內容。

然本書衝突點研究，更重要的目的乃在於藉由鬼神觀研究，找出使朱熹理氣哲學與鬼神存在之宗教向度間一致的關鍵，藉此重建理氣論與宗教向度間的一致性。

〔註54〕Foucault, Michel（米歇爾・福柯）：《知識考古學》（*L'archeologie du savoir*）謝強、馬月譯，北京：生活・讀書・新知三聯書店，1998 年 6 月初版，頁 189。

〔註55〕Foucault, Michel（米歇爾・福柯）：《知識考古學》（*L'archeologie du savoir*）謝強、馬月譯，北京：生活・讀書・新知三聯書店，1998 年 6 月初版，頁 190。

三、著作研究法

　　本書以「鬼神觀」爲切入角度對朱熹的著作加以研究，朱熹的著作約莫可分爲兩類，第一類爲朱熹自身或與他人合力的創作，第二類爲朱熹注疏和考異的作品。朱熹個人或與他人合力之創作，主要爲朱熹理學思想闡明之處，而第二類朱熹注疏和考異的作品，則呈現朱熹理學思想的多樣性應用，其中特別包括「鬼神」議題的處理，因此本書以朱熹注疏考異類作品爲研究對象，逐章討論。

　　朱熹注疏考異類書籍相當繁多，根據《朱子全書》〔註56〕包括：《周易本義》、《詩集傳》、《太極圖說解》、《通書解》、《西銘解》、《周易參同契考異》、《楚辭集注》、《儀禮經傳通解》、《韓文考異》以及《四書章句集注》。本書除《韓文考異》屬文學類作品，未納入研究範圍，以及《西銘解》和《陰符經考異》〔註57〕主題包含較廣，不特別列入某章，而爲次研究對象外，其餘皆

〔註56〕　朱熹撰，朱傑人、嚴佐之、劉永翔主編：《朱子全書》，共 27 冊，上海古籍出版社、安徽教育出版社，2002 年 12 月。

〔註57〕　《陰符經考異》另有作者是否爲朱熹存疑的質疑，有學者認爲：「宋元目錄書中，並不見著錄有朱熹注釋《陰符經》的著作。元代黃瑞節輯《朱子成書》，收入《陰符經》注釋一種，於目錄中題『西山先生蔡元定季通撰，晦庵先生朱熹元晦校正』。《成書》中同時還收了蔡元定的《律呂新書》和《皇極經世指要》，提款也相同。《成書》中的這一種《陰符經》注，黃瑞節是作爲蔡元定的著作收入的。……據《玉海》卷五記載，《陰符經》有北宋蔡望注和南宋蔡元定注，該處又引了序文自『《陰符經》三百言』至『故人各得以其所見爲說耳』一節，稱『蔡氏序』。這節文字即見於《成書》，而文末原署『淳熙乙未』，當然不會是北宋蔡望之作，而只能是蔡元定的手筆。又《道藏洞眞部玉訣類》，有《黃帝陰符經注》一卷，題『蔡氏注』。與傳本《陰符經考異》相校，除了沒有黃瑞節的附錄及末尾黃氏所增補的經文一百十四字外，其餘經文、注文都與傳本相同。這二例似也可以證明，今天流傳的《陰符經考異》，其實是蔡元定的《陰符經注》。」（朱熹撰，朱傑人、嚴佐之、劉永翔主編：《朱子全書》，第 13 冊，上海古籍出版社、安徽教育出版社，2002 年 12 月，《陰符經注・校點說明》，頁 501）本書以「鬼神」的詮釋考量，《陰符經考異》中對於「人知其神之神，不之不神之所以神」，解說到：「神者，靈怪不測也。不神者，天地、日月、山川、動植之類也。人知靈怪之爲神，天地、日月、山川、動植，耳目所接，不知其神也。」與「問何故天曰神，地曰祇，人曰鬼？曰：此又別。氣之清明者爲神，如日月星辰之類是也，此變化不可測。祇本示字，以有跡之可示，山河草木是也，比天象又差著。」（《朱子語類》卷三）中對於「天地、日月、山川、動植，耳目所接」皆有神的看法是一致的。所以本書仍將其列入朱子注疏考異作品，唯因其書名雖與《周易參同契考異》同屬道教相關作品，但其內容與本書於《周易參同契考異》中所要探究之朱子道教神仙觀不符，故不置於第四章研究主題。

分別以主題和參考創作時間，合併作前後分章安排，另擷取《朱子語類》、《朱子文集》、《朱子大全》和明胡廣所編《性理大全》資料，作爲討論文本之補充。

本書之分章以著作年代先後排序，其次序分別爲《詩集傳》、《周易本義》、《周易參同契考異》、《楚辭集注》和《儀禮經傳通解》，其中《詩集傳》雖與《周易本義》爲同年作品，但依主題緣故，《周易本義》與《周易參同契考異》主題較爲相近，因而將《詩集傳》置於首章。

本書以此著作五章爲平行論述，合爲五項論證前提與證據，清楚闡釋朱熹鬼神思想，並證明朱熹理氣哲學與鬼神存在之宗教向度間的一致性。

第四節　各章研究進程

本書章節安排共分爲七章，第一章爲緒論，總綱性說明本書旨要，第二章至第六章爲著作討論，第七章結論。

自第二章始，本書共挑選五本著作爲論述主軸，分別爲《詩集傳》、《周易本義》、《周易參同契考異》、《楚辭集注》和《儀禮經傳通解》。其中《詩集傳》和《周易本義》，根據王懋竑《朱熹年譜》，爲朱熹四十八歲時寫成〔註58〕。《周易參同契考異》、《楚辭集注》和《儀禮經傳通解》根據束景南《朱熹研究》皆爲朱熹晚年作品，《周易參同契考異》完成於朱熹六十八歲〔註59〕，《楚辭集注》完成於朱熹六十九歲〔註60〕，《儀禮經傳通解》爲朱熹最後七十一歲仍尚未完成的著作。因此本書之先後次序安排爲《詩集傳》、《周易本義》、《周易參同契考異》、《楚辭集注》最後是《儀禮經傳通解》。

第二章討論之著作爲《詩集傳》，由鬼神觀研究，探討朱熹如何看待人對「天」的信仰，發現《詩集傳》具有規範性意義、祭祀性意義，以及宗教性意義三種天人關係的型態。根據此三種天人關係型態，本書論述在朱熹詮釋下，作爲古代至高信仰的「上帝」或者「天」非具人格性，不具有宗教上權威的地位，而具有豐富人文倫理意涵，朱熹對於天信仰的看法，是建立在政治上與道德上的意義。

〔註58〕（清）王懋竑：《朱熹年譜》，何忠禮點校，北京中華書局，1998 年 10 月，頁76〜87。

〔註59〕束景南：《朱熹研究》，北京：人民出版社，2008 年 10 月，頁346。

〔註60〕同上書，頁347。

　　第三章討論之主要著作爲《周易本義》，兼論《太極圖說解》和《通書解》。由鬼神觀的研究，探討朱熹如何看待卜筮活動。本書發現朱熹極其重視卜筮，並且問卜對象之鬼神確實存在。第三章論述朱熹雖然以理氣作爲問卜對象之鬼神存在根據，但朱熹論卜筮未走向理神論，也不以氣化鬼神作爲問卜的特定對象。朱熹對於卜筮活動，著重者在於氣之感通，以及人透過卜筮所得神知之用，與德行的神明化。

　　朱熹賦予卜筮人文化的意涵，也使卜筮由宗教層次提升至品德教化的地位。朱熹一方面結合張載和程頤易學觀點，一方面又提升《周易》宗教面考量，使宗教面與哲學面作適切的結合。

　　第四章討論之主要著作爲《周易參同契考異》。由鬼神觀的研究，第四章探討朱熹如何看待煉丹求仙，本書認爲朱熹在外丹方面，並無顯出煉製外丹的興趣，內丹方面，朱熹也僅取其對「心」的重視，將內丹修煉轉化爲自我修養工夫。

　　再者，朱子考異尤爲用力之處，乃在於易學的詮釋基調。朱子強化《周易》與《參同契》間的連結，使京房易學與邵雍先天易學成爲理解《參同契》的媒介，將煉丹爲主、易學爲輔的原初求神仙之作，轉變爲以易學爲基本精神的儒家自我修養理論，多以儒家易學思想詮釋，此舉顯明《周易參同契考異》非爲慕好神仙修煉之作，而爲以儒學易理出發之重塑道教經典的寫成定本之作。

　　第五章討論之主要著作爲《楚辭集注》，由鬼神觀的研究，第五章探討朱熹如何看待大眾信仰神話傳說以及民俗義鬼神。本書認爲朱熹一方面藉由文本詮釋的方法，提升民俗信仰的地位，以表對民俗信仰的重視，一方面又以理氣論作爲民俗信仰中，神話傳說和民俗義鬼神存在的判準，以及存在根據，大行規範之事，可見朱熹論民俗信仰實有推行理氣哲學教化，以及破除迷信的目的。

　　第六章討論之主要著作爲《儀禮經傳通解》兼論《四書章句集注》。《儀禮經傳通解》是朱熹晚年以《儀禮》爲經，兼取《周禮》、《禮記》的禮學大成之作，雖多沿用古注，卻大行刪訂節取的編纂工作，爲朱子晚年對三禮之學全面理解的作品，其中特別《大學章句》和《中庸章句》爲全篇納入，禮學觀點與孔子「克己復禮」相關，故第六章將《四書章句集注》合併討論。

　　由第六章的鬼神觀研究，探討朱熹如何看待大眾祭祀鬼神，可以發現朱

熹透過對三禮的重新整理和注解，以「理」做爲「禮」的意涵，就個人方面，重新推廣了孔子「克己復禮」的觀點，使人由細小儀節的實踐中修養自身，就國家社會而言，透過禮制，尤其是祭祀的分級，強化尊卑上下的次序，達國家社會秩序重建之效，並藉由對鬼神的敬畏，教化人心，涵養敬愛君主與仁孝的品德。

　　第七章爲結論，分爲兩部分總結，第一部份回應諸學者對朱熹論鬼神之質疑，第二部分總結朱熹理氣哲學與宗教向度間的關係，由朱熹對鬼神議題的處理，可以發現朱熹實透過鬼神議題，彰顯儒家人文精神，並且確立宋代儒家的宗教態度。

第二章　天神
——以《詩集傳》爲中心

　　本書以《詩集傳》爲首要討論的書籍，一來是依照朱熹著作年代之先後次序，二來則是將同年完成之作品《周易本義》置於第三章，較能與第四章討論之《周易參同契考異》作更好的連結，也讓《詩集傳》中朱熹所表現對商周時代中「天」的看法，作爲一個首先獨立探討的主題。

　　本章以《詩集傳》爲中心，探討朱熹對於「天」宗教意義的處理，論述朱熹雖然在《詩集傳》中整理並回應這個古代的信仰，但是並沒有接受「天」或者「上帝」作爲至高主宰的神，走向以「天」爲神人同形同性或人格性的論點。朱熹論述的方式反而是透過詮釋的方法，以天爲理，弱化「天」或者「上帝」作爲至高神的地位，加強儒家教化的人文化色彩。

　　本章研究的範圍以及對象爲《詩集傳》文本中，所有提及鬼神或天的相關段落，以及當中呈現的天人關係，由天人關係探究朱熹如何論「天」。經由《詩集傳》文本中所有提及鬼神或天的相關段落，筆者歸納出規範性意義、祭祀性意義和宗教性意義三種型態的天人關係，在此三種天人關係中，本章探討三種不同的「天」、「人」相對意涵，與三種不同的朱熹對於鬼神祭祀的觀點。最後本章論述「天」由宗教意義到人文意義的轉向。

第一節　規範性意義天人關係中的天

　　規範性意義的天人關係由「天即理」的意涵而來，朱熹在《論語集注・

八佾第三》以「理」注解「天」說明了天作爲主宰的意涵。在《詩集傳》中，朱熹也是以「理」注解「天」，固然保留了《詩經》中原本對「天」的主宰義，但是以「理」注解「天」，實大大削弱了「天」或者「上帝」在商周時代作爲至高主宰神的地位，本節論述朱熹以「理」注解「天」，正是有減弱天作爲至上神而強化「理」的人文化目的。

在《詩集傳》中，規範性意義可區別爲政治上的規範性和道德上的規範性兩種，政治上的規範性指的是天對於君王施政的鑒察與警示，道德上的規範性指的是天對於君王德行以及民心依歸的考察，若是君王的施政或德行不佳，那麼天可能以天災降禍，或者收回天命作爲警戒。

下文以「天的主宰與權威」、「政治上的規範性」和「道德上的規範性」三個部分討論《詩集傳》規範性意義天人關係中的天意涵。

一、天的主宰與權威

1、天即理

在《論語集注・八佾第三》中，朱熹將「天」注解爲「理」，在《詩集傳》中朱熹不僅將「天」注解爲「理」，更把「天命」也解釋爲「理」，這使得原本商周時代至上神或者上帝的意涵，轉化爲理或甚至是自然之理的意涵，使得原本宗教意味濃厚的「天」概念，轉變爲儒學人文化的「理」概念。

首先我們看在《論語》中，朱熹如何將「天」注解爲「理」，在《論語集注・八佾第三》原句爲：「獲罪於天，無所禱也。」朱熹評注說：

> 天，即理也，其尊無對，非奧竈之可比也。逆理，則獲罪於天矣，豈媚於奧竈所能禱而免乎？言但當順理，非特不當媚竈，亦不可媚於奧也。〔註1〕

在這段評注中，朱熹明確指明天即是理，其尊無對，具有絕對的主宰性和權威性，不是行媚竈之事就能影響的，順理就會得天賜福不需要行媚竈之事，逆理就獲罪於天，祈禱也無法免罪，所以事實上人得福、獲罪的原因皆不在「天」而在「理」。

〔註1〕《論語集注・八佾第三》，（宋）朱熹：《四書章句集注》，北京：中華書局，1983年10月，頁65。

　　朱熹將順理或逆理當作天賜福、降罪的原因，所以由這段引文看來，「天」已經有虛名化的傾向，「理」才是最高的權威，但是「理」的主宰義，與「天」作爲祈禱對象的主宰義，仍非全然相同，朱熹如何以「理」替代了「天」主宰的位置，仍須回到《詩集傳》的文本，探究朱熹在直接面對商周時代「天」的主宰性描述時如何回應，以及朱熹如何處理「天心」的問題，才能更精確知道朱熹如何以「理」代「天」。

2、天不具人格性

　　「天即理」是「天」作爲主宰的主要意涵，在《詩序辨說》中，有這樣一段話：「文王受命作周也。」朱熹這裡的解釋也是將「天」解釋爲「理」，但是朱熹解釋中的「天心」就頗需深究，朱熹對「文王受命作周也。」的解釋是：

> 受命，受天命也。作周，造周室也。文王之德，上當天心，下爲天下所歸往，三分天下而有其二，則已受命而作周矣。武王繼之，遂有天下，亦卒文王之功而已。然漢儒惑於讖諱，始有赤雀丹書之說，又謂文王因此遂稱王而改元。殊不知所謂天之所以爲天者，理而已矣；理之所在，眾人之心，是非向背，若出於一，而無一毫私意雜於其間，則是理之自然，而天之所以爲天者不外是矣。今天下之心既以文王爲歸，則天命將安往哉！《書》所謂「天視自我民視，天聽自我民聽」，所謂「天聰明自我民聰明，天明畏自我民明畏」，皆謂此爾。豈必赤雀丹書而稱王改元哉！稱王改元之說，歐陽公、蘇氏、游氏辯之已詳。去此而論，則此《序》本亦得詩之大旨，而於其曲折之意有所未盡，已論於本篇矣。〔註2〕

在這一段朱熹的解釋中，有三個詞語是值得注意的，分別爲：「天命」、「天心」與「眾人之心」三者，原文的意思是文王承受天命而創建周朝，朱熹的詮釋補上了「天心」和「眾人之心」二者，文中「天心」並未多有發揮，唯獨「眾人之心」，朱熹以「理」稱之。

　　朱熹認爲文王之所以能夠得天命而創建周室，原因是在於文王能得「眾人之心」，因爲「理之所在，眾人之心」，「眾人之心」的一致歸向便是理的所

〔註2〕　《詩集傳·詩序辨說》，《朱子全書》第一冊，朱傑人、嚴佐之、劉永翔主編，上海古籍出版社，2010年9月初版，頁391。

在，而天命自然不會違背「理」，因爲「天」也不外乎是「理」而已，朱熹並一併駁斥了漢儒讖緯與赤雀丹書之說，所以我們可以推論朱熹認爲之「天」非漢儒之有意志的「天」，而是無意志的「理」。

然而文中「天命」與「天心」二者，尤其是「天心」，卻可能有朱熹認爲「天」具有人格性的爭議。

（1）天地之心與萬物

「天心」在朱熹的使用中，另一個名稱爲「天地之心」〔註3〕。依照「天地之心」的角度，朱熹的世界觀區分爲兩個層次，一個是生物的天地之心，一個是所生之物。關於「天地之心」的描述如下：

> 問天地之心亦靈否，還只是漠然無爲，曰：天地之心不可道是不靈，但不如人恁地思慮，伊川曰：天地無心而成化，聖人有心而無爲。問：天地之心，天地之理，理是道理，心是主宰底意否？曰：心固是主宰底意，然所謂主宰者，即是理也，不是心外別有箇理，理外別有箇心。又問：此心字與帝字相似否？曰：人字似天字，心字似帝字。問天地無心，仁便是天地之心，若使其有心，必有思慮，有營爲，天地豈嘗有思慮來，然其所以四時行，百物生者，蓋以其合當如此便如此，不待思維，此所以爲天地之道。曰：如此，則易所謂復其見天地之心，正大而天地之情可見，又如何？如公所說，祇說得他無心處耳，若果無心，則須牛生出馬，桃樹上發李花，他又卻自定。程子曰：以主宰謂之帝，以性情謂之乾。他這名義自定，心便是他箇主宰處，所以謂天地以生物爲心。天地之間，品物萬形，各有所事，惟天確然於上，地隤然於下，一無所爲，只以生物爲事，故易曰天地之大德曰生，而程子亦曰天只是以生爲道，其論復見天地之心，又以動之端言之，其理亦以明矣，然所謂以生爲道者，亦非謂將生來做道也。天地別

〔註3〕 秦家懿在談論朱熹做爲主宰的「天」意涵時，認爲朱熹借用了張載「天心」和「天地之心」的概念，秦家懿說：「在談到天地或自然的創造性和創造生命的力量時，他經常用到『天地之心』這個詞，在談到主宰之心時，他偶爾用『天心』這個詞。」（見 Ching, Julia（秦家懿）：《朱熹宗教思想》（*The Religious Thought of Chu His*），曹劍波譯，廈門大學出版社，2010 年 3 月，頁 75）筆者以爲朱熹在「天心」和「天地之心」的概念使用上是一致的，只是配合脈絡以不同的詞語替換。

　　無勾當，只是以生物為心，一元之氣，運轉流通，略無停間，只
　　是生出許多萬物而已。〔註4〕

在這段對話中，首先是肯定有「天地之心」的存在，但問者或以為「天地之
心」是漠然無為者，可見「天地之心」與「人心」確實有別，朱熹認為天地
之心不如同人心一般的思慮，但是也是靈的，故問者又將「天地之心」與「天
地之理」相對比，以為心與理不同，既然「天地之心」不只是那「漠然無為」
者，那麼應有理是道理、心是主宰這樣的界分，但朱熹並沒有要做成這樣的
區分，他說：「不是心外別有箇理，理外別有箇心。」主宰只有一個，是心、
也是理，所以「天地之心」事實上就是「天地之理」，只是朱熹此處要強調他
「靈」的部分，所以特用「心」字。

　　另外，又因其主宰的身份，所以「天地之心」又稱為天地間的「帝」，
若是沒有這位「帝」，牛或許會生出馬，桃樹上或許長的是李花，但「帝」
又非有思慮、有營為者，他的靈只在於「生物」。所謂「生物」並非指有一
位創生萬物的「帝」，萬物皆各有所從事的活動，只有天地是完全無作為的，
萬物的衍生是依據一個氣，在不停息的運動中生出的，所以天地之心的生
物是指他的道德而言，這個德性蘊含在運轉流通的氣中，就生出許多萬物
了。

　　而在萬物中也各有一個心，朱熹說：

　　天地以此心普及萬物，人得之遂為人之心，物得之遂為物之心，草
　　木禽獸接著，遂為草木禽獸之心，只是一箇天地之心爾。〔註5〕

天地以其天地之心，普及到萬物之中，人得到了天地之心，就有了「人之心」，
物得到了天地之心，就有了「物之心」，草木禽獸等等各種生物得到了天地之
心，就有了「草木禽獸之心」，天地之心與人、物、草木禽獸之心是兩個層次，
這樣的兩重結構是一和多的兩重關係。

（2）由一到多的發散

　　由天地之心到眾多人、物、草木禽獸之心，是一個由一到多的過程，而
這個過程不是創造的過程，也不是分割的過程，是發散的運動。從唯一的理
和天地之心來看是一，從萬物中各有一個太極、各有一個心來看是多，從天

〔註4〕　（明）胡廣等纂修：《性理大全》，濟南市：山東友誼書社，1991年，頁1789
　　　　～1791。
〔註5〕　同上書，頁1792。

地「以生物爲心」到「物得之以爲心」則是發散。「發散」的概念可以由「太極」來理解，朱熹說：

> 太極只是一個理字。問太極不是未有天地之先有個渾成之物，是天地萬物之理總名否，曰：太極只是天地萬物之理，在天地言，則天地中有太極，在萬物言，則萬物中各有太極，未有天地之先，畢竟是先有此理，動而生陽，亦只是理，靜而生陰，亦只是理。萬物、四時、五行，只是從那太極中來，太極只是一個氣，迤灑分做兩個氣，裡面動底是陽，靜底是陰，又分做五氣，又散爲萬物。〔註6〕

太極是一個理，不是理的總名，也不是未有天地之先的渾成之物，所以天地的理是太極，每一各物的理也是太極，太極也是一個氣，動而生陽、靜而生陰，在動靜中氣就迤灑出來，散成五行，又散成萬物。

（3）人格性與泛神論的質疑

卜道成認爲朱熹「天地之心」的概念表示「天」具有意識和人格，「天」是人格化的主宰，而秦家懿認爲朱熹是泛神論式的解釋作爲主宰的天，筆者以爲這兩方的說法都是可質疑的。

首先關於人格性的天，卜道成認爲：

> 理不能離開心而獨立存在。理是心和人格的共同屬性。因此，當朱熹斷言「天即理」時，他不僅肯定了上帝的神性和道德的至善性，而且他同時還肯定了人格。這個表示本身就意味著天是有知覺的存在，天有知情意。……「天地之心」短語就只有一個含義，天（絕對存在）具有意識和人格。〔註7〕

卜道成又說：

> 朱熹不是從自然主義的或者泛神論的角度使用「天地之心」一詞，而是在人格化的主宰者的意義上使用。「天地之心」是宇宙的樞軸，它有意識地控制著四季交替和天下萬物的產生。〔註8〕

〔註6〕 （明）胡廣等纂修：《性理大全》，濟南市：山東友誼書社，1991 年，頁 1768～1769

〔註7〕 Bruce, J. Percy（卜道成）：《朱熹和他的前輩們：朱熹與宋代新儒學導論》（*Chu hsi and his masters: an introduction to Chu hsi and the sung school of Chinese philosophy*），謝曉東譯，廈門：廈門大學出版社，2010 年 3 月初版，頁 177。

〔註8〕 同上書，頁 178。

在上述卜道成的第一段引文中，卜道成認爲天具有意識和人格，在於「天」肯定上帝的神性和道德性，並且因爲「心是人格的場所」〔註9〕，理又不能離開心而獨存，所以亦肯定了人格性這點是可質疑的，因爲朱熹「天即理」並沒有肯定上帝的神性，而只是抽象的原則，並且理不能離開心而獨存是因爲天地之心即是天地之理，朱熹「心」的使用只是強調「氣」的運作。

而第二段引文中說天有意識地控制著四季交替和天下萬物的產生，則是混淆天地之心和萬物之間的關係，因爲天地之心與萬物之心並非創造關係，而是分散的關係，所以天即理的「天」並非控制萬物的存在，相反的，天理與萬物所得之理，是同一個理，所以若將天理視爲上帝，那麼應該是一個泛神論的體系。

秦家懿即認爲：

> 如果我們想到當作太極的理也被當作是最高者時，我們就會發現，朱熹求助於一種非神人同形同性論的、有點泛神論的解釋來說明作爲主宰的天。〔註10〕

又說：

> 朱熹把心──天地之心──與統治者和理看做是一樣的。他還賦予了這個心某些知覺的特性，並確保一種秩序在創造的過程中將能勝利的力量。如果從這個觀點立即得出結論說，朱熹的神是人格的、絕對的神，那麼這個結論是很難作出的，因爲中國的思想沒有明確地把人格（personality）這個概念從人性（humanity）這個概念中區分開來。雖然如此，然而中國傳統經常把人當作天地的「心」，因爲人通過他自己心靈的力量，賦予宇宙以知覺。因此，朱熹的話可能暗示著一個中節（proper proportionality）的類比，在這個類比中，宇宙的心被說成是最高的統治者即上帝。這使我們更接近由舒伯特‧M‧奧格登（Schubert M. Ogden）和其他人所提出的那個類比，即上帝與世界的關係，就像自我與身體的關係，每一種關係都是作爲他者的一個知覺的原則。這樣說來，朱熹的上帝就可以說更類似

〔註 9〕 Bruce, J. Percy（卜道成）：《朱熹和他的前輩們：朱熹與宋代新儒學導論》（*Chu hsi and his masters: an introduction to Chu hsi and the sung school of Chinese philosophy*），謝曉東譯，廈門：廈門大學出版社，2010 年 3 月初版，頁 177。

〔註 10〕 Ching, Julia（秦家懿）：《朱熹宗教思想》（*The Religious Thought of Chu His*），曹劍波譯，廈門大學出版社，2010 年 3 月，頁 75。

> 於泛神論神學的「人格化上帝」，在重要的方面不同於經典有神論的
> 人格化的上帝。〔註11〕

秦家懿區分了泛神論的人格化上帝和有神論的人格化上帝，認為朱熹所論不屬於有神論的人格化上帝，但為泛神論的人格化上帝，然而泛神論的說明，是將所有的「心」都解釋為「神」，具有神性，這樣的說法似乎無法很好的解釋朱熹「理」含有「自然之理」的意涵，所以筆者以為朱熹泛神論的傾向，是可以再深究的。

3、天非神人同形同性

對於「天」的意志與主宰，在《朱子語類》中有這樣一段描述，朱熹說：

> 蒼蒼之謂天。運轉周流不已，便是那箇。而今說天有箇人在那裡批
> 判罪惡，固不可；說道全無主之者，又不可。〔註12〕

這裡闡述「天」雖有主宰的意思，但是沒有意志，不能說好像是個人在那裡批判罪惡，至於當中「主」的意思，筆者以為那是就「理」而言，亦非「天」，所以「天」並非是神人同形同性者。

因此天或者天命只是「理」的一個指稱，「天」並非一有意志之無上主宰，在解釋《詩經‧小雅‧正月》：「瞻彼中林，侯薪侯蒸。民今方始，視天夢夢。既克有定，靡人弗勝。有皇上帝，伊誰云憎。」這段文字時，朱熹說：

> 興也。……皇，大也。上帝，天之神也。程子曰：「以其形體謂之天，
> 以其主宰謂之帝。」o 言瞻彼中林，則維新維蒸，分明可見也。民
> 今方危殆疾痛，號訴於天，而視天反夢夢然，若無意於分別善惡者。
> 然此特值其未定之時耳，及其既定，則未有不為天所勝者也。夫天
> 豈有所憎而禍之乎，福善禍淫亦自然之理而已。〔註13〕

在古代信仰中，皇上帝為最高的天神，「天」就以上帝之名為具有意志的最高主宰〔註14〕，但在這段朱熹的注解中，朱熹並不認為「天」具有憎惡的

〔註11〕 Ching, Julia（秦家懿）：《朱熹宗教思想》（ *The Religious Thought of Chu His* ），曹劍波譯，廈門大學出版社，2010 年 3 月，頁 336～337。

〔註12〕 （《朱子語類》卷一，（宋）朱熹：《朱子語類》（全八冊）第一冊，黎靖德編，王星賢校點，北京：中華書局，1986 年 3 月，頁 5）。

〔註13〕 《詩集傳‧小雅二‧詩卷第十一》，《朱子全書》第一冊，朱傑人、嚴佐之、劉永翔主編，上海古籍出版社，2010 年 9 月初版，頁 588。

〔註14〕 相關資料可參考「由周初文獻詩經、書經看來，天與帝可以互換使用，因此亦具有共同的含意。天、帝混用的事實可能出自政治上的考慮；亦即，設法

意志，所謂的福善禍淫並非出於「天」的意志，而只是看其是否違逆自然之理而已。

經過本段落「天的主宰與權威」的討論，可初步歸結朱熹以「理」注解「天」，表面上承繼其商周時代最高主宰的規範性意義，實質上，卻是以「理」代「天」，削弱了宗教意義上有意志的權威性格，而以理取代。

「理」是天理，也是是非善惡之理，朱熹以「理」代「天」是繼續保留「天」的規範性意義，也是將宗教意涵的「天」帶向儒學人文化意涵的「理」中，然而這層意涵下的「天」也漸漸趨向於政治上的工具性意義了。

二、政治上的規範性

「天」在政治上的規範性意義中，主要的天人關係落在「天」與「君王」之間，少數落在「天」與「臣民」之間。在「天」與「君王」之間，主要的規範在於「天」對於君王施政的警戒上，若施政得宜，君王可享天命，反之若施政有虧，那麼「天」輕則給予災禍警戒，重則收回天命。而在「天」與「臣民」之間者，則在於天對於君王地位的保障，臣民皆該因「天」的權威性，而敬畏君王的權威性。

1、「天」與「君王」間的天人關係

在「天」與「君王」間的天人關係中，「天」規範性在於警戒的方面，和天命的收取方面。當施政不當之時，天或以天象、奇災等警戒君王，在《詩經‧小雅‧十月之交》講到關於日月蝕的句子：「日月告凶，不用其行。四國無政，不用其良。彼月而食，則維其常。此日而食，于何不臧。」，朱熹說：

> 賦也。……凡日月之食，皆有常度矣。而以爲不用其行者，月不避日，失其道也。然其所以然者，則以四國無政，不用善人故也。如此，則日月之食，皆非常矣。而以月食爲其常，日食爲不臧者，陰

勸服商朝遺民：天帝都代表同一位至高主宰，並且周朝建國係由這一位『統治者』（Dominator）所認准。但是縱使在商周之際，天的地位也比帝更爲突出。我們將漸次指出：天扮演了『啓示者』（Revealer）與『審判者』（Judge）的角色；這兩種角色原是甲骨文中帝所扮演的。同時，天還展現了『造生者』（Creator）與『載行者』（Sustainer）的功能。」（傅佩榮：《儒道天論發微》，台北市：台灣學生書局，1985年10月初版，頁27）。

> 亢陽而不勝，猶可言也，陰勝陽而揜之，不可言也。故《春秋》日
> 食必書，而月食則無紀焉。亦以此爾。〔註15〕

古者視日月之食爲凶象的表現，朱熹認爲日月之食皆爲自然現象，皆有常度，
如果一定要以爲日月之食爲非常度者，那麼是以日月之食爲政事失道的反
映，而以月食爲常，日食爲不善的反映的情況，則是以日爲陽，以月爲陰，
陽勝陰猶可，陰勝陽則不可來說的，所以《春秋》日食必有記載，而月食則
無。

除了日月蝕以外，還有雷電天災，也作警戒的意涵，在《詩經·小雅·
十月之交》有這麼一段話：「爗爗震電，不寧不令。百川沸騰，山冢崒崩。高
岸爲谷，深谷爲陵。哀今之人，胡憯莫懲。」，朱熹說：

> 賦也。……言非但日食而已，十月而雷電，山崩水溢，亦災異之甚
> 者。是宜恐懼脩省，改紀其政，而幽王曾莫之懲也。董子曰：「國家
> 將有失道之敗，而天乃先出災異以譴告之。不知自省，又出怪異以
> 警懼之。尚不知變，而傷敗乃至。此見天心仁愛人君，而欲止其亂
> 也。」〔註16〕

這是說除了日食以外，尚有雷電、和山崩水溢等天災，天基於愛君的因素，
必給予警戒，以提示君王當行良政。

若是君王不受天災的警戒，那麼「天」就有可能收回天命，改立他人爲
君，《詩經·大雅·大明》有兩段關於武王伐商的詩句，第一段是說：「天監
在下，有命既集。文王初載，天作之合。在洽之陽，在渭之涘。文王嘉止，
大邦有子。」朱熹解釋爲：

> 賦也。……將言武王伐商之事，故此又推其本，而言天之監照實在
> 於下，其命既集於周矣。故於文王之初年，而默定其配，所以洽陽、
> 渭涘，當文王將昏之期，而大邦有子也。蓋曰非人之所能爲矣。
>
> 〔註17〕

朱熹認爲這段話是在講武王伐商之前，爲此戰役所推之本，其實就是強調天
作爲一個規範性的監察者，一切事都是天的監照與安排，伐商之役是出於天，

〔註15〕《詩集傳·小雅二·詩卷第十一》，《朱子全書》第一冊，朱傑人、嚴佐之、
　　　　劉永翔主編，上海古籍出版社，2010 年 9 月初版，頁 592。
〔註16〕同上書。
〔註17〕《詩集傳·大雅三·詩卷第十六》，《朱子全書》第一冊，朱傑人、嚴佐之、
　　　　劉永翔主編，上海古籍出版社，2010 年 9 月初版，頁 656。

非人力所爲。因天已將天命給予周，所以伐商的戰役完全具有正當性，「天」已將天命從商收回了。

　　另一段相關的文字是在《詩經・大雅・大明》：「有命自天，命此文王，于周于京。纘女維莘，長子維行，篤生武王。保右命爾，燮伐大商。」朱熹說：

> 賦也。……言天旣命文王于周之京矣，而克纘大任之女事者，維此莘國，以其長女來嫁于我也。天又篤厚之，使生武王。保之助之命之，而使之順天命以伐商也。〔註18〕

由這段引文可知周之伐商乃順天命而爲，就政治上來看，「天命」給了武王伐商的正當性，但就警戒的角度來看，這段話也表示「天命」是可能轉移的，「天命」可使周順利伐商，那麼一旦周作得不好，「天命」亦有可能落於他人之手。

2、「天」與「臣民」間的天人關係

　　「天」的警戒意涵，主要是落在「君王」身上，「臣民」是附屬的概念，既然王者與天命作連結，那麼「臣民」當然也納入規範的意義之下，王者若是具有符合天命規範之德，那麼臣民就應該順服其權威，在《詩經・小雅・雨無正》有一段話說：「如何昊天，辟言不信。如彼行邁，則靡所臻。凡百君子，各敬爾身。胡不相畏，不畏于天。」朱熹解釋爲：

> 賦也。如何昊天，呼天而訴之也。辟，法。臻，至也。凡百君子，指群臣也。○ 言如何乎昊天也，法度之言而不聽信，則如彼行往而無所底至也。然凡百君子，豈可以王之爲惡而不敬其身哉！不敬爾身，不相畏也。不相畏，不畏天也。〔註19〕

這段話是指在天的權威之下，群臣應當不論王爲善或爲惡，都當要敬畏君王，「如何昊天」此呼天訴之的作法，是以天的權威來保證王的權勢地位，說明王的權勢地位是有天作保的，若是不畏王即是不畏天。「天」在政治方面，對於「臣民」具有規範性意義，但實則規範性意義天人關係的焦點還是落在「天」與「君王」二者之間。

〔註18〕　《詩集傳・大雅三・詩卷第十六》，《朱子全書》第一冊，朱傑人、嚴佐之、劉永翔主編，上海古籍出版社，2010 年 9 月初版，頁 656。

〔註19〕　《詩集傳・小雅二・詩卷第十一》，《朱子全書》第一冊，朱傑人、嚴佐之、劉永翔主編，上海古籍出版社，2010 年 9 月初版，頁 595。

三、道德上的規範性

除了政治上警示的方面，天尚提供君王一個道德上自我戒慎的規範，其天人關係依然與政治上的規範性相同，爲「天」與「君王」的二者關係。道德上的規範性主要爲「天命」的施予或收取在於君王德行的表現，若能修德，自能致福，獲享天命，若不能修德自持，那麼就無法自保天命，更無法致福。

1、修德以享天命

天命的賜與和維繫，都是有德者居之，倘若君王能自修德行，那麼就能得著天命，也能自保天命。

在《詩經‧大雅‧文王》有一段話是這麼說的：「無念爾祖，聿脩厥德。永言配命，自求多福。殷之未喪師，克配上帝。宜鑒于殷，駿命不易。」在這段話中，朱熹的解釋是：

> 賦也。……言欲念爾祖，在於自脩其德，而又常自省察，使其所行無不合於天理，則盛大之福，自我致之，有不外求而得矣。又言殷未失天下之時，其德足以配乎上帝矣。今其子孫乃如此，宜以爲鑒而自省焉，則知天命之難保矣。《大學傳》曰：「得眾則得國，失眾則失國。」此之謂也。〔註20〕

由朱熹的解釋可以看出，天命的取得和喪失是與君王自身道德品行相關的，感念先祖，也在於自我德行的修持須常自身省察，使所行無不合於天理。如果能夠自修其德，那麼就能取得天命，也能保得天命，若是不能自修其德，那麼天命即便取得，也會失去，殷商就是最好的例子。

殷在未失天下以前，其德也是足以配乎上帝的，否則怎會得著天命，但是殷商卻未能保持而喪失天下，這是給天下君王一個道德上的警示與規勸，君王不能自滿於已得之天下，反而要以天命持守不易，在道德上自我省察，使自己所行合乎天理，才能長保王位。在《詩經‧頌‧敬之》中，有一段關於成王的文字說到：「敬之敬之，天維顯思，命不易哉！無曰高高在上，陟降厥士，日監在茲。」，朱熹說：

> 賦也。……成王受羣臣之戒，而述其言曰：敬之哉，敬之哉，天道甚明，其命不易保也。無謂其高而不吾察，當知其聰明明畏，常若

〔註20〕《詩集傳‧大雅三‧詩卷第十六》，《朱子全書》第一冊，朱傑人、嚴佐之、劉永翔主編，上海古籍出版社，2010年9月初版，頁654。

陟降於吾之所爲，而無日不臨監于此者，不可以不敬也。〔註21〕

這段話以天爲道德行爲的監察者，爲君王者應該持敬以待，盡心持守，才能不讓上天收回天命。保持天命已經如此，就更別說自求多福的部分了，自修其德才能不僅不喪天命，又能得天賜福。

2、修德以致福

致福是在自保天命以外更進一步的要求，而致福的要件則依然在於君王自身是否能自修其德上，君王若能自修其德，則不僅能自保天命，更能自求多福。

在上述所引《詩經・大雅・文王》：「無念爾祖，聿脩厥德。永言配命，自求多福。」已經指出朱熹的解釋爲：

言欲念爾祖，在於自脩其德，而又常自省察，使其所行無不合於天理，則盛大之福，自我致之，有不外求而得矣。〔註22〕

朱熹認爲君王若能自修其德，並且常常自我省察，使自己的所作所爲皆合於天理，那麼就能自己招致盛大的福，這樣的福不是外求而來的。

因此，以「天的主宰與權威」、「政治上的規範性」和「道德上的規範性」三個部分探討規範性意義下的天人關係，「天」即是「理」，並且具有政治上與道德上兩方面的規範性，而「天人關係」則以「天」和「君王」的關係爲主。

根據本節的論述，規範性意義下的天人關係事實上是極爲疏離的，甚至可以說天與人在實際生活上不相關連，因爲天即是理，只是個抽象原則，不具有意志，也不會涉入人的世界與生活，勉強能說在這種意義下，與天相對應的人，也僅指君王一人〔註23〕，但也僅僅只在抽象的規範意義，旨在警戒君王注重施政與德行而已。

〔註21〕 《詩集傳・頌四・詩卷第十九》，《朱子全書》第一冊，朱傑人、嚴佐之、劉永翔主編，上海古籍出版社，2010 年 9 月初版，頁 736。

〔註22〕 《詩集傳・大雅三・詩卷第十六》，《朱子全書》第一冊，朱傑人、嚴佐之、劉永翔主編，上海古籍出版社，2010 年 9 月初版，頁 654。

〔註23〕 「對古代中國人而言，天的確可以稱爲『超越界』或『超越者』（the transcendent）。但是這個超越界卻不是完全超絕於人類世界之上的。超越界與內在界之間總有某些關聯，如祭祀、占卜，以及映現天意的人類道德意識。其中最密切的關聯，應屬君王之稱『天子』，代天行教，爲民父母。君王的條件乃成爲重要問題。『皇極』或『大中』的理念原是天所設定，以便萬民共遵者。國家成爲道德教化的園地，奠基於君王之體現絕對正義。君王一方面『建大中以承天心』，另一方面立下至高典範以匡正人民。天與民的連結乃落實於君王個人身上。」（傅佩榮：《儒道天論發微》，台北市：台灣學生書局，1985年 10 月初版，頁 40～41）。

因此，筆者以爲在規範性意義下，朱熹認爲以天神上帝爲代表的「神」是非實際存在的，「天」既沒有意志，也完全能化約至政治、道德操作的實際規範之中，「天」既不是審判者，也不是人致福獲罪的原因，人致福獲罪的原因在「理」。因此，朱熹轉化了在古代商周時代「天」的權威性角色，使得「天」成爲人文社會政治與道德實際制度的運作下，作爲人文社會管理上的工具意義，用以協助人文思想的推動與應用。

第二節　祭祀性意義天人關係中的天

「天」除了規範性意涵以外，還具有祭祀性的意涵，在規範性意涵中，天人關係是疏離的，「天」僅作爲一個原則性的存在，不具有互動關係，但是就祭祀性意涵來說，天人關係是相交通的，具有互動的關連，人可向天祭祀、祈禱，天也會賜福與人，在此一來一往當中，「天」與「人」建立的是一個雙向互動的關係。然本節所定義之祭祀性意義爲廣義的祭祀性意涵，除了實際的祭祀活動以外，也包含人對天的祈禱和敬畏。

本節分三個部分探討《詩集傳》祭祀性意義的天人關係，首先就互動關係本身而言，朱熹對於互動關係的說明爲「感格」，透過「感格」朱熹建立了互動關係的可能性。其次本節探討《詩集傳》中出現的兩種「感格」類型，其一爲「以德配天的天人互動關係」，其二爲「尊祖祭祖的祖孫互動關係」，「以德配天的天人互動關係」爲《詩集傳》祭祀性意義中主要的互動關係，而「尊祖祭祖的祖孫互動關係」則可視爲「以德配天的天人互動關係」的延伸，或者祭祀性意義上由配天到尊祖的轉向。

本節下文以「感格的互動關係」、「以德配天的天人關係」和「由配天到尊祖的轉向」三個部分探究祭祀性意義天人關係中，朱熹論述的「天」意涵。

一、感格的互動關係

在祭祀性意義的天人關係中，天與人是有祭祀和賜福的互動關係，朱熹將這種互動關係稱爲「天人相交」，又用「感格」來說明這種「天人相交」的關係。在朱熹的描述中，可看出朱熹所使用的「感格」具有兩種模式，分別爲：「天對人的上對下感格」，以及「神之格至」兩種，第二種「神之格至」爲天人感格的轉化，將天人間的感格視爲猶如祖孫的感格一般，朱熹在詮釋

上預設了祖考的來格，以此比喻神也會如祖考般格至，這樣的比喻具有將天人關係與祖孫關係對比的傾向。但不論是哪種型態，這兩種「感格」所指向的互動關係都統稱爲「天人相交」。

首先來看「天人相交」的部分，在祭祀性意義的天人關係中，天與人的往來與互動是密切的，天會因人的行爲而賜福，朱熹在注解《詩經・小雅・天保》時，使用了「天人相交」這個概念。《詩經・小雅・天保》的原句是：「天保定爾，俾爾戩穀。罄無不宜，受天百祿。降爾遐福，維日不足。」朱熹解釋說：

> 賦也……爾有以受天之祿矣，而又降爾以福，言天人之際相交與也。
>
> 《書》所謂「昭受上帝，天其申命用休」，語意正如此。〔註24〕

朱熹的解釋說明人受天之祿，以及天之降福的互動關係是天人相交。而這種天人相交的理論基礎在於「感格」。

「感格」的理論建立在陰陽之氣的互感上，《詩傳綱領》有段話說到了「感」這個概念，《詩傳綱領》的原句是：「《大序》曰：『故正得失，動天地，感鬼神，莫近於詩。』」朱熹對這句話的解釋爲：

> 事有得失，詩因其實而諷詠之，使人有所創艾興起。至其和平怨怒
>
> 之極，又足以達於陰陽之氣，而致祥召災。蓋其出於自然，不假人
>
> 力，是以入人深而見功速，非他教之所及也。〔註25〕

由朱熹的解釋可以看出，朱熹認爲之所以能夠「感鬼神」是因爲和平怨怒之極達到了陰陽之氣，並且由陰陽之氣致祥召災，所以「感鬼神」是由陰陽之氣所感，是一種「氣感」。固然此段話重點是在於說明詩對人的影響，是極爲深入且快速的，詩教所能達到的效果，不是其他教法所能相比。但我們也由此得知朱熹認爲人與天地陰陽之氣是相感通的，所以人的和平怨怒之氣能夠達於陰陽之氣，導致天降福禍，這種感召是出於自然，不是出於人爲，完全是一種氣的運作。因此，「感格」的理論事實上就是陰陽之氣相感的理論。

同樣，基於人與天地陰陽之氣能相感通之理，人也能藉由占夢問卜得知天意，在《詩經・小雅・斯干》有段話說：「大人占之，維熊維羆，男子之祥。維虺維蛇，女子之祥。」朱熹解說爲：

〔註24〕《詩集傳・小雅二・詩卷第九》，《朱子全書》第一冊，朱傑人、嚴佐之、劉永翔主編，上海古籍出版社，2010 年 9 月初版，頁 551。

〔註25〕《詩集傳・詩傳綱領》，《朱子全書》第一冊，朱傑人、嚴佐之、劉永翔主編，上海古籍出版社，2010 年 9 月初版，頁 343。

> 或曰：夢之有占，何也？曰：人之精神與天地陰陽流通，故畫之所
> 爲，夜之所夢，其善惡吉凶各以類至。是以先王建宮設屬，使之觀
> 天地之會，辨陰陽之氣，以日月星辰占六夢之吉凶，獻吉夢，贈惡
> 夢。其於天人相與之際，察之詳而敬之至矣。故曰，王前巫而後史，
> 宗祝瞽侑皆在左右，王中心無爲也，以守至正。〔註26〕

朱熹解釋夢之所以有占的原因在於人之精神與天地之陰陽相流通，因理爲一，所以運行也有一定的規則，白晝如何作爲，夜晚即有對應之夢，各類的善惡吉凶皆依此規則相應而至，所以王建宮設屬，或推行各樣政事都要使巫祝等觀天地、占吉凶。

在出現「天」「人」概念的相關段落中，朱熹注解中出現「感格」的有兩種模式，第一種是天對人的上對下感格，第二種是將人神間的感格視爲如祖先的感格。以下分兩點敘述：

1、天對人的上對下感格

第一種天對人的上對下感格出現在朱熹對《詩經・大雅・烝民》的詮釋中，《詩經・大雅》的原句是：「天生烝民，有物有則。民之秉彝，好是懿德。天監有周，昭假于下。保茲天子，生仲山甫。」朱熹說：

> 賦也。……宣王命樊侯仲山甫築城于齊，而尹吉甫作詩以送之言天
> 生眾民，有是物必有是則。蓋自百骸、九竅、五臟，而達之君臣、
> 父子、夫婦、長幼、朋友，無非物也，而莫不有法焉。如視之明，
> 聽之聰，貌之恭，言之順，君臣有義，父子有親之類是也。是乃民
> 所執之常性，故其情無不好此美德者。而況天之監視有周，能以昭
> 明之德感格于下，故保祐之，而爲之生此賢佐曰仲山甫焉。則所以
> 鍾其秀氣，而全其美德者，又非特如凡民而已也。昔孔子讀《詩》
> 至此而贊之曰：「爲此詩者，其知道乎！」故有物必有則，「民之秉
> 彝」也，故「好是懿德」。而孟子引之，以證性善之說。其旨深矣，
> 讀者其致思焉。〔註27〕

這段引文說到人民能夠作出許多美好的德行，例如「視之明，聽之聰，貌之

〔註26〕《詩集傳・小雅二・詩卷第十一》，《朱子全書》第一冊，朱傑人、嚴佐之、劉永翔主編，上海古籍出版社，2010 年 9 月初版，頁 582。

〔註27〕《詩集傳・大雅三・詩卷第十八》，《朱子全書》第一冊，朱傑人、嚴佐之、劉永翔主編，上海古籍出版社，2010 年 9 月初版，頁 708。

恭，言之順，君臣有義，父子有親」等等，這是人民所執的常性，所以按照實際的情形來說，人民實在是好德，更何況天有昭明之德，既然監視周，自然會以昭明之德感格於下，保祐周，並爲周生仲山甫這樣的賢人。

朱熹將「天監有周，昭假于下。」解釋爲「天」因爲人的好德，而以自身昭明之德保祐、賜福與人，也就是說這句話的意思是「天」有感於人的好德，然後以自身之昭明之德感格於下。

2、神之格至

第二種感格的模式是神之格至，這種型態是將天神的格至視爲如同祖先的來格一般。

朱熹對於「格」字的解釋有「至」和「來」兩義，解釋爲「至」的部分出現在《大學章句》，朱熹在解釋「致知在格物」這句話時，說明：「格，至也。」，在《論語集注・爲政第二》的「有恥且格」部分，朱熹也是將「格」解釋爲：「格，至也。」另外。將「格」字解釋爲「來」部分則的出現在《中庸章句》第十六章，朱熹解釋「神之格思」時，說明：「格，來也。」統歸來說，「格」有臨到的意思。

朱熹在解釋《詩經・小雅・天保》：「神之弔矣，詒爾多福。民之質矣，日用飲食。群黎百姓，徧爲爾德。」這句話的時候，也使用到「格」至和來的涵意，朱熹說：

> 賦也。弔，至也。神之至矣，猶言祖考來格也。〔註28〕

這段話是說神的臨到，並且遺留許多福，就彷彿祖考的臨到一般。朱熹將神之至視爲如同祖考來格一般，預設了在祭祀上祖考來格的可能性，並且以此作爲神之至的比擬。

關於祖考來格的部分，可以《朱子語類》的相關論述加以補充，在《朱子語類》卷三有下面這段話：

> 然人死雖終歸於散，然亦未便散盡，故祭祀有感格之理。先祖世次遠者，氣之有無不可知。然奉祭祀者既是他子孫，必竟只是一氣，所以有感通之理。〔註29〕

〔註28〕 《詩集傳・小雅二・詩卷第九》，《朱子全書》第一冊，朱傑人、嚴佐之、劉永翔主編，上海古籍出版社，2010 年 9 月初版，頁 551～552。

〔註29〕 《朱子語類》（全 8 冊）第一冊，黎靖德編，王星賢校點，北京：中華書局，1986 年 3 月，頁 36。

在上面這段記載中提及朱熹認為祭祀有感格之理，因為先祖雖然已經世次遙遠，但是先祖的氣是否全然散盡，是未可知的，而奉祭祀者既然是先祖的子孫，那麼就血緣關係上來說氣應當是一氣，所以有感格之理，先祖與子孫可以感通，並且透過祭祀，子孫可以使先祖來格。

就先祖與子孫間的感格來看，感格的理論基礎全然在於理氣，下面有兩段相關的引文可一併齊觀：

> 又問：「子孫祭祀，却有感格者，如何？」曰：「畢竟子孫是祖先之氣。他氣雖散，他根卻在這裡；盡其誠敬，則亦能呼召得他氣聚在此。如水波樣，後水非前水，後波非前波，然卻通只是一水波。子孫之氣於祖考之氣，亦是如此。他那箇當下自散了，然他根卻在這裡。根既在此，又卻能引聚得他那氣在此。此事難說，只要人自看得。」〔註30〕

> 祭祀之感格，或求之陰，或求之陽，各從其類，來則俱來。然非有一物積於空虛之中，以待子孫之求也。但主祭祀者既是他一氣之流傳，則盡其誠敬感格之時，此氣固寓此也。〔註31〕

上面兩段說到子孫與先祖間的感格，提到了兩個重要的概念一個是「氣」，一個是「誠敬」。感格的理論根據以及說明在於「氣」，因為氣能相通，所以能感，並且所謂的「感」指的是陰陽之氣的以類相求，或求之陰，或求之陽，子孫與先祖相感的過程，以及之所以能請得先祖來格，都是因為氣能相通，有感格之理的緣故，所以理氣是感格的原因，也是感格的說明，因為有理有氣，所以感格能夠成立。

另外，當中提及的「誠敬」則為感格原因以外附加的條件，倘若無理無氣，感格無法成就，但若有理有氣，又加上誠敬，那麼感格就更能成就。朱熹以神之格至比作猶如祖考來格，應也有以理氣作為神之格至根據的意涵。

事實上不論上述何種模式的感格，皆是以理氣作為感格的原因與說明，天對人的感格，固然是因為德，但是按照朱熹「天即理」的解釋，天之德也是「理」的展現，況且天之所以能有所感，以致於賜福來格，也是因為人之

〔註30〕《朱子語類》（全8冊）第一冊，黎靖德編，王星賢校點，北京：中華書局，1986年3月，頁47。

〔註31〕同上書，頁50。

好德與人有配天之德顯現的緣故,這個在感格之理上是說得通的,所以天人間的互動關係以朱熹看來皆以理氣爲根據。

　　然而由感格的互動關係,可知朱熹所提及感格的類型有「以德配天」和「尊祖敬祖」兩方面,下面一個段落,本節將先介紹「以德配天」的部分。

二、以德配天的天人關係

　　在「天對人的上對下感格」段落中,本節已經述及「天」會因爲有感於人的「德」而賜福與人,建立天人的互動關係,這種藉由祭祀活動以及天鑒察並且喜悅人的德行,以「德」爲建立的互動關係的原因者,在此稱爲「以德配天的天人關係」,而這種天人關係《詩經》中又以文王爲表率。

1、德為建立互動天人關係的原因

　　朱熹對於這種「以德配天的天人關係」以「相賴相報」來形容,在《詩經・小雅》〈大田〉四章和〈楚茨〉六章各有一段關於由祭祀和人之品德建立天人互動關係的說明,在〈大田〉四章的部分,朱熹說:

> 前篇有擊鼓以御田祖之文。故或疑此楚茨、信南山、甫田、大田四篇卽爲豳雅。其詳見於豳風之末。亦未知其是否也。然前篇上之人以「我田既臧」爲「農夫之慶」,而欲報之以介福。此篇農夫以「雨我公田,遂及我私」,而欲其享祀「以介景福」。上下之情,所以相賴而相報者如此,非盛德其孰能之?〔註32〕

上面這段文字引前篇《詩經・小雅・甫田》的內容相對照,說明農事運作以及向神祈福,其中包含天人之上下關係,是相賴以及相報的,天對人的上對下關係,是賜福以報,人對天的下對上關係,是人以德報天,使天享祀,向神祈福。祭祀與品德是天人關係建立的必需因素,而「非盛德其孰能之?」這句話,更指明「德」在「以德配天」的天人互動關係中,爲關係產生的原因。

　　而另外〈楚茨〉六章的部分,朱熹則是引呂祖謙的話說:

> 呂氏曰:「《楚茨》極言祭祀所以事神受福之節,致詳致備。所以推明先王致力於民者盡,則致力於神者詳。觀其威儀之盛,物品之豐,

---

〔註32〕《詩集傳・小雅二・詩卷第十三》,《朱子全書》第一冊,朱傑人、嚴佐之、劉永翔主編,上海古籍出版社,2010 年 9 月初版,頁 629。

所以交神明逮羣下，至於受福無疆者，非德盛政修，何以致之？」
〔註33〕

呂祖謙的話說明祭祀是事神受福的必要條件，但王若要受福無疆，仍須仰賴
德盛政修，這才是與神明相交，長久建立關係的方法，「盛德」一就是受福無
疆的原因。

2、周文王為以德配天的典型

在《詩經》中若要尋找人因為「盛德」而受福無疆的典型，那麼周文王
絕對是代表人物。由「天」與「文王」出現的段落可知天雖至高，但人若能
以德配天，那麼人就能與天建立親密的關係。在《詩經》中天與文王的段落，
我們可見天人關係的緊密程度，以及文王地位的崇高，人雖不能替代天的崇
高地位，但文王實為一天人關係相處中的模範或者典型。

在《詩經‧大雅‧文王》有一段關於文王的詩說：「文王在上，於昭于天。
周雖舊邦，其命維新。有周不顯，帝命不時。文王陟降，在帝左右。」朱熹
解釋為：

> 賦也。……周公追述文王之德，明周家所以受命而代商者，皆由於
> 此，以戒成王。此章言文王既沒，而其神在上，昭明于天，是以周
> 邦雖自后稷始封，千有餘年，而其受天命，則自今始也。夫文王在
> 上，而昭于天，則其德顯矣。周雖舊邦，而命則新，則其命時矣。
> 故又曰有周豈不顯乎？帝命豈不時乎？蓋以文王之神在天，一升一
> 降，無時不在上帝之左右，是以子孫蒙其福澤，而君有天下也。《春
> 秋傳》天王追命諸侯之詞曰：「叔父陟恪，在我先王之左右，以佐事
> 上帝。」語意與此正相似。或疑「恪」亦「降」字之誤，理或然也。
> 〔註34〕

朱熹解說文王因為其德顯著，所以去世後升天，並且因在上帝左右，而使
周受天命，文王因個人德行使子孫蒙福而君天下。文王在上帝之左右，標
示著文王不同於一般之地位，然而就朱熹看來，這樣的地位對後世而言除

〔註33〕 《詩集傳‧小雅二‧詩卷第十三》，《朱子全書》第一冊，朱傑人、嚴佐之、
劉永翔主編，上海古籍出版社，2010 年 9 月初版，頁 623〜624。
〔註34〕 《詩集傳‧大雅三‧詩卷第十六》，《朱子全書》第一冊，朱傑人、嚴佐之、
劉永翔主編，上海古籍出版社，2010 年 9 月初版，頁 652。

了頌讚文王之外，更重要的是文王作爲一個典範給後人的警示，《詩經·大雅·文王》說到一段取法文王以保天命的文字：「命之不易，無遏爾躬。宣昭義問，有虞殷自天。上天之載，無聲無臭。儀刑文王，萬邦作孚。」朱熹解釋說：

> 賦也。……言天命之不易保，故告之使無若紂之自絕於天，而布明其善譽於天下。又度殷之所以廢興者，而折之於天。然上天之事，無聲無臭，不可得而度也，惟取法於文王，則萬邦作而信之矣。子思子曰「維天之命，於穆不已」，蓋曰天之所以爲天也。「於乎不顯，文王之德之純」，蓋曰文王之所以爲文也純亦不已。夫知天之所以爲天，又知文王之所以爲文，則夫與天同德者，可得而言矣。是詩首言「文王在上，於昭于天」、「文王陟降，在帝左右」，而終之以此，其旨深矣。〔註35〕

因爲文王地位崇高，所以後人當思想文王何以能與天同德，成爲在上帝左右者，又當思想如何由文王之作爲揣度上帝心意。天命不易保存，天意也難以揣度，但我們由文王的身上，以此一上帝喜悅之典範，可以推測上帝的旨意。

3、敬爲以德配天的條件

在以德配天的天人互動關係中，除了以德，或者根據前一段感格的說明，以德便是以理，以理作爲天人互動關係的原因外，祭祀性意義以德配天的天人互動關係，尚有一條件爲「敬」。

在《詩經》中可看出文王雖以天同德，卻無法替代天神的地位，文王以德承受天命並且造福子孫，還有文王其「敬天」的態度。《詩經·大雅·文王》有一段話描述文王敬天的態度，《詩經·大雅》原句說：「穆穆文王，於緝熙敬止。假哉天命，有商孫子。商之孫子，其麗不億。上帝既命，侯於周服。」朱熹對這句話的解釋爲：

> 賦也。……言穆穆然文王之德，不已其敬如此，是以大命集焉。以有商孫子觀之，則可見矣。蓋商之孫子其數不止於億，然以上帝之命集於文王也，而今皆維服于周矣。〔註36〕

在這段引文中，朱熹解釋文王之德穆穆然，所以能夠有這樣持敬的態度，以

〔註35〕《詩集傳·大雅三·詩卷第十六》，《朱子全書》第一冊，朱傑人、嚴佐之、劉永翔主編，上海古籍出版社，2010年9月初版，頁654～655。

〔註36〕同上書，頁653。

致於天命集於文王，由商子孫作爲比較的話，就更可以確定天命是特別集於文王的。所以天對人的感格還有「敬」作爲互動的條件。

在《詩經・大雅・文王》，朱熹有一個對於文王及其子孫承受天命，以及受天賜福的總括性說明：

> 東萊呂氏曰：《呂氏春秋》引此詩，以爲周公所作。味其詞意，信非周公不能作也。○今案此詩，一章言文王有顯德，而上帝有成命也。二章言天命集於文王，則不唯尊榮其身，又使其子孫而世爲天子、諸侯也。三章言命周之福，不唯及其子孫，而又及其羣臣之後嗣也。四章言天命旣絕於商，則不唯誅罰其身，又使其子孫亦來臣服于周也。五章言絕商之禍，不唯及其子孫，而又及其羣臣之後嗣也。六章言周之子孫臣庶當以文王爲法，而以商爲監也。七章又言當以商爲監，而以文王爲法也。其於天人之際，興亡之理，丁寧反覆，至深切矣。故立之樂官，而因以爲天子、諸侯朝會之樂，蓋將以戒乎後世之君臣，而又以昭先王之德於天下也。《國語》以爲兩君相見之樂，特舉其一端而言耳。然此詩之首章言文王之昭于天，而不言其所以昭。次章言其令聞不已，而不言其所以聞。至於四章，然後所以昭明而不已者，乃可得而見焉。然亦多詠嘆之言，而語其所以爲德之實，則不越乎敬之一字而已。然則後章所謂脩厥德而儀刑之者，豈可以他求哉？亦勉於此而已矣。〔註37〕

這段引文整理文王七章八句的內容，說明文王因有顯德，所以得上天賜下天命，並且福延子孫和群臣，天爲周建立宗室，使文王子孫世代接續爲王，也爲周斷絕商禍，但周的子孫更該以此警戒，臣民皆應效法文王，並且以商爲借鏡。周文王之所以得天命，商之所以喪天命，是有興亡之理在其中的，周人應該從中警惕，學習文王之德。這段的說明，實有詩教的意味〔註38〕。

〔註37〕《詩集傳・大雅三・詩卷第十六》，《朱子全書》第一冊，朱傑人、嚴佐之、劉永翔主編，上海古籍出版社，2010年9月初版，頁655。

〔註38〕參考林慶彰認爲朱子雖然反對《詩序》但是：「在〈二南〉的部分，不但沒有反對《詩序》的觀點，反而將《詩序》中不太成系統的教化觀系統化……反而完成了《詩序》的教化觀。」（林慶彰：〈朱子《詩集傳・二南》的教化觀〉，鍾彩鈞主編：《朱子學的開展——學術篇》，臺北：漢學研究中心，2002年，頁53～66。）林慶彰於另一篇文章也說到「他仍舊承襲《詩序》以來的教化觀點，認爲《二南》是文王之化，且肯定詩有『正變』之說。這雖有其無法自拔的時代因素，但就事論事，朱子的教化觀卻證明了他並未背離傳統太遠。」

　　而朱熹最後說到「語其所以爲德之實，則不越乎敬之一字而已」則是再一次說明「敬」作爲以德配天的條件。

三、由配天到尊祖的轉向

　　在祭祀性天人關係中，有一個由文王以德配天的天人關係延伸出的祖孫關係。文王是以德配天的典型，也當是後人效法的對象，對周人來說，周之子孫能蒙天賜福是因文王的緣故，所以若要繼續蒙福，祭祀文王，也就是祭祀祖先是極爲重要的，所以文王自身也是一個後世子孫祭祀的對象。加之，《詩經》的背景裡本就有祖先神的信仰〔註39〕，因此由尊尊而親親的觀點在此尤爲濃厚。

　　然而朱熹的詮釋並非僅僅將配天與尊祖視爲同等，而有將天人互動關係轉爲祖孫互動關係的傾向，使「天」在祭祀性意義上的地位趨弱。

1、先祖的祭祀

　　在祭祀性意義的天人關係中，祖考與人的互動比天人間的互動更爲緊密，雖也有「天」、「神」等語，但行祭祀的人，或祭祀的對象，往往落在祖孫關係上，例如《詩經·小雅·楚茨》說：「濟濟蹌蹌，絜爾牛羊，以往烝嘗。或剝或亨，或肆或將，祝祭于祊。祀事孔明，先祖是皇，神保是饗。孝孫有慶，報以介福，萬壽無疆。」朱熹將這段話解釋爲：

> 賦也。……孝子不知神之所在，故使祝博求之於門內，待賓客之處也。孔，甚也。明，猶備也、著也。皇，大也、君也。保，安也。神保，蓋尸之嘉號。《楚辭》所謂「靈保」，亦以巫降神之稱也。孝孫，主祭之人也。慶，猶福也。〔註40〕

這段引文描述子孫藉由尸、祝祈求先祖的保祐與賜福，而先祖也報以介福。天人的祭祀性互動關係，在此處爲祖孫的祭祀性互動關係。

　　（林慶彰：〈朱熹對傳統經說的態度──以朱子《詩經》著述爲例──〉，鍾彩鈞主編：《國際朱子學會議論文集》（上、下冊），上冊，張季琳執行編輯，台北市：中央研究院中國文哲研究所籌備處發行，1994 年 5 月，頁 201～202）。

〔註39〕 參考「商民族相信三類神明，就是：帝、或上帝，自然神祇，與祖先。這三類神明是同時並存的。」（參考董作賓「古代文化」陳夢家「綜述」，見傅佩榮：《儒道天論發微》，台北市：台灣學生書局，1985 年 10 月初版，頁 2）。

〔註40〕 《詩集傳·小雅二·詩卷第十三》，《朱子全書》第一冊，朱傑人、嚴佐之、劉永翔主編，上海古籍出版社，2010 年 9 月初版，頁 621～622。

2、誠敬

尊祖的祖孫互動關係，與以德配天的天人關係同樣，皆以「敬」爲產生互動的條件。

在《詩經・小雅・楚茨》有這一段以尸祝來祭祖的話說：「禮儀既備，鍾鼓既戒。孝孫徂位，工祝致告。神具醉止，皇尸載起。鼓鍾送尸，神保聿歸。諸宰君婦，廢徹不遲。諸父兄弟，備言燕私。」在這段話中並未提及「敬」字，但朱熹在注解中以「誠敬」來解釋爲何有「神保聿歸」和「廢徹不遲」之語，朱熹說：

> 賦也。戒，告也。徂位，祭事既畢，主人往阼階下西面之位也。致告，祝傳尸意，告利成於主人，言孝子之利養成畢也。於是神醉而尸起，送尸而神歸矣。曰皇尸者，尊稱之也。鼓鍾者，尸出入奏《肆夏》也。鬼神無形，言其醉而歸者，誠敬之至，如見之也。諸宰、家宰，非一人之稱也。廢，去也。不遲，以疾爲敬，亦不留神惠之意也。祭畢，既歸賓客之俎，同姓則留與之燕，以盡私恩，所以尊賓客親骨肉也。〔註41〕

這段話說明朱熹認爲在祭事完畢、祝傳尸意後，就有神醉而尸起的情況，是因爲子孫相當誠敬，所以彷彿見到神起而歸的景象，後面描述的「諸宰君婦，廢徹不遲」也是形容子孫誠敬的態度。

因此在祭祀之時，誠敬之心也如同得天賜福一般，是得先祖賜福的條件。

3、由尊尊而親親

藉由祭祀得先祖賜福在《詩經》中，是藉由文王而來的轉向，加上商代原本就有祖先神的信仰，所以周人對文王的祭祀更顯當然，然而就哲學上來說，確有周代人文思想興起的象徵。

在《詩經・大雅・生民》有一段周人尊祖配天之祭的描述：「卬盛于豆，于豆于登。其香始升，上帝居歆。胡臭亶時，后稷肇祀，庶無罪悔，以迄于今。」朱熹對這段文字的說明爲：

> 賦也。此章言其尊祖配天之祭。其香始升而上帝已安而享之。言應之疾也。此何但芳臭之薦，信得其時哉！蓋自后稷之肇祀，則庶無

〔註41〕《詩集傳・小雅二・詩卷第十三》，《朱子全書》第一冊，朱傑人、嚴佐之、劉永翔主編，上海古籍出版社，2010 年 9 月初版，頁 623。

　　罪悔而至于今矣。曾氏曰：「自后稷肇祀以來，前後相承，兢兢業業，
　　惟恐一有罪悔，獲戾于天。閱數百年而此心不易，故曰『庶無罪悔，
　　以迄于今』。言周人世世用心如此也。」〔註42〕

這裡描述周人尊祖與配天之祭是密不可分的，祭祀不只是對天、上帝，尊祖
與祭祖也是世代相傳需要用心之處。

　　在《詩經‧頌》：「我將一章十句。」朱熹有一段以文王為例，關於尊祖
配天之祭的綜論：

　　程子曰：「萬物本乎天，人本乎祖，故冬至祭天，而以祖配之，以冬
　　至氣之始也。萬物成形於帝，而人成形於父，故季秋享帝，而以父
　　配之，以季秋成物之時也。」陳氏曰：「古者祭天於圜丘，掃地而行
　　事。器用陶匏，牲用犢。其禮極簡。聖人之意以為未足以盡其意之
　　委曲。故於季秋之月有大享之禮焉。天，即帝也。郊而曰天，所以
　　尊之也，故以后稷配焉。后稷遠矣，配稷於郊，亦以尊稷也。明堂
　　而曰帝，所以親之也，以文王配焉。文王親也，配文王於明堂，亦
　　以親文王也。尊尊而親親，周道備矣。然則郊者古禮，而明堂者周
　　制也。周公以義起之也。」東萊呂氏曰：「於天，維庶其饗之，不敢
　　加一辭焉。於文王，則言儀式其典，日靖四方。天不待贊，法文王
　　所以法天也。卒章惟言畏天之威，而不及文王者，統於尊也。畏天
　　所以畏文王也，天與文王一也。」〔註43〕

在這段話中，朱熹引用了三個人的說法，首先程子的看法中，顯明天人以及
人與祖考間的祭祀關係，祭天是因萬物本乎天，祭祖是因人本乎祖，皆是一
「本」的概念，所以祭天之時以祖配之，陳氏則以尊尊、親親來說祭天和祭
文王的關係，尊天帝、親文王二者兼顧為周道思想的發揚。

　　最後呂祖謙的說法，更將尊天與親文王的關係拉進一步，法天，是法文
王所以法天；畏文王，是畏天所以畏文王，對於文王和天，就敬畏以及祭祀
的角度而言是同等的。這種將祭天與祭祖視為等同的詮釋方向，是強化了祭
祖的重要性，也是消減了對天帝信仰的程度。就哲學的角度來看，是強化了

〔註42〕　《詩集傳‧小雅二‧詩卷第十三》，《朱子全書》第一冊，朱傑人、嚴佐之、
　　　　　劉永翔主編，上海古籍出版社，2010 年 9 月初版，頁 678。

〔註43〕　《詩集傳‧頌四‧詩卷第十九》，《朱子全書》第一冊，朱傑人、嚴佐之、劉
　　　　　永翔主編，上海古籍出版社，2010 年 9 月初版，頁 726。

「人本」的角度，因此具有將宗教轉趨人文化的傾向，而由朱熹的詮釋可以看出，他顯然接受了這樣的轉向。

因此，以「感格的互動關係」、「以德配天的天人關係」和「由配天到尊祖的轉向」三個方面闡述《詩集傳》所表現之祭祀性意義的天人關係中，天人關係的互動本身為朱熹所論之「感格」，而「天人關係」與「祖孫關係」為兩種感格發生的模式，藉由人的祈禱祭祀和誠敬的態度，上天或先祖會因為理氣相通的緣故降福於人。

「天」或者「先祖」在這種祭祀性意義下的關係，是關連並且涉入人生活世界的，但在這種天人關係下的天人相對意涵不是「天」與「君主」而是「天」與廣義的「人」或者說是「祖考」與「在世子孫」。這種天人關係下的鬼神是確實存在的，因為可以藉由祭祀和祈禱等活動產生感格的互動關係，這是真實的鬼神信仰活動。

然而「天」與「人」產生感格的原因在於「德」，也就是「理」，「祖考」與「在世子孫」產生感格的原因在於「氣」，又加之「敬」為感格的條件，此種鬼神信仰亦非純粹的宗教活動，而是人文化的宗教。「由配天到尊祖的轉向」更可見「天」地位的消滅，而「親親」概念的茁壯。

第三節　宗教性意義天人關係中的天

本節以《詩集傳》中天人的相關段落，論述「天」就其崇高性來說，還代表著一種理想與盼望，本節稱這種代表理想與盼望之天，為宗教性意義的天。當人在困苦中，無可歸咎時，「天」是那唯一可歸咎的對象，當人的欲望與企求無法滿足時，「天」亦是那美好理想與盼望的所在。

然而不論是作為「歸咎的對象」或者「美好的理想與盼望」，「天」在天人關係中，都不與人的生活世界直接相關，也無產生任何實際的作用，「天」僅具有理論上的抽象意義。

一、天為歸咎的對象

當人處於困苦中時，會有無所歸咎和無所歸怨的情況。在本節宗教性意義天人關係中，發現朱熹認為《詩經》中某部分對「天」的呼喊之辭，是作者在無所歸咎或無所歸怨情況下，將「天」當作所歸咎和歸怨對象之語。面

對這類文字，朱熹在注解中就使用「無所歸咎」和「無所歸怨」兩種說法來注解，

1、無所歸咎

在《詩集傳》中，朱熹將「天實爲之」此等呼喊之辭視爲作者在無可歸咎的情況下所發之語。「天實爲之」這句話出現在《詩經・風・北門》，原句是說：「出自北門，憂心殷殷。終窶且貧，莫知我艱。已焉哉，天實爲之，謂之何哉！」朱熹將「天實爲之」解釋爲歸咎於天的嘆詞，朱熹說：

> 比也。北門，背陽向陰。殷殷，憂也。窶者，貧而無以爲禮也。衛
> 之賢者處亂世，事暗君，不得其志，故因出北門而賦以自比。又歎
> 其貧窶，人莫知之，而歸之於天也。〔註44〕

朱熹認爲這首詩的作者，雖以「天實爲之」敘述自己的遭遇，但並不是眞的將天視爲貧困艱苦的原因，而只是在貧困不得志時，因嘆無人知他，不知道該向誰歸咎，只好歸咎於天而已。

朱熹明確使用「無所歸咎」這個詞是在注解《詩經・小雅・節南山》的地方，《詩經・小雅》的原句是：「昊天不傭，降此鞠訩。昊天不惠，降此大戾。君子如屆，俾民心闋。君子如夷，惡怒是違。」朱熹說：

> 賦也。……言昊天不均，而降此窮極之亂。昊天不順，降此乖戾之
> 變。然所以靖之者，亦在夫人而已。君子無所苟而用其至，則必躬
> 必親，而民之亂心息矣。君子無所偏而平其心，則式夷式已，而民
> 之惡怒遠矣。傷王與尹氏之不能也。夫爲政不平以召禍亂者，人也。
> 而詩人以爲天實爲之者，蓋無所歸咎而歸之天也。抑有以見君臣隱
> 諱之義焉，有以見天人合一之理焉。後皆放此。〔註45〕

朱熹認爲此處雖說昊天不傭、不惠，故有窮極之亂和乖戾之變，但是內容其實是在表達眞正能安定亂象與民心的還是在人，若君子盡心盡力、事必躬親，那麼人民的惡怒終會遠離，所謂「天實爲之」這類的用語，不過是詩人在無所歸咎的情況下，便歸之於天而已，其意旨還是在勸導人事。因此，作爲無所歸咎情況下所歸咎的「天」，並非實際造成事件的原因。

〔註44〕《詩集傳・國風一・詩卷第二》，《朱子全書》第一冊，朱傑人、嚴佐之、劉
　　　　永翔主編，上海古籍出版社，2010年9月初版，頁436。

〔註45〕《詩集傳・小雅二・詩卷第十一》，《朱子全書》第一冊，朱傑人、嚴佐之、
　　　　劉永翔主編，上海古籍出版社，2010年9月初版，頁585～586。

2、無所歸怨

　　除了「無所歸咎」以外，朱熹對於《詩經》中將「天」視為無可奈何之歸咎對象的解釋，還有「無所歸怨」一詞。「無所歸怨」，與歸咎相同，都是視「天」為所歸之對象。

　　在《詩經・小雅・正月》有這樣一段話說：「佌佌彼有屋，蔌蔌方有穀。民今之無祿、天夭是椓。哿矣富人，哀此惸獨。」朱熹對於這段話有以下的注解：

> 賦也。……佌佌然之小人既已有屋矣，蔌蔌窶陋者，又將有穀矣。
> 而民今獨無祿者，是天禍椓喪之爾。亦無所歸怨之詞也。亂至於此，
> 富人猶或可勝，惸獨甚矣！此孟子所以言文王發政施仁必先鰥寡孤
> 獨也。〔註46〕

朱熹認為此處說民今無祿是天禍椓喪的緣故，也是由於無所歸怨而有的怨詞而已，其治亂的根由，還應是在王的施政上面，若為王者能如文王發政施仁必先鰥寡孤獨，那才是改善人民生活的方法。

　　因此，在朱熹的解釋中，不論是何種問題，重要的是人的作為，「天」雖在《詩經》中被描述為怨咎的原因，但也只是在無所歸咎或無所歸怨情況下，充當歸咎或歸怨的對象而已，就實際人事的作為來說，人的作為還是應當由人來負責。然而我們可以繼續思考的是，若人在極其困苦中會將「天」當作歸咎和歸怨的對象，那麼表示「天」應該是代表著某種理想和正義，以及作為一種完善的表徵。

二、天為美好的理想與盼望

　　「天」既然是無可奈何時歸咎和歸怨的對象，那麼就蘊含著「天」具有理想和最高判準的意涵。

　　在《詩經・小雅・伐木》有一段表達求友重要的文字，是這樣說的：「伐木丁丁，鳥鳴嚶嚶。出自幽谷，遷於喬木。嚶其鳴矣，求其友聲。相彼鳥矣，猶求友聲。矧伊人矣，不求友生。神之聽之，終和且平。」朱熹對此解釋為：

> 此燕朋友故舊之樂歌。故伐木之丁丁，興鳥鳴之嚶嚶，而言鳥之求

〔註46〕《詩集傳・小雅二・詩卷第十一》，《朱子全書》第一冊，朱傑人、嚴佐之、劉永翔主編，上海古籍出版社，2010年9月初版，頁591。

友。遂以鳥之求友，喻人之不可無友也。人能篤朋友之好，則神之
聽之，終和且平矣。〔註47〕

這段話說人若能篤朋友之好，那麼神是樂意的，所以其實是以神的樂意來表
達主要在比喻求友的重要，因爲神會因此樂意，所以求友是重要的，因此天
神在此處是作爲理想的判斷標準。而「理想」在宗教性意義的天人關係中，
筆者可歸納爲正義、完善和盼望三個方面。

1、正義的象徵

首先在「正義」的方面，「天」既爲最高的權威，那麼即代表正義的象徵
〔註48〕。《詩經·小雅·小宛》有一段話以「天命」說明「天」的正義，《詩
經·小雅·小宛》原句是說：「人之齊聖，飲酒溫克。彼昏不知，壹醉日富。
各敬爾儀，天命不又。」朱熹說：

> 賦也。……言齊聖之人，雖醉猶溫恭自持以勝，所謂不爲酒困也。
> 彼昏然而不知者，則一於醉而日甚矣。於是言各敬謹爾之威儀，天
> 命已去將不復來。不可以不恐懼也。時王以酒敗德，臣下化之，故
> 此兄弟相戒，首以爲說。〔註49〕

此處以天命作爲人在時亂之下，正義的象徵，因爲正義，所以賢者各當自持
戒愼。天命因亂而去，所以若自能持勝，那麼天命自有正義的判斷。

另外「天」作爲「正義」的象徵，還出現在《詩經·小雅》，作者將「天」
視爲哭訴的對象，《詩經·小雅·巧言》原句是：「悠悠昊天，曰父母且。無
罪無辜，亂如此憮。昊天已威，予愼無罪。昊天泰憮，予愼無辜。」朱熹說：

> 賦也。……大夫傷於讒，無所控告，而訴之於天曰：悠悠昊天，爲
> 人之父母。胡爲使無罪之人遭亂如此其大也？昊天之威已甚矣，我
> 審無罪也。昊天之威甚大矣，我審無辜也。此自訴而求免之詞也。
> 〔註50〕

朱熹的解釋認爲此處作者是在傷於讒，並且無所控告的情況下，以昊天作爲

〔註47〕《詩集傳·小雅二·詩卷第九》，《朱子全書》第一冊，朱傑人、嚴佐之、劉
永翔主編，上海古籍出版社，2010年9月初版，頁549～550。
〔註48〕參考「審判之天的特色是以天本身爲絕對正義。」（傅佩榮：《儒道天論發微》，
台北市：台灣學生書局，1985年10月初版，頁40）。
〔註49〕《詩集傳·小雅二·詩卷第十二》，《朱子全書》第一冊，朱傑人、嚴佐之、
劉永翔主編，上海古籍出版社，2010年9月初版，頁600。
〔註50〕同上書，頁604～605。

號訴的對象，作者認爲天是父母，也是最高正義的判斷者，不應使無罪、無辜之人遭此大亂，本詩雖表面上在控告天，但事實上仍然以天爲正義可信賴的權威者，所以才有此訴求，以求免於災難。

2、完善的意涵

除了「正義」的面向，「天」尚有「完善」的意涵。朱熹在注解《詩經・大雅》時有「無有不善」之語，即是把「天」指向「完善」的意涵。

《詩經・大雅・蕩》的原句是說：「蕩蕩上帝，下民之辟。疾威上帝，其命多辟。天生烝民，其命匪諶。靡不有初，鮮克有終。」朱熹說：

> 賦也。……言此蕩蕩之上帝，乃下民之君也。今此暴虐之上帝，其命乃多邪辟者，何哉？蓋天生眾民，其命有不可信者。蓋其降命之初，無有不善，而人少能以善道自終，是以致此大亂，使天命亦周克終，如疾威而多辟也。蓋始爲怨天之辭，而卒自解之如此。劉康公曰：「民受天地之中以生，所謂命也。能者養之以福，不能者敗以取禍。」此之謂也。〔註51〕

這段話形容上帝降天命之初，是無有不善的，命有邪辟的原因是因爲人少能以善道終，所以「天」的本身是「完善」的。

另外一段相似於「降命之初，無有不善」的是在《詩經・大雅・蕩》中對殷喪天命的描述，《詩經・大雅・蕩》的原句是說：「文王曰咨，咨女殷商。匪上帝不時，殷不用舊。雖無老成人，尚有典刑。曾是莫聽，大命以傾。」朱熹說：

> 賦也。……言非上帝爲此不善之時，但以殷不用舊，致此禍爾。雖無老成人與圖先王舊政，然典刑尚在，可以循守。乃無聽用之者，是以大命傾覆，而不可救也。〔註52〕

這段話說明殷商喪失天命，並非是上帝或者「天」造就了這樣一個「不善」的時候，而是因爲殷商自己不聽舊命，而自致禍端的緣故，所以就「天命」或者「天」而言，皆是無不善的。

在朱熹的詮釋下「天」的「完善」意涵，也出現在禍福的招致方面，由

〔註51〕《詩集傳・大雅三・詩卷第十八》，《朱子全書》第一冊，朱傑人、嚴佐之、劉永翔主編，上海古籍出版社，2010年9月初版，頁693。

〔註52〕同上書，頁694～695。

天道所顯明的禍福之理是不會出錯的。在《詩經・大雅・抑》有這樣一段話說：「於乎小子，告爾舊止。聽用我謀，庶無大悔。天方艱難，曰喪厥國。取譬不遠，昊天不忒。回遹其德，俾民大棘。」朱熹解釋為：

> 賦也。……言天運方此艱難，將喪厥國矣。我之取譬，夫豈遠哉？觀天道禍福之不差忒，則知之矣。今女乃回遹其德，而使民至於困急，則喪厥國也必矣！〔註53〕

就朱熹而言，天道為天理的展現，所以福禍之理與國家興亡之理自有定則，「天」完善的意涵就在於此天理的運行是完善無錯的。

3、盼望的依託

「天」因著其完善的意涵，在某個意義上就成為人盼望的所在。「天」除了禍福賞賜不會出錯以外，更是主動掌權與賜福者，在面對困難之時，「天」的「完善」就是最高的盼望。

在《詩經・大雅・生民》有一段話描述姜嫄因上帝賜福而生子順利，《詩經・大雅・生民》的原句是：「誕彌厥月，先生如達。不坼不副，無菑無害。以赫厥靈，上帝不寧。不康禋祀，居然生子。」朱熹解說到：

> 賦也。……凡人之生，必坼副災害其母，而首生之子尤難。今姜嫄首生后稷，如羊子之易，無坼副災害之苦，是顯其靈異也。上帝豈不寧乎？豈不康我之禋祀乎？而使我無人道而徒然生是子也。
>
> 〔註54〕

由朱熹的解釋可知這段話表明作者相信上帝的主動賜福與保守，上帝或者「天」完善的形象，能夠給予婦人生產之時的盼望。

就生活需用而言，「天」的賜福也是一盼望。在《詩經・頌・臣工》有這樣一段話說：「嗟嗟保介，維莫之春，亦又何求，如何新畬？於皇來牟，將受厥明。明昭上帝，迄用康年。命我眾人，庤乃錢鎛，奄觀銍艾。」朱熹解釋為：

> 此乃言所戒之事。言三月則當治其新畬矣，今如何哉？然麥亦將熟，則可以受上帝之明賜，而此明昭之上帝，又將賜我新畬以豐年也。

〔註53〕　《詩集傳・大雅三・詩卷第十八》，《朱子全書》第一冊，朱傑人、嚴佐之、劉永翔主編，上海古籍出版社，2010年9月初版，頁698～699。

〔註54〕　《詩集傳・大雅三・詩卷第十七》，《朱子全書》第一冊，朱傑人、嚴佐之、劉永翔主編，上海古籍出版社，2010年9月初版，頁676。

　　　　於是命甸徒具農器，以治其新畬，而又將忽見其收成也。〔註55〕

這段話將「天」視爲賞賜者，「天」會因爲其明昭而賞賜豐年，所以就生活需用來說，「天」是最高的盼望。

　　而在危難之際，「天」作爲一個盼望的角色，更顯重要。在《詩經・大雅・瞻卬》有一段敘述表現了天在危難時主動鞏固和掌權的形象，《詩經・大雅・瞻卬》的原句爲：「觱沸檻泉，維其深矣。心之憂矣，寧自今矣。不自我先，不自我後。藐藐昊天，無不克鞏。無忝皇祖，式救爾後。」，朱熹說明：

　　　興也。……言泉水漢湧上出，其源深矣。我心之憂，亦非適今日然
　　　也。然而禍亂之極，適當此時，蓋已無可爲者。惟天高遠，雖若無
　　　意於物，然其功用，神明不測，雖危亂之極，亦無不能鞏固之者。
　　　幽王苟能改過自修，而不忝其祖，則天意可回，來者猶必可救，而
　　　子孫亦蒙其福矣。〔註56〕

這段話說明作者相信「天」是神明不測的，在危亂之極的時刻，無不能鞏固，所以人若能改過遷善，「天」仍會因「完善」的內涵而賜福。因此不論任何時刻都是有盼望的。

　　因此，以「天爲歸咎的對象」和「天爲美好的理想與盼望」兩部分探究《詩集傳》中宗教性意義天人關係中的「天」意涵，確可發現「天」具有宗教性意涵，一是作爲人歸咎的對象，二是因著其公義和完善的內涵，能在實際生活或甚至危難之際，給予人盼望。

　　然而天作爲人的盼望或者理想，雖具有宗教意涵，可以是一個信念，但究竟來說還是基於人對於實際生活的一種渴求，這種天人關係下的鬼神不是實際存在的，只是作爲人文主義思想下對思想的補足，使得思想本身更具完整性，所以「天」或者「鬼神」若要說存在，至多只能說是一種抽象意義的存在，或者作爲一種象徵意義的存在而已。

第四節　《詩集傳》天神觀總結

　　本章由鬼神觀研究，探討朱熹如何看待人對「天」的信仰，發現《詩集

〔註55〕《詩集傳・頌四・詩卷第十九》，《朱子全書》第一冊，朱傑人、嚴佐之、劉
　　　　永翔主編，上海古籍出版社，2010 年 9 月初版，頁 729。
〔註56〕《詩集傳・大雅三・詩卷第十八》，《朱子全書》第一冊，朱傑人、嚴佐之、
　　　　劉永翔主編，上海古籍出版社，2010 年 9 月初版，頁 718。

傳》具有規範性意義、祭祀性意義和宗教性意義三種天人關係的型態。而在此三種天人關係中，規範性意義的「天」即是「理」，所具有的是政治上與道德上，抽象的警戒與規範性，不直接涉入人的生活，不具有意志，也不具有人格性。

而祭祀性意義的「天」，為人祭祀祈禱的對象，透過祭祀天與人可產生感格。朱熹以德作為天人感格的原因，以理說明感格的成就，故為人文化的祭祀性意義。第三種宗教性意義的「天」，為基於宗教情感而有的抽象盼望或理想，不具有實質的人格性。

因此朱熹對於天信仰的看法，建立在政治上與道德上的意義，並未把商周時代至高信仰的「上帝」或者「天」當作至上神。「天」不具有宗教上權威的地位，而具有豐富人文倫理意涵。

第三章　卜筮
——以《周易本義》爲中心

　　在論述《詩集傳》之後，本章進入與《詩集傳》同年完成的作品《周易本義》。《周易本義》是朱熹爲《周易》經傳重新注解之作，編著體裁捨《周易程氏傳》所採經傳合一之王弼本，而接受呂祖謙經傳分離之《古周易》編輯方式，注解方法也以經傳分離的角度，避免以傳解經，特以卦象、卦體和卦位爲主要解經內容。以占卜爲解卦核心，區分經之本義與聖人作傳之義理詮釋，大大提升了占卜的重要性，但也因此引發問卜對象之鬼神存在的問題。

　　朱熹若以卦象爲天理之表徵，那麼似乎問卜的對象眞實存在，並且爲一近乎理神論的神存在，那麼這便會與張載氣化鬼神觀，以及程子以鬼神爲天地造化的看法相違背，也與朱熹自身對於鬼神魂魄聚散之說相矛盾。

　　本章論證朱熹突出《周易》中的卜筮面向，非以導向理神論爲目的，而在於透過卜筮使聖人詮釋之義理更能教化人心，也使得卜筮之宗教活動儒學人文化。

第一節　詮釋主軸在卜筮

　　本節以朱熹《周易本義》之編輯方式、經傳分離的解經方式，和以占卜爲核心的詮釋角度，論述朱熹強化《周易》中的卜筮面向，並以「卜筮」作爲《周易本義》的詮釋主軸。

一、呂祖謙《古周易》的編輯體制

宋代通行的《周易》是王弼本,程子的《周易程氏傳》也是採行王弼本,將〈文言〉、〈彖傳〉和〈象傳〉都置於相應的卦爻辭之後,而朱熹卻捨去此一通行的作法,偏取呂祖謙《古周易》的編排,以經傳分離的方式編纂《周易》,作《周易本義》,立首兩卷為〈上經〉、〈下經〉,之後〈十翼〉再分十卷,分別是〈彖〉上下、〈象〉上下和〈繫辭〉上下,然後為〈文言〉、〈說卦〉、〈序卦〉和〈雜卦〉共十二卷。

1、呂祖謙的《古周易》

根據王鐵的說法,呂祖謙作《古周易》是因為不滿於傳附於經的編纂方式,王鐵說:

> 北宋呂大防、晁說之、南宋程迥、呂祖謙等人不滿於此而各有「古《易》」的編訂,意在恢復戰國、西漢時代《周易》的本來面目。
> 〔註1〕

因此緣故,呂祖謙欲重新編排以恢復戰國、西漢時代《周易》的本來面目。

依呂祖謙於《古周易》中所述,呂祖謙認為經傳應該分離的理由可歸納為兩點:

第一點是就卦象與文字來看,呂祖謙說:

> 易與天地並未有文字,已有此書。自伏犧畫八卦以貞悔之象重之為六十四時,則有卦有象而無辭,始卦之重占以定體,文王作象,總論其義,謂卦不足以盡吉凶之變,迺附著變爻及覆卦之畫,以演其占時,則有象有爻,而未有爻辭。周公繼之於爻畫覆掛之下皆繫辭焉,而易上下篇之文始備。孔子承三聖為十翼,以贊易道,象、象、繫辭,夫子所自著也。文言以下,弟子記夫子之言也。按汲冢書有周易上下篇,而無象、象、繫辭,陸德明釋孔壁所得古文傳為十翼而不言經。然則十翼之作其初自為篇簡,不與易相屬。〔註2〕

一開始伏犧畫八卦,又重為六十四時,僅有卦象並無辭語,是文王、周公,以及孔子相繼加入文字說明,才有傳的出現。文言以下,甚至是孔門弟子記

〔註1〕 《周易本義・校點說明》,《朱子全書》第一冊,朱傑人、嚴佐之、劉永翔主編,上海古籍出版社,2010年9月初版,頁3。

〔註2〕 呂祖謙:《復齋易說・古周易》,(宋)趙彥肅撰,台北市廣文書局,1974年9月初版,頁19。

錄夫子之言所成，年代更爲久遠。自冢書來看，《周易》有上下篇，卻沒有彖、象和繫辭，陸德明所釋之孔壁所得之書，也只是十翼沒有經，所以十翼創作之初是獨立的文章，並非與《周易》本經相屬。

　　第二點是呂祖謙認爲自費直和鄭康成之後至於王弼，漸形成傳附於卦爻的定本，儒者只知道有王弼《易》而不知古經，忽略了經自身的純全，以及聖人述作的本意。呂祖謙說：

> 自是，世儒知有弼易，而不知有所謂古經矣！原三家之學初，欲學者尋省易了，日趨於簡便而末流之弊，學者遂廢古經使後世不見此書之純全，與聖人述作之本意，可勝嘆哉？然則天下之事務，趨於簡便者，其弊每如此可爲作俑者之戒也。〔註3〕

在呂祖謙看來，經有其萬世之常的價值，傳也有聖人讀《易》所得之深意〔註4〕，將經傳分離，恢復古經的樣貌，才能兼顧二者。

2、朱熹復古《周易》的態度

　　由下面這段引文，可以推論朱熹在接受呂祖謙經傳分離編排模式的同時，也同樣接受了呂祖謙復古《周易》的基本態度，朱熹說：

> 周，代名也。易，書名也。其卦本伏犧所畫，有交易、變易之義，故謂之易。其辭則文王、周公所繫，故繫之周。以其簡袠重大，故分爲上、下兩篇。經則伏犧之畫，文王、周公之辭也。并孔子所作之傳十篇，凡十二篇。中間頗爲諸儒所亂。近世晁氏始正其失，而未能盡合古文。呂氏又更定，著爲經二卷、傳十卷，乃復孔氏之舊云。〔註5〕

朱熹同意呂祖謙的看法，認爲經傳產生是有先後之別的，先有卦象，稱爲《易》，然後有文王周公繫辭，稱爲《周易》，之後才是孔子作傳十篇。在《周易》經傳合本產生的過程，歷時長久，也經諸儒之手，與孔子作傳之前的古

〔註3〕　呂祖謙：《復齋易說·古周易》，（宋）趙彥肅撰，台北市廣文書局，1974年9月初版，頁22。

〔註4〕　呂祖謙：「案易音義云經者，常也、法也，傳以傳述爲義，經之爲經，以其可爲萬世之常法，傳則述前人之作，如是而已，非必尊經而卑傳，十翼之文，述而不作，其體傳也，其言經也，豈害其爲聖人之書乎？」（《復齋易說·古周易》，（宋）趙彥肅撰，台北市廣文書局，1974年9月初版，頁28。）

〔註5〕　《周易本義·周易上經第一》，《朱子全書》第一冊，朱傑人、嚴佐之、劉永翔主編，上海古籍出版社，2010年9月初版，頁30。

《周易》自然有別。朱熹認爲呂祖謙古《周易》將經傳分離，定爲經二卷、傳十卷的作法，是恢復孔子作十翼前的舊本，不僅兼顧經文價值，也重視聖人作傳之深意。朱熹按照古《周易》的編排方式，也蘊含此一目的，朱熹說：

> 有天地自然之《易》，有伏犧之《易》，有文王、周公之《易》，有孔子之《易》。自伏犧以上皆無文字，只有圖畫，最宜深玩，可見作《易》本原精微之意。文王以下方有文字，即今之《周易》。然讀者亦宜各就本文消息，不可便以孔子之說爲文王之說也。〔註6〕

朱熹認爲文王以後才有的文字，與孔子以後才有的傳雖好，仍無法替代在文字未有以前的圖畫，這才是《易》本原精微之處，應該深究，不能以孔子於《易傳》中所說爲文王、周公之說。所以就朱熹看來，經傳分離是作《周易本義》必要的編排方式。

朱熹《周易本義》的編排結構和次序與呂祖謙相同，唯於〈雜卦〉之後添加〈周易五贊〉〔註7〕和〈筮儀〉〔註8〕兩篇有異於呂祖謙。〈周易五贊〉有文無注，〈筮儀〉則隨文附注，將卜筮之細節程序，以及使用器材更加仔細說明清楚。卜筮是相當莊嚴肅穆的活動，占筮者必須注意環境整潔，所有禮儀上致敬的小節皆須顧及，如何占著有固定的方法，如何求問也有當說的言語，行禮始畢皆需焚香，不可妄爲。就禮儀上來看是儀文，但是就問卜來看，所求問之對象即是能指明吉凶得失的鬼神〔註9〕。

〔註6〕　《周易本義・易圖》，《朱子全書》第一冊，朱傑人、嚴佐之、劉永翔主編，上海古籍出版社，2010 年 9 月初版，頁 28。

〔註7〕　《周易本義・周易五贊》，《朱子全書》第一冊，朱傑人、嚴佐之、劉永翔主編，上海古籍出版社，2010 年 9 月初版，頁 163～167。

〔註8〕　《周易本義・筮儀》，《朱子全書》第一冊，朱傑人、嚴佐之、劉永翔主編，上海古籍出版社，2010 年 9 月初版，頁 168～170。

〔註9〕　〈筮儀〉：「擇地潔處爲著室，南戶，置牀于室中央。著五十莖，韜以纁帛，貯以皂囊，納之櫝中，置于牀北。設木格于櫝南。居牀二分之北。置香爐一于格南，香合一于爐南，日炷香致敬。將筮，則灑掃拂拭，滌研一，注水，及筆一、墨一、黃漆板一于爐東，東上。筮者齊潔衣冠，北向，盥手，焚香致敬。兩手奉櫝蓋置于格南爐北，出著于櫝，去囊解韜，置于櫝東。合五十策，兩手執之，熏于爐上。命之曰：『假爾泰筮有常，假爾泰筮有常。某官姓名，今以某事云云，未知可否，爰質所疑于神于靈。吉凶得失、悔吝憂虞，惟爾有神尚明告知之。』乃以右手取其一策反于櫝中，而以左右手中分四十九策，置格之左右兩大刻。……凡十有八變而成卦。乃考其卦之變而占其事之吉凶。禮畢，韜著，襲之以囊，入櫝加蓋。斂筆、研、墨、版。再焚香，致敬而退。」（《周易本義・筮儀》，《朱子全書》第一冊，朱傑人、嚴佐之、劉永翔主編，上海古籍出版社，2010 年 9 月初版，頁 168～170）。

由朱熹對於〈筮儀〉中「卜筮」的程序加以注解說明，可見朱熹對於卜筮行爲本身的重視。

因此，由文本編排架構來看，朱熹《周易本義》除了有復古經的目的，更有從詮釋上回歸卜筮的意圖，以卜筮觀點爲詮釋主軸，表現經傳不同的價值與定位，使解經回到卦象、卦體和卦位的簡單表述方式，也使聖人智慧得到其應有的評註地位〔註10〕。

二、重卦象、卦體和卦位的解卦方式

在上下經的部分，朱熹常以卦象、卦體和卦位來對卦有一總括性的解釋。

1、卦象及卦體

先就卦象和卦體的部分來看，以兌卦爲例，其卦辭爲：「亨，利貞。」朱熹解釋：

> 兌，說也。一陰進乎二陽之上，喜之見乎外也。其象爲澤，取其說萬物，又取坎水而塞其下流之象。卦體剛中而柔外，剛中故說而亨，柔外故利於正。蓋說有亨道，而其妄說不可以不戒，故其占如此。
>
> 又柔外故爲說亨，剛中故能利正，亦一義也。〔註11〕

上述兌卦卦辭解釋的引文中，朱熹善用卦象和卦體來解卦，以陰陽爻的位置和兌之象澤、坎之象水等，簡明直接的描述卦象，以此卦象說明卦辭。又以兌卦剛中外柔的卦體解說何爲「亨，利貞」，因其剛中，所以說而亨，因其柔外，所以利於正。

2、卦位

而卦位的解卦方式，表現在朱熹對「得位」或「不得位」的使用。以既濟和未濟兩卦爲例，朱熹對既濟卦辭：「亨小，利貞，初吉終亂。」的解釋爲：

〔註10〕 蔡方鹿認爲：「朱熹經傳相分，復古《易》之舊的目的，乃在於說明《周易》的《經》這部分本爲卜筮而作，不應將《傳》對義理的發揮與《經》的卜筮本義混爲一談。」（蔡方鹿：〈朱熹對宋代易學的發展——兼論朱熹、程頤易學思想之異同〉，朱杰人主編：《邁入21世紀的朱子學：紀念朱熹誕辰870週年、逝世800週年論文集》，上海：華東師範大學出版社，2001年11月，頁127）。

〔註11〕 《周易本義·周易下經第二》，《朱子全書》第一冊，朱傑人、嚴佐之、劉永翔主編，上海古籍出版社，2010年9月初版，頁82。

> 既濟，事之既成也。爲卦水火相交，各得其用，六爻之位，各得其
> 正，故爲既濟。「亨小」當爲「小亨」。大抵此卦及六爻占辭皆有警
> 戒之意，時當然也。〔註12〕

而未濟的卦辭：「亨。小狐汔濟，濡其尾，無攸利。」朱子則是解釋爲：

> 未濟，事未成之時也，水火不交，不相爲用，卦之六爻皆失其位，
> 故爲未濟。汔，幾也。幾濟而濡尾，猶未濟也。占者如此，何所利
> 哉！〔註13〕

朱熹用水火之象各得其用，和六爻各得其位來解釋既濟，又以水火之象不交
不能相爲用，和爻位各不得其正來解釋未濟，並以此說明既濟之小亨以及未
濟之無攸利。因此陰陽爻是否得其位，即爲朱熹解釋卦辭之重要方式。

不論由卦象、卦體或者卦位來看朱熹解釋卦辭的途徑，都可以發現朱熹
避免了《周易程氏傳》中以義理爲內涵的詮釋方式〔註14〕，而單取卦象、卦
體和卦位，使解卦回歸到聖人未以哲理詮釋之初、僅以卜得之卦象爲考量的
基準點，重新看待卦爻辭，這是以卜筮行爲自身爲核心的解卦方式。

三、占卜爲解卦核心

由朱熹對卦爻辭細部的解析可以發現朱熹是以占卜爲解卦的核心，並且
以卦象、占者，以及所占之事三方關係的解釋架構來解卦。

以屯卦爲例，可以卦象以及占卜兩部分來看，卦象包含三畫卦的部分與
六畫卦的部分，而占卜包含占者與所占之事，說明此卦對所占之事的指導。

屯卦的卦辭爲：「元亨，利貞，勿用有攸往。利建侯。」朱熹解說如下：

> 震、坎，皆三畫卦之名。震一陽動於二陰之下，故其德爲動，其象
> 爲雷。坎一陽陷於二陰之間，故其德爲陷，爲險，其象爲雲，爲雨，

〔註12〕《周易本義‧周易下經第二》，《朱子全書》第一冊，朱傑人、嚴佐之、劉永
翔主編，上海古籍出版社，2010 年 9 月初版，頁 86。
〔註13〕同上書，頁 87。
〔註14〕朱熹簡潔以卦象來解釋的方式，與程子有很大的不同，以未濟卦中關於老者、
小者之描述爲例，程子說：「未濟之時，有亨之理，而卦才復有致亨之道，唯
在愼處。狐能渡水，濡尾則不能濟，其老者多疑畏，故履冰而聽，懼其陷也；
小者則未能畏愼，故勇於濟。……小狐果於濟，則濡其尾而不能濟也。未濟
之時，求濟之道，當至愼則能亨。若如小狐之果，則不能濟也。既不能濟，
無所利矣。」（《二程集‧周易程氏傳》，（宋）程顥程頤著，王孝魚點校，北
京中華書局，1981 年 7 月初版，頁 1022。）

> 爲水。屯，六畫卦之名也，難也，物始生而未通之意，故其爲字，
> 象屮穿地始出而未申也。其卦以震遇坎，乾坤始交而遇險陷，故其
> 名爲屯。震動在下，坎險在上，是能動乎險中。能動雖可以亨，而
> 在險則宜守正，而未可遽進。故筮得之者，其占爲大亨而利於正，
> 但未可遽有所往耳。又初九陽居陰下，而爲卦之主，是能以賢下人，
> 得民而可君之象，故筮立君者遇之則吉也。〔註15〕

我們可分卦象和占筮兩部分來看朱熹的屯卦解卦：

1、卦象

　　卦象的部分包含三畫卦以及六畫卦，首先就從震下坎上之三畫卦的部分來看，朱熹說：「震、坎，皆三畫卦之名。震一陽動於二陰之下，故其德爲動，其象爲雷。坎一陽陷於二陰之間，故其德爲陷，爲險，其象爲雲，爲雨，爲水。」這裡朱熹將震與坎分開解釋其卦德和卦象的部分，震卦象是雷，因爲是一陽動於二陰之下，所以卦德爲動，而坎則象爲雲〔註16〕，因爲一陽爻陷於二陰爻之中，所以卦德爲陷，也是爲險。

　　其次朱熹就六畫卦的部分解析，朱熹說：「屯，六畫卦之名也，難也，物始生而未通之意，故其爲字，象屮穿地始出而未申也。其卦以震遇坎，乾坤始交而遇險陷，故其名爲屯。震動在下，坎險在上，是能動乎險中。」朱熹說此六畫卦屯卦爲「難」，又說「乾坤始交」近似於〈彖〉：「剛柔始交而難生」的說法，但朱熹並未扣緊「剛柔」的概念，不同於《周易程氏傳》以宋代較流行的陰陽概念解釋〔註17〕，反而用《說文》：「難也。象屮木之初生，屯然而難。从屮貫一。一，地也，尾曲。」的用法，從字形的角度和卦名本身的字義來說明屯卦爲何爲難，這說明朱熹還是試圖強化經傳的分際，欲由卦的

〔註15〕　《周易本義・周易上經第一》，《朱子全書》第一冊，朱傑人、嚴佐之、劉永翔主編，上海古籍出版社，2010年9月初版，頁33～34。

〔註16〕　坎之象應爲水，此處是使用〈象〉傳：「雲雷屯，君子以經綸。」的解釋，而朱熹對此的說明爲：「坎不言水而言雲者，未通之意。經綸，治絲之事，經引之，綸理之也。屯難之世，君子有爲之時也。」（《周易本義・周易象上傳第三》，《朱子全書》第一冊，朱傑人、嚴佐之、劉永翔主編，上海古籍出版社，2010年9月初版，頁106）。

〔註17〕　《周易程氏傳》則以陰陽的概念加以解釋：「陰陽始交，雲雷相應而未成澤，故爲屯；若已成澤，則爲解也。又動於險中，亦屯之義。陰陽不交則爲否，始交而未暢則爲屯。」見《二程集・周易程氏傳》，（宋）程顥程頤著，王孝魚點校，北京中華書局，1981年7月初版，頁714。

本身說明卦象的意涵，並以震坎二卦的卦德說明屯卦的意涵是「動乎險中」。

2、占者與所占之事

屯卦解析的最後一部份是以占卜角度說明此卦對占筮者的指導，朱熹說：「能動雖可以亨，而在險則宜守正，而未可遽進。故筮得之者，其占為大亨而利於正，但未可遽有所往耳。又初九陽居陰下，而為卦之主，是能以賢下人，得民而可君之象，故筮立君者遇之則吉也。」就整體卦象來看，若占者筮得此卦，則大亨而利於正，但是因為險的緣故，不能遽有所往。然而若就陰陽卦位來看，初九居陰爻之下為卦主，是能夠以賢待人、得民心和可為君之象，所以對於筮立君者而言是吉的。

而對於屯卦爻辭的解釋，也是以一個占卜的角度，以爻辭作為對占筮者的指導，如屯卦六三「即鹿無虞，惟入於林中。君子幾，不如舍。往吝。」朱熹解釋為：「陰柔居下，不中不正，上無正應，妄行取困，為逐鹿無虞，陷入林中之象。君子見幾，不如舍去。若往逐不舍，必致羞吝。戒占者宜如是也。」〔註18〕前半段說明爻六三之爻位與爻象，後半段為對占者的建議與警戒，若是占得此爻，則不如舍去，不可往逐不舍，否則會有羞吝。

四、解經方式之〈彖〉〈象〉詮釋

與卦爻辭直接相關的〈易傳〉為〈彖〉〈象〉二傳，朱熹認為〈彖傳〉是孔子解釋文王所繫之辭的文字，朱熹說：

> 彖即文王所繫之辭。上者，經之上篇。傳者，孔子所以釋經之辭也，後凡言傳者放此。〔註19〕

根據經傳分離的基本編纂架構，朱熹對於〈彖〉〈象〉二傳的注解顯現兩個基本態度：其一為朱熹以解釋卦爻辭的方式來對待〈彖〉〈象〉二傳，以卦體、卦德、卦位和卦象來分析孔子的解釋，強化〈彖〉〈象〉二傳在卦體、卦德、卦位和卦象方面與經的連結。其二為略過〈彖〉〈象〉二傳聖人對於「君子」、「小人」和「君臣」關係的詮釋與發揮。下文便以此兩部分論述朱熹如何以解經方式，解釋〈彖〉〈象〉二傳。

〔註18〕《周易本義・周易上經第一》，《朱子全書》第一冊，朱傑人、嚴佐之、劉永翔主編，上海古籍出版社，2010年9月初版，頁34。

〔註19〕《周易本義・周易彖上傳第一》，《朱子全書》第一冊，朱傑人、嚴佐之、劉永翔主編，上海古籍出版社，2010年9月初版，頁90。

1、卦體、卦德、卦位和卦象四者的〈彖〉〈象〉分析

朱熹以解釋卦爻辭的方式來注解〈彖〉〈象〉二傳，以卦體、卦德、卦位和卦象來分析孔子的解釋，隱含有說明孔子也是以卦體、卦德、卦位和卦象來解釋經文的用意。

（1）〈彖〉

在〈彖〉傳的部分，以屯卦爲例，朱熹認爲屯卦〈彖傳〉：「剛柔始交而難生。動乎險中，大亨貞。雷雨之動滿盈，天造草昧，宜建侯而不寧。」皆是以二體之象來解釋卦名和卦辭。

首先就「剛柔始交而難生。」來看，朱熹說：

> 以二體釋卦名義。始交謂震，難生謂坎。〔註20〕

朱熹認爲這是以上卦爲坎、下卦爲震的基礎結構來解釋卦名，震卦爲初九在下二三陰爻在上的卦，爲剛柔始交之象，而坎卦爲險，所以稱爲難生。

而「動乎險中，大亨貞。」朱熹說：

> 以二體之德釋卦辭。動，震之爲也；險，坎之地也。自此以下釋「元亨利貞」，乃用文王本意。〔註21〕

此處是以震動、坎險來解釋。

最後「雷雨之動滿盈，天造草昧，宜建侯而不寧。」的部分，朱熹說：

> 以二體之象釋卦辭。雷，震象；雨，坎象。天造猶言天運。草，雜亂。昧，冥晦也。陰陽交而雷雨作，雜亂冥晦，塞乎兩間，天下未定，名分未明，宜立君以統治，而未可遽謂安寧之時也。不取初九爻義者，取義多端，姑舉其一也。〔註22〕

在此朱熹回到上下兩卦之象，認爲屯卦〈彖傳〉是藉由震坎二卦之象雷雨，來說明屯卦爲適值雜亂冥晦、天下未定，以及名分未明之時，所以卦辭爲「宜建侯」。

朱熹將〈彖傳〉由卦辭發展出去的解釋，又拉回卦體、卦德、卦位和卦象的層面，說明朱熹以卜筮爲基礎、卦象爲根基的解《易》方式。

〔註20〕《周易本義·周易彖上傳第一》，《朱子全書》第一冊，朱傑人、嚴佐之、劉永翔主編，上海古籍出版社，2010 年 9 月初版，頁 91。
〔註21〕同上書，頁 91。
〔註22〕同上書。

（2）〈象〉

而〈象傳〉的部分，朱熹的解釋更少，其中著重之處仍在於〈大象傳〉中關於卦象的闡釋，如需卦〈大象傳〉：「雲上於天，需，君子以飲食宴樂。」朱熹解釋說：

> 雲上於天，無所復爲，待其陰陽之和而自雨耳。事之當需者，亦不容更有所爲，但飲食宴樂，俟其自至而已。一有所爲則非需也。
> 〔註23〕

文中對於〈大象傳〉將上坎下乾的需卦解釋爲「雲上於天」，認作是無所復爲，只能等待陰陽自和而雨降的意思，當事情遇到需卦所示的情境時，只能等待，所謂飲食宴樂也只是爲了要等待而已。

2、略聖人表述的〈彖〉〈象〉詮釋

在聖人對「君子」、「小人」和「君臣」關係的詮釋與發揮上，朱熹避開了聖人對於經文的發揮。

（1）〈彖〉

首先在〈彖〉傳方面，如泰卦〈彖傳〉：「泰，小大往來，吉亨，則是天地交而萬物通也，上下交而其志同也。內陽而外陰，內健而外順，內君子而外小人，君子道長，小人道消也。」雖就結構看來，泰卦〈彖傳〉仍以上下卦的區分爲主軸來解釋卦辭中的「小大」，但除天地爲乾坤卦象外，更多的是聖人對此卦的闡釋，尤其是君子與小人概念的應用，不符合朱熹純就卦體、卦德、卦位和卦象來解釋卦辭的原則，所以朱熹對這條〈彖傳〉是無任何詮釋的。

除君子小人外，另一個聖人闡釋的特點在於君臣關係，例如離卦〈彖傳〉：「離，麗也。日月麗乎天，百穀草木麗乎土。重明以麗乎正，乃化成天下。」《周易本義》僅解釋爲：「釋卦名義。」〔註24〕但若對比《周易程氏傳》的解釋，則可以發現此處可解釋爲君臣關係〔註25〕。

〔註23〕 《周易本義・周易象上傳第三》，《朱子全書》第一冊，朱傑人、嚴佐之、劉永翔主編，上海古籍出版社，2010年9月初版，頁106。

〔註24〕 《周易本義・周易象上傳第一》，《朱子全書》第一冊，朱傑人、嚴佐之、劉永翔主編，上海古籍出版社，2010年9月初版，頁97。

〔註25〕 《周易程氏傳》將前半段「離，麗也。日月麗乎天，百穀草木麗乎土。」解釋爲：「離，麗也，謂附麗也。如日月則麗於天，百穀草木則麗於土。萬物莫

　　比較《周易程氏傳》和《周易本義》，就〈象傳〉而言，《周易程氏傳》不論是就君子和小人的部分〔註26〕，或者君臣關係，似乎都是更貼近傳文的，在睽卦的部分，其〈象傳〉：「火動而上，澤動而下，二女同居，其志不同行。」，朱熹僅解釋爲：「以卦象釋卦名義。」〔註27〕而程子則說：「象先釋睽義，次言卦才，終言合睽之道，而贊其時用之大。火之性動而上，澤之性動而下，二物之性違異，故爲睽義。中少二女雖同居，其志不同行，亦爲睽義。女之少也同處，長則各適其歸，其志異也。言睽者，本同也，本不同則非睽也。」〔註28〕可見朱子與程子著重的角度不同，程子著重〈象傳〉聖人的解釋，對其中義理多加闡釋與發揮，但朱熹僅重〈象傳〉與卦辭的連結，睽卦卦辭爲：「睽，小事吉。」因此睽卦〈象傳〉與卦辭直接相關的部分僅在「火動而上，澤動而下」的部分，朱熹因此只就其以卦象解釋卦名義的部分說明，而二女者，則略過不談，或爲程子之言已完備，或爲義理部分根本不是朱熹所要重視的。

　　在經傳分離的詮釋預設下，朱熹在詮釋〈象傳〉時仍然希望還原其原始

不各有所麗，天地之中，無無麗之物，在人當審其所麗，麗得其正則能亨也。」（《二程集・周易程氏傳》，（宋）程顥程頤著，王孝魚點校，北京中華書局，1981 年 7 月初版，頁 850）後半段解釋爲：「以卦才言也。上下皆離，重明也。五二皆處中正，麗乎正也。君臣上下皆有明德，而處中正，可以化天下，成文明之俗也。」（《二程集・周易程氏傳》，（宋）程顥程頤著，王孝魚點校，北京中華書局，1981 年 7 月初版，頁 850）。

〔註26〕　程子更多發揮〈傳〉的部分，《周易程氏傳》分兩段文字，極爲細緻的處理泰卦〈象傳〉，首先對「泰，小大往來，吉亨，則是天地交而萬物通也，上下交而其志同也。」這一段，程子說：「小大往來，陰往而陽來也，則是天地陰陽之氣相交，而萬物得遂其通泰也。在人，則上下之情交通，而其志意同也。」（《二程集・周易程氏傳》，（宋）程顥程頤著，王孝魚點校，北京中華書局，1981 年 7 月初版，頁 754）後一段「內陽而外陰，內健而外順，內君子而外小人，君子道長，小人道消也。」程子則更多對君子小人概念加以發揮，程子說：「陽來居內，陰往居外，陽進而陰退也。乾健在內，坤順在外，爲內健而外順，君子之道也。君子在內，小人在外，是君子道長，小人道消，所以爲泰也。既取陰陽交和，又取君子道長。陰陽交和，乃君子之道長也。」（《二程集・周易程氏傳》，（宋）程顥程頤著，王孝魚點校，北京中華書局，1981年 7 月初版，頁 754）可見程子著重在聖人的闡釋以及儒家義理的發揮。

〔註27〕　《周易本義・周易象下傳第二》，《朱子全書》第一冊，朱傑人、嚴佐之、劉永翔主編，上海古籍出版社，2010 年 9 月初版，頁 99。

〔註28〕　《二程集・周易程氏傳》，（宋）程顥程頤著，王孝魚點校，北京中華書局，1981 年 7 月初版，頁 889。

立傳的切入點，發現其與卦辭的關連性，而由此也可看出朱熹欲重爲《易》作傳的目的，朱熹站在與孔子同等的位置上，觀看孔子如何作傳，並且不論孔子傳中哲理，僅評析作傳的方法。

（2）〈象〉

朱熹對於〈象傳〉君子小人的部分，也是不太著墨。我們可以推論聖人對於君子小人和君臣關係的闡釋，不是朱熹註釋的重點，或者朱熹認爲程子的注解已經完備，如履卦〈大象傳〉：「上天下澤，履，君子以辨上下，定民志。」〔註29〕和夬卦初一至五各陽爻的〈小象傳〉，朱熹皆說：「程《傳》備矣。」〔註30〕但我們更可以推論這是朱熹以卜筮爲一貫解釋主軸的緣故，經傳分離的解釋架構無疑是幫助朱熹提升卜筮地位，與確立卜筮活動本身於《易》中扮演的關鍵角色。

因此，以《周易本義》的編纂體制和朱熹的解經方式觀之，朱熹《周易本義》的編寫，乃是以卜筮觀點作爲詮釋主軸，並且重視卦象與占筮活動本身的連結關係。

朱熹在編纂方式上，採呂祖謙《古周易》經傳分離的架構，凸顯了「經」的獨立性，以及卦象本身具有的意義。在解經方面，又著重卦象、卦體和卦位，以占卜活動之占者與所占之事爲解卦的核心，同時避開了《周易程氏傳》著重義理的詮釋角度，實有在詮釋上，以卜筮爲詮釋主軸的用意。

然而卜筮活動牽涉卦象、占卜之人和所占之事三者關係，以卜筮爲詮釋主軸，必得面對問卜對象爲何，以及問卜對象的鬼神存在問題。

第二節　問卜對象的鬼神存在問題

在朱熹極其重視卜筮以及強調著卦對占者的指導兩方面來看，朱熹由卜筮而來的鬼神存在問題，似乎存在著很大的疑義，因爲朱熹一方面要保持與張子和程子氣化鬼神觀點的一致性，另一方面又在卜筮活動中，表現出對問卜對象的崇敬，如果著卦眞能對占者產生指導的功用，那麼問卜對象與卜筮

〔註29〕　《周易本義・周易象上傳第三》，《朱子全書》第一冊，朱傑人、嚴佐之、劉永翔主編，上海古籍出版社，2010年9月初版，頁108。

〔註30〕　《周易本義・周易象下傳第四》，《朱子全書》第一冊，朱傑人、嚴佐之、劉永翔主編，上海古籍出版社，2010年9月初版，頁117。

活動就具有極濃烈的宗教性意涵，並且由卜筮而來的鬼神觀點，也與氣化鬼神觀有所差異。

　　因此本節以問卜對象的鬼神存在問題爲討論的核心，探討就卜筮的觀點來看，朱熹是否認爲鬼神存在，若鬼神存在，其存在之鬼神又是何種存在。

　　《周易本義》中，到〈易傳〉的部分才出現朱熹對於「鬼神」的注解，尤其是在〈繫辭傳〉的部分最多，因此本節的討論以〈繫辭傳〉的內容爲主要研究對象。根據朱熹對〈繫辭傳〉的注解，本節論述當中「鬼神」是確切存在的，並具有兩種含義，其一爲「陰陽之氣與天地造化」，其二爲「理」。

　　下文便以「陰陽之氣與天地造化」與「理」兩部分論述問卜對象的鬼神存在問題。

一、問卜對象爲陰陽之氣與天地造化

　　朱熹對於問卜對象的描述首先在「氣」的方面，朱熹承繼張載與程頤對鬼神的看法，有「陰陽屈伸之氣」與「天地造化」兩方面闡述。但「天地造化」的方面，在朱熹的使用中，已不全是「氣」，而有「理」的意涵在其中。

1、陰陽屈伸之氣

　　在朱熹詮釋下，問卜對象的第一個意涵是「氣」，在《朱子語類》中，朱熹有一段關於問卜對象之鬼神是氣的說明，朱熹說：

> 鬼神只是氣。屈伸往來者，氣也。天地間無非氣。人之氣與天地之
> 氣常相接，無間斷，人自不見。人心才動，必達於氣，便與這屈伸
> 往來者相感通。如卜筮之類，皆是心自有此物，只說你心上事，才
> 動必應也。〔註31〕

在這段話中，朱熹表示鬼神是氣，是屈伸往來的氣，而問卜的對象正是這屈伸往來的氣，人因自身之氣可與天地之氣相接，所以可藉由卜筮與問卜對象之鬼神相感通，而使得問卜的行動可以成立，占卜者可以藉由卜筮，得到所占之事的回應。因此就這個意義上來說，問卜的對象是「陰陽屈伸之氣」。

　　在屈伸之氣方面，〈繫辭上傳〉第九章有一段話說：「天數五，地數五，

〔註31〕　（宋）朱熹：《朱子語類》（全8冊）第一冊，黎靖德編，王星賢校點，北京：
　　　　　中華書局，1986年3月，頁34。

五位相得而各有合。天數二十有五,地數三十,凡天地之數五十有五,此所以成變化而行鬼神也。」這段話提到天、地數以及鬼神,朱熹解說為:

> 此簡本在大衍之後,今按宜在此。天數五者,一、三、五、七、九,皆奇也。地數五者,二、四、六、八、十,皆耦也。相得謂一與二,三與四,五與六,七與八,九與十,各以奇耦為類而自相得。有合謂一與六,二與七,三與八,四與九,五與十,皆兩相合。二十有五者,五奇之積也。三十者,五耦之積也。變化謂一變生水而六化成之。二化生火而七變成之,三變生木而八化成之,四化生金而九變成之,五變生土而十化成之。鬼神謂凡奇耦生成之屈伸往來者。〔註32〕

朱熹認為鬼神就是天地間屈伸往來的氣,因此也是陰陽之變,朱熹在解釋〈繫辭上傳〉第四章:「仰以觀於天文,俯以察於地理,是故知幽明之故。原始反終,故知死生之說。精氣為物,游魂為變,是故知鬼神之情狀。」這段話時解說:

> 此窮理之事。以者,聖人以《易》之書也。《易》者,陰陽而已,幽明、死生、鬼神皆陰陽之變,天地之道也。天文則有晝夜、上下,地理則有南北、高深。原者推之於前,反者要之於後。陰精陽氣聚而成物,神之申也;魂遊魄降散而為變,鬼之歸也。〔註33〕

此處將鬼神解釋為陰陽之氣的屈伸與聚散,陰陽之氣聚而成物,此為神,即氣之伸,陰陽之氣散,或以魂魄來說是魂遊魄降,此為鬼,即氣之歸。在此聚散屈伸之間,天地所有陰陽變化都包含在其中了,不論幽明、死生,或者鬼神,都只是陰陽氣變的不同說法而已。

而白晝與黑夜的區分也是如此,在〈繫辭上傳〉第四章有一段話說到了晝夜的部分,〈繫辭上傳〉第四章原句說:「範圍天地之化而不過,曲成萬物而不遺,通乎晝夜之道而知。故神無方而易無體。」這段話裡,朱熹解說:

> 此聖人至命之事也。範如鑄金之有模範。圍,匡郭也。天地之化無窮,而聖人為之範圍,不使過於中道,所謂裁成者也。通猶兼也。

〔註32〕 《周易本義‧周易繫辭上傳第五》,《朱子全書》第一冊,朱傑人、嚴佐之、劉永翔主編,上海古籍出版社,2010年9月初版,頁129～130。
〔註33〕 同上書,頁126。

　　　晝夜即幽明、死生、鬼神之謂。如此然後可見至神之妙無有方所，

　　　易之變化無有形體也。〔註34〕

對於晝夜之道，朱熹將其視同於幽明、死生和鬼神之謂，萬物的生成變化都在這晝夜、幽明死生和鬼神之間，而這就是「易」，天地的變化就在這「易」的神妙之處展現。

　　朱熹秉持著「一陰一陽之謂道」〔註35〕的一貫態度，將晝夜、幽明死生和鬼神皆納入「易」的神妙變化之中。

　　因此鬼神在這個意義上，不只是陰陽屈伸之氣，同時也是「易」的神妙變化，若就程頤的話來說，更是天地造化的神妙運用。

2、天地造化

　　朱熹在「鬼神」概念上，同時繼承了張載對於「神」是陰陽之氣神妙變化的看法，也接受了程子對於鬼神作爲造化之功用的看法。就張載陰陽之氣來說，鬼神是氣，但是就天地造化來說，鬼神也有理的意涵。

　　首先就朱熹承襲張載之「氣」的意涵來看，在〈繫辭上傳〉第五章：「陰陽不測之謂神。」這句話中，朱熹接受了張載的看法，並用張載的話加以解說，朱熹說：「張子曰：『兩在故不測』」〔註36〕說明神指的是陰陽不測之氣的神妙變化。

　　而天地造化的部分，朱熹也接受程頤以天地造化稱鬼神的解釋，程子的造化解釋有「造化之迹」和「造化之功」二語。

（1）程頤造化之**迹**的使用

　　在「造化之迹」方面，豐卦是〈象傳〉唯二次出現「鬼神」的地方之一，程子「造化之迹」一語即出自於此，豐卦〈象傳〉的原文是說：「豐，大也，明以動故豐。王假之，尙大也。勿憂，宜日中，宜照天下也。日中則昃，月盈則食，天地盈虛，與時消息，而況於人乎？況於鬼神乎？」程子《周易程

〔註34〕　《周易本義·周易繫辭上傳第五》，《朱子全書》第一冊，朱傑人、嚴佐之、劉永翔主編，上海古籍出版社，2010年9月初版，頁126。

〔註35〕　朱熹解說：「陰陽迭運者，氣也，其理則所謂道。」（《周易本義·周易繫辭上傳第五》，《朱子全書》第一冊，朱傑人、嚴佐之、劉永翔主編，上海古籍出版社，2010年9月初版，頁126）。

〔註36〕　《周易本義·周易繫辭上傳第五》，《朱子全書》第一冊，朱傑人、嚴佐之、劉永翔主編，上海古籍出版社，2010年9月初版，頁127。

氏傳》對「日中則昃，月盈則食，天地盈虛，與時消息，而況於人乎？況於鬼神乎？」的說明爲：

> 既言豐盛之至，復言其難常，以爲誡也。日中盛極，則當昃映；月既盈滿，則有虧缺。天地之盈虛，尚與時消息，況人與鬼神乎？盈虛謂盛衰，消息謂進退。天地之運，亦隨時進退也。鬼神謂造化之迹，於萬物盛衰，可見其消息也。於豐盛之時而爲此誡，欲其守中，不至過盛。處豐之道，豈易也哉？〔註37〕

程子認爲天地運行，盈虛、盛衰的消息是隨時進退的，而鬼神就是天地運行造化的痕跡，於萬物的盛衰變化中，可見鬼神的消息。

（2）程頤造化之功的使用

另外在〈繫辭傳〉，程頤也以「造化之功」稱鬼神。在〈繫辭傳〉的部分，程頤說：

> 聖人作《易》，以準則天地之道。《易》之義，天地之道也，「故能彌綸天地之道」。彌，徧也。綸，理也。在事爲倫，治絲爲綸。彌綸，徧理也。徧理天地之道，而復仰觀天文，俯察地理，驗之著見之跡，故能「知幽明之故」。在理爲幽，成象爲明。「知幽明之故」，知理與物之所以然也。原，究其始；要，考其終；則可以見死生之理。聚爲精氣，散爲游魂。聚則爲物，散則爲變。觀聚散，則見「鬼神之情狀」。萬物始終，聚散而已。鬼神，造化之功也。以幽明之故，死生之理，鬼神之情狀觀之，則可以見「天地之道」。〔註38〕

由上面兩段引文可以發現，程頤對「造化之功」的使用與「造化之迹」是相似的，皆是指認爲由鬼神的變化可見天地造化的運行，但值得注意的是，此處程頤說由鬼神可見「天地之道」，則是有由氣中觀理的意涵，天地之道即是天地之理。因此鬼神在「天地造化」這個意涵上，不只是「氣」，也是「理」。而朱熹對於程頤鬼神爲造化之功用的看法，是接受的。

（3）朱熹以鬼神爲理

朱熹曾於多處使用「造化之迹」加以解釋鬼神，從中我們可以發現朱熹認爲鬼神不只是氣，也是理。

〔註37〕《二程集・周易程氏傳》，（宋）程顥程頤著，王孝魚點校，北京中華書局，1981 年 7 月初版，頁 984。

〔註38〕《二程集・河南程氏經說・易說・繫辭》，（宋）程顥程頤著，王孝魚點校，北京中華書局，1981 年 7 月初版，頁 1028。

在《論語集注・述而第七》篇中，朱熹解釋「子不語怪、力、亂、神。」一句，說到：

> 怪異、勇力、悖亂之事，非理之正，固聖人所不語。鬼神，造化之跡，雖非不正，然非窮理之至，有未易明者，故亦不輕以語人也。〔註39〕

朱熹認爲怪異、勇力和悖亂之事皆是理，只是非理之正，所以聖人不語，而造化之迹的鬼神不但是理，還是理之正，聖人不語只是因爲鬼神非窮理之至，當中有未易明者而已。因此，朱熹不僅將鬼神視爲「理」，還是「理之正」者。

當然鬼神之中，鬼怪之屬非爲「理之正」者，但也是「理」。朱熹在《朱子語類》中有這樣一段話說：

> 若論正理，則似樹上忽生出花葉，此便是造化之跡。又加空中忽然有雷霆風雨，皆是也。但人所常見，故不之怪。忽聞鬼嘯、鬼火之屬，則便以爲怪。不知此亦造化之跡，但不是正理，故爲怪異。如家語云：「山之怪曰夔魍魎，水之怪曰龍罔象，土之怪羵羊。」皆是氣之雜揉乖戾所生，亦非理之所無也，專以爲無則不可。〔註40〕

朱熹認爲鬼怪、鬼嘯之屬只是非正理，但是說當中無理，則是不可以的。因此就朱熹看來，問卜的對象不只是氣，也是理。倘若我們就「理勢之自然」的部分來看，就會更加清楚了。

二、問卜對象爲理

朱熹對於問卜對象的描述，除了陰陽屈伸之氣以外，還有「理」的層面，朱熹認爲卜筮是出於「理勢之自然」，非人力所能爲，又認爲卦象即是天理，卜筮爲參見天理的途徑，因此問卜的對象具有「理」的意涵。而朱熹以「理」作爲卜筮的依據，強化了問卜的可靠性，也將問卜的對象，推至一理神論的傾向。

下文以「理勢之自然」和「卦象表天理」兩個層面論述，問卜對象爲理的意涵。

〔註39〕　（宋）朱熹：《四書章句集注》，北京：中華書局，1983年10月，頁98。
〔註40〕　（宋）朱熹：《朱子語類》（全8冊）第一冊，黎靖德編，王星賢校點，北京：中華書局，1986年3月，頁37。

1、理勢之自然

朱熹「理勢之自然」的觀點主要立基於象數的基礎之上，朱熹對於理和數的描述為：

> 問：理與數。曰：有是理，便有是氣；有是氣，便有是數，蓋數乃是分界限處。〔註41〕

在朱熹看來數與理是不可分的。

在《周易本義》〈繫辭傳〉的解釋中，出現「理勢之自然」的相關段落於共有三處：

（1）出於理勢

第一處在〈繫辭上傳〉第九章：「大衍之數五十，其用四十有九。分而為二以象兩，掛一以象三，揲之以四以象四時，歸奇於扐以象閏，五歲再閏，故再扐而後掛。」這部分，朱熹解釋說：

> 大衍之數五十，蓋以《河圖》中宮天五乘地十而得之。至用以筮，則又止用四十有九。蓋皆出於理勢之自然，而非人之力所能損益也。
> 〔註42〕

朱熹這段文字說明強調當中卜筮的方法，都是出於理勢的自然，非人力故意造就。

（2）出於自然

第二處朱熹解為「出自然」，在解釋〈繫辭上傳〉第九章：「乾之策二百一十有六，坤之策百四十有四，凡三百有六十，當期之日。」時朱熹說：

> 凡此策數生於四象。蓋《河圖》四面，太陽居一而連九，少陰居二而連八，少陽居三而連七，太陰居四而連六。揲蓍之法，則通計三變之餘，去其初掛之一，凡四為奇，凡八為耦，奇圓圍三，耦方圍四，三用其全，四用其半，積而數之，則為六七八九，而第三變揲數、策數亦皆符會。蓋餘三奇則九，而其揲亦九，策亦四九三十六，是為居一之太陽。餘二奇一耦則八，而其揲亦八，策亦四八三十二，是為居二之少陰。二耦一奇則七，而其揲亦七，策亦四七二十八，是為居三之少陽。三偶則六，而其揲亦六，策亦四六二十四，是為

〔註41〕《朱子語類》卷六十五，易一。

〔註42〕《周易本義·周易繫辭上傳第五》，《朱子全書》第一冊，朱傑人、嚴佐之、劉永翔主編，上海古籍出版社，2010年9月初版，頁130。

居四之老陰。是其變化往來、進退離合之妙，皆出自然非人之所能
爲也。〔註43〕

在這段敘述中，朱熹同樣提及《河圖》，並描述策數都是出於四象，當中的變化往來、進退離合之妙都不是人能夠造成，而是出於自然的。

（3）神之所為

而第三個地方是出自於對〈繫辭上傳〉第九章：「顯道，神德行，是故可與酬酢，可與祐神矣。子曰：知變化之道者，其知神之所爲乎？」的解釋，朱熹對於前半段「顯道，神德行，是故可與酬酢，可與祐神矣。」解釋爲：

道因辭顯，行以數神。酬酢謂應對。祐神爲助神化之功。〔註44〕

而後半段「子曰：知變化之道者，其知神之所爲乎？」朱熹解爲：

變化之道，即上文數法是也，皆非人之所能爲，故夫子歎之，而門

人加「子曰」以別上文也。〔註45〕

此處將非人之所能爲的數法，指向了神之所爲。

在緊接著的下一段〈繫辭上傳〉第十章：「《易》有聖人之道四焉：以言者尙其辭，以動者尙其變，以制器者尙其象，以卜筮者尙其占。」朱熹重申了他對於「神之所爲」的肯定，朱熹說：

四者皆變化之道，神之所爲者也。〔註46〕

此處「神之所爲」的「神」應當與前兩處所述的「理勢」與「自然」意義一致。所以朱熹將問卜的對象視爲「理」也是「神」，雖然我們無法斷定朱熹是否將「神」視爲宗教性的鬼神存在者，但是這已經使得朱熹具有理神論之傾向。

另一個使朱熹具有理神論傾向者爲朱熹以卦象表天理的看法。

2、卦象表天理

在〈繫辭上傳〉首一章說：「天尊地卑，乾、坤定矣。卑高以陳，貴賤位

〔註43〕《周易本義・周易繫辭上傳第五》，《朱子全書》第一冊，朱傑人、嚴佐之、
　　　　劉永翔主編，上海古籍出版社，2010 年 9 月初版，頁 130～131。
〔註44〕同上書，頁 131。
〔註45〕同上書。
〔註46〕同上書。

矣。動靜有常，剛柔斷矣。方以類聚，物以羣分，吉凶生矣。在天成象，在地成形，變化見矣。是故剛柔相摩，八卦相盪。鼓之以雷霆，日月運行，一寒一暑。乾道成男，坤道成女。」這一段話我們區分爲兩個段落來看朱熹的解說。

朱熹將第一段「天尊地卑，乾、坤定矣。卑高以陳，貴賤位矣。動靜有常，剛柔斷矣。方以類聚，物以羣分，吉凶生矣。在天成象，在地成形，變化見矣。」解說爲：

> 天地者，陰陽形氣之實體；乾、坤者，《易》中純陰純陽之卦名也。卑高者，天地萬物上下之位；貴賤者，《易》中卦爻上下之位也。動者陽之常，靜者陰之常；剛柔者，《易》中卦爻陰陽之稱也。方謂事情所向，言事物善惡各以類分，而吉凶者，《易》中卦爻占決之辭也。象者，日月星辰之屬；形者，山川動植之屬。變化者，《易》中著策、卦爻陰變爲陽、陽化爲陰者也。此言聖人作《易》，因陰陽之實體，爲卦爻之法象，莊周所謂「《易》以道陰陽」此之謂也。〔註47〕

根據朱熹的解釋，天地、卑高和動靜是天地萬物間的實存者，而與之相對的乾坤、貴賤和剛柔，是卦爻、卦象的指稱。乾坤是《易》中純陰純陽的兩個卦，乾象天、坤象地，就實存界來說是天地，就卦爻來說是乾坤。在天地萬物間有上下卑高的位分，在卦爻也有卦爻位上下的貴賤之分。在世上的變化有陰靜陽動的常態，在《易》中也有陰陽卦爻的表示。

因此卦爻之象即代表天地萬物之理，這種代表是基於一種相似的關係，〈繫辭下傳〉第三章另有一段話可相證：「是故《易》者，象也，象也者，像也，」朱熹解說：「《易》卦之形，理之似也。」〔註48〕《易》卦之形是理的相似，由卦爻之象可見理。朱熹在《通書解》也提及了這個部分，周敦頤《通書》的原句說：「《易》何止《五經》之源，其天地鬼神之奧乎！」朱熹解附說：

> 陰陽有自然之變，卦畫有自然之體，此《易》之爲書，所以爲文字之祖，義理之宗也。然不止此，蓋凡管於陰陽者，雖天地之大，鬼

〔註47〕　《周易本義・周易繫辭上傳第五》，《朱子全書》第一冊，朱傑人、嚴佐之、劉永翔主編，上海古籍出版社，2010 年 9 月初版，頁 123。

〔註48〕　《周易本義・周易繫辭下傳第六》，《朱子全書》第一冊，朱傑人、嚴佐之、劉永翔主編，上海古籍出版社，2010 年 9 月初版，頁 139。

神之幽，其理莫不具於卦畫之中焉。此聖人之精蘊，所以必於此而
寄之也。〔註49〕

朱熹認爲卦畫有自然之體，而理即具於卦畫之中。而根據朱熹對〈繫辭傳〉
的說明，可以「順理逆理爲吉凶判斷」、「《易》爲萬象的說明」以及「理與卦
爻是形上形下的區分」三個部分論述朱熹以卦象爲天理之表的意涵。

（1）順理逆理為吉凶之判斷

因著事物的走向和善惡的分類，《易》有吉凶之占，因著日月星辰之天象
和山川動植之地形，《易》有著策卦爻之變。卜筮本身即是參見天理的途徑，
當然卜筮之吉凶也與順逆天理一致。另一段〈繫辭下傳〉第一章的話也可供
參考，〈繫辭傳〉：「天地之道，貞觀者也；日月之道，貞明者也；天下之動，
貞夫一者也。」朱熹解說：

觀，示也。天下之動，其變無窮，然順理則吉，逆理則凶，則其所
正而常者，亦一理而已矣。〔註50〕

此段文字中，朱熹討論吉凶與理的關係，卦爻的陰陽變化反映天地、日月之
道，透過卜筮、由卦爻可知事之吉凶，吉是順理而行，凶是逆理之途。

（2）《易》為萬象的說明

〈繫辭上傳〉第一章的第二個段落不同於第一個段落是由天象講到卦
象、由天理講到卦爻之變，第二段則是由《易》卦的變化說明萬象之所以成。
第二段的段落爲：「是故剛柔相摩，八卦相盪。鼓之以雷霆，日月運行，一寒
一暑。乾道成男，坤道成女。」

先看「是故剛柔相摩，八卦相盪。」的部分，朱熹解說爲：

此言《易》卦之變化也。六十四卦之初，剛柔兩畫而已。兩相摩而
爲四，四相摩而爲八，八相盪而爲六十四。〔註51〕

這說明《易》卦的演化，由陰陽兩爻變爲八卦，又變爲六十四卦。

而「鼓之以雷霆，日月運行，一寒一暑。」朱熹解說爲：「此變化之成象

〔註49〕《周敦頤集·通書（朱熹解附）》，陳克明點校，北京：中華書局出版，1990
　　　年 5 月初版，頁 38。
〔註50〕《周易本義·周易繫辭下傳第六》，《朱子全書》第一冊，朱傑人、嚴佐之、
　　　劉永翔主編，上海古籍出版社，2010 年 9 月初版，頁 137。
〔註51〕《周易本義·周易繫辭上傳第五》，《朱子全書》第一冊，朱傑人、嚴佐之、
　　　劉永翔主編，上海古籍出版社，2010 年 9 月初版，頁 123。

者。」〔註52〕，又「乾道成男，坤道成女。」朱熹解說為：「此變化之成形者。此兩節又明《易》之見於實體者，與上文相發明也。」〔註53〕剛柔二爻的陰陽變化象徵了日月、寒暑和男女的運行，由此萬物成形、成象。

（3）理與卦爻是形上形下的區分

若再由形上、形下之區分論卦爻象所現之天理，則見另一段〈繫辭傳〉的描述，〈繫辭上傳〉第十二章說：「是故形而上者謂之道，形而下者謂之器，化而裁之謂之變，推而行之謂之通，舉而錯之天下之民，謂之事業。」朱熹解說：

> 卦爻陰陽皆形而下者，其理則道也，因其自然之化而裁制之，變之義也。〔註54〕

這段引文說明卦爻和理的關係，朱熹認為在形而上者謂之道，和形而下者謂之器的形上、形下區分中，卦爻陰陽屬於形而下者，而理即是道為形上，為裁制者，所以即便有形上和形下的區分，就變化來說，理與卦爻陰陽，就如同理氣關係一般，是不相離的〔註55〕。

理與卦爻既為形上、形下，又為理氣不離之關係，因此問卜之對象實為理，而鬼神問題之疑義也在於「理」是否為宗教意義上的神，亦或者為氣化鬼神的神，為天地造化，然將理視為神即與西方之理神論（Deism）有相似可比擬之處。

因此，由《周易本義》中鬼神出現的相關段落觀之，朱熹認定的問卜對象有「陰陽之氣與天地造化」以及「理」二者，「陰陽之氣與天地造化」以「氣」為主，但當中也有「理」的意涵，朱熹把造化之迹視為理，而「理」者，則為「理」的意涵，卦象即是天理之表。因此，朱熹將問卜的對象要不視為「氣」、要不視為「理」，但不論是「氣」或是「理」，問卜對象作為一種鬼神存在，都是存在的，「氣」或「理」即為鬼神存在的說明。

〔註52〕《周易本義・周易繫辭上傳第五》，《朱子全書》第一冊，朱傑人、嚴佐之、劉永翔主編，上海古籍出版社，2010年9月初版，頁123。

〔註53〕同上書。

〔註54〕同上書，頁135。

〔註55〕朱伯崑說：「就筮法說，任何卦象，都是由陰陽之理和奇偶之畫所構成。所以任何事物也都是理氣結合的產物。」（朱伯崑《易學哲學史》，台北市：藍燈文化事業，1991年9月初版，頁535）

然而由問卜對象之「理」的意涵，使得朱熹卜筮觀點中的鬼神存在，具有理神論的傾向，可能導致朱熹是否持理神論的質疑。

第三節 理神論傾向的質疑

在朱熹詮釋中，問卜對象之鬼神具有「理」的意涵，卦象又即是天理之表現，所以朱熹卜筮觀點中的鬼神觀，似有西方理神論傾向。

西方神學理論中具有理神論傾向的神學論點，包括理神論、自然宗教、和自然神學，本節整理西方具有理神論傾向的神學論點，以及以萊布尼茲的《論中國自然神學》中對朱熹理氣論的看法，探討自然神學觀點對朱熹理氣論的研究。

最後本節評述由卜筮觀點而來的朱熹鬼神觀，雖與理神論有相似性，但是朱熹所謂的「理」並非判斷吉凶的掌權者，因此與理神論之「上帝」有絕對的差異性。

一、理神論（Deism）傾向的神學論點

理神論（Deism）根據牛津辭典和劍橋哲學辭典的定義，是指理神論者（Deist）相信在有限生命的存在者中，有一至高神存在，並且作爲有限存在者的根源，理神論者大多不相信上帝啓示和基督教超自然學說〔註56〕，唯重視理性。

〔註56〕關於理神論（Deism），牛津辭典說：The distinctive doctrine or belief of a deist; usually, belief in the existence of a Supreme Being as the source of finite existence, with rejection of revelation and the supernatural doctrines of Christianity（*The Oxford English Dictionary*, second edition. Oxford: Oxford University Press, vol.4, 1989.p.405）.

劍橋哲學辭典說：The view that true religion is natural religion. Some self-styled Christian deists accepted revelation although they argued that its content is essentially the same as natural religion. Most deists dismissed revealed religion as a fiction. God wants his creatures to be happy and has ordained virtue as the means to it. Since God's benevolence is disinterested, he will ensure that the knowledge needed for happiness is universally accessible. Salvation cannot, then depend on special revelation. True religion is an expression of a universal human nature whose essence is reason and is the same in all times and places. Religious traditions such as Christianity and Islam originate in credulity, political tyranny, and priestcraft, which corrupt reason and overlay natural religion with impurities. （Audi, Robert. *The Cambridge Dictionary of Philosophy*, second edition. Cambridge: Cambridge University Press, 1999. p.216）

　　與理神論相近的神學理論還有自然宗教（Natural Religion）以及自然神學（Natural Theology）。自然宗教是指一個基於自然理性和觀察，非超自然啓示的宗教系統或信念〔註57〕，而自然神學則是基於可觀察事實，而非啓示的理性推論〔註58〕。

　　概括來說，理神論傾向的神學論點相信有至高神存在，也相信神的屬性，如公義、慈愛和不朽等，只是欲從自然科學和理性的角度來解釋，所以反對非理性的啓示。自然神學者的一個可代表性人物爲萊布尼茲，萊布尼茲欲化解中世紀以後，理性與宗教間的矛盾，雖保有「充足理由律」和「預定調和論」，但實以「單子論」將神性化爲「單子的單子」，而非超越性的精神實體〔註59〕。

二、萊布尼茲的《論中國自然神學》（*Discourse on the Theology of the Chinese*）

　　萊布尼茲曾在《論中國自然神學》（*Discourse on the Theology of the*

〔註57〕關於自然宗教(Natural Religion)，牛津辭典說：A religious system or belief based on natural reason and observation rather than on supernatural revelation（*The Oxford English Dictionary*, second edition. Oxford: Oxford University Press, vol.10, 1989.p.242）.

　　　　劍橋哲學辭典說：A term first occurring in the second half of the seventeen century, used in three related senses，　the most common being（1）a body of truths about God and our duty that can be discovered by natural reason. These truths are sufficient for salvation or（according to some orthodox Christians）would have been sufficient if Adam is not sinned. Natural religion in this sense should be distinguished from natural theology, which does not imply this. A natural religion may also be（2）one that has a human, as distinct from a divine, origin. It may also be（3）a religion of human nature as such, as distinguished from religious beliefs and practices that have been determined by local circumstances. Natural religion in the third sense is identified with humanity's original religion. In all three senses, natural religion includes a belief in God's existence, justice, benevolence, and providential government; in immortality; and in the dictates of common morality.（Audi, Robert. *The Cambridge Dictionary of Philosophy*, second edition. Cambridge: Cambridge University Press, 1999. p.600）

〔註58〕關於自然神學(Natural Theology)，牛津辭典說：Theology based upon reasoning from observable facts rather than from revelation.（*The Oxford English Dictionary*, second edition. Oxford: Oxford University Press, vol.10, 1989.p.242.）

〔註59〕參見見傅偉勳《西洋哲學史》（1996，三民）頁321～324。

Chinese）〔註60〕這本著作中論及朱熹哲學，由萊布尼茲的論點看來，朱熹哲學不只是具有理神論傾向，而是根本上爲一自然神學論者。

1、理

　　根據《論中國自然神學》，萊布尼茲把握了朱熹的理氣論，並將其與朱熹的鬼神觀作綜合性的解釋，首先就「理」的部分來看，萊布尼茲認爲「理」爲第一原理〔註61〕，並且「理」是最普遍的理性和實體，同時也是自然的基礎、最偉大者和善，「理」純粹、不動，不具形體，所以只能透過悟性把握〔註62〕。在萊布尼茲的描述中，他將「理」視爲與自然神學中的「神」具有同屬性者，所以對於「理」的屬性，萊布尼茲也將獨一和眞善美等視爲神之屬性者都歸於「理」，認爲「理」是眞善美的根本原因〔註63〕。

2、理氣關係

　　就理氣關係來看，萊布尼茲認爲朱熹理氣不離、不雜的觀點符合於他自然神學的論點，他認爲朱熹所說的「理」爲首要的精神實體，和靈的普遍顯現〔註64〕，在實存萬物中，靈或者理需與物體結合〔註65〕。

　　而就實存的萬物而言，「鬼神」是更爲恰當對於人物中「靈」的概念的描述，萊布尼茲認爲「鬼神」可以是理、是卓越的靈，或者是對任何靈的指稱〔註66〕，若是將靈統整起來看，或者就源頭來看是理，但若就萬物的多樣性來看，則是鬼神，所有的鬼神都依循同樣的理〔註67〕，萊布尼茲認爲靈（Spirits）的運作（operation）終極地（ultimately）從屬於（pertain to）理，工具地

〔註60〕Leibniz, Gottfried Wilhelm. *Discourse on the Theology of the Chinese*. Translated, with an introduction, notes and commentary by Henry Rosemont, and Daniel J. Cook. Honolulu: University Press of Hawaii, 1977.

〔註61〕同上書，p.60，第3點。

〔註62〕同上書 p.60，第4點。

〔註63〕萊布尼茲認爲理是一，但非集合體（同上書，p.63，第6點），將眞理、善歸因於理（同上書，p.67第7點）將完美歸因於理（同上書，p.67，第8a點）。

〔註64〕Leibniz, Gottfried Wilhelm. *Discourse on the Theology of the Chinese*. Translated, with an introduction, notes and commentary by Henry Rosemont, and Daniel J. Cook. Honolulu: University Press of Hawaii, 1977, p.76，第14點。

〔註65〕同上書，p.56，第2點及同上書，p.86～87，第20點。

〔註66〕同上書，p.75，第14點。

〔註67〕同上書，p.76，第14點。

（instrumentally）從屬於氣，形式地（formally）從屬於靈（Spirits）〔註68〕。

太極就萊布尼茲看來就是理，也是上帝〔註69〕，理和太極必定是同一的，所不同者只是在不同的賓語下被考慮（considered）而已〔註70〕。

因此就卜筮所表現的第一個理的意涵，也就是卦象所表現之天理來看，朱熹由卜筮而來的鬼神觀似有理神論或者自然神學傾向。

三、理神論質疑之評述

本節探討了理神論傾向的三種神學論點，包含理神論、自然宗教，以及自然神學三者。就其論點主在強調非啓示性並且理性的態度，然與朱熹哲學鬼神觀的相似處仍有待深究，下文以「理神論傾向」以及「萊布尼茲自然神學」兩部分評述當中的異同。

1、理神論傾向無法含括為陰陽屈伸之氣的鬼神

認爲朱熹哲學具有理神論傾向的主要論述，在於朱熹將理視爲最高的原則與主宰如牟宗三於《圓善論》〔註71〕以及陳來於《朱熹哲學研究》〔註72〕中所述，皆是就「理」在本體論的意義上而言。

理神論傾向的神學觀點的確就這一點上來說與朱熹鬼神觀相似，其對於上帝具有公義、慈愛和不朽等特質的部分，根據本書於第二章「天」部分的討論，朱熹的確會賦予「天」或《詩經》中的上帝具有這等特質。

然而朱熹的鬼神不僅是「理」的意涵，也是「氣」，爲一切陰陽屈伸之氣的描述，理神論無法含括「氣」概念下，鬼神所包含的多樣性與變化性。因此就這一點來看，朱熹鬼神觀與理神論有著極大的差異。

2、萊布尼茲自然神學系統無法含括鬼神之感格

相較於上述理神論傾向的宗教觀點無法含括「鬼神是氣」的部分，萊布尼茲的自然神學卻是可以相當適切應用的。萊布尼茲對朱熹「理」概念，以

〔註68〕 Leibniz, Gottfried Wilhelm. *Discourse on the Theology of the Chinese*. Translated, with an introduction, notes and commentary by Henry Rosemont, and Daniel J. Cook. Honolulu: University Press of Hawaii, 1977, p.92，第 24 點。

〔註69〕 同上書，p.97，第 26 點。

〔註70〕 同上書，p.95，第 25 點。

〔註71〕 牟宗三：《圓善論》，台灣學生書局，1985 年，頁 250。

〔註72〕 陳來：《朱熹哲學研究》，文津出版社，1990 年，頁 263。

及「理氣關係」都有很好的把握與解釋。

萊布尼茲由形上學的角度用「靈」或者「靈魂」〔註73〕解釋氣化鬼神的部分，符合朱熹視萬物皆有鬼神、皆是鬼神的觀點〔註74〕。

然而萊布尼茲的「靈魂」如「單子論」所描述，無法自相感通，尚須依靠無身體的靈，也就是上帝行預定和諧的工作，藉由上帝行感通之事，這與朱熹的「感格」說是極大不同的。

因此朱熹鬼神觀雖與理神論傾向之宗教觀點，有許多相似之處，但朱熹鬼神觀仍無法以理神論解釋。

更何況，由卜筮所表現的理意涵，並不只是天理的表徵，同時也是聖人據卦象所闡明之義理，此爲朱熹氣相感通理論的發揮，也是朱熹作爲一儒者對鬼神觀提出的宗教人文化反思。由這個面向我們可以知道朱熹之與理神論相似之處，也僅止於相似而已。

第四節　卜筮的人文化轉向

卜筮所表現的理，除了卦象所示之天理外，還有聖人繫辭以明吉凶所示之義理。本節論述朱熹雖重卜筮象數，但非與程頤以義理釋《易》的角度完全不同，而只是方法不同，朱熹重卜筮象數是欲藉由回歸《易》學之初，以及加之宗教的力量，使義理更得以闡揚與教化人心，因此就目的來說，朱熹與程頤之論《易》是一致的。

由義理的角度研究《易》學，聖人扮演著極重要的角色，本節闡述經由聖人闡釋《易》中之理，才能使《易》理得以實踐，因此聖人爲天理與眾人實踐之理的橋樑。也因聖人角色之故，朱熹《易》學雖重卜筮象數，仍以「人」爲主，以儒學人文化精神爲內涵。

一、聖人繫辭以明義理

〔註73〕李約瑟：「中國古語中的『上帝』一詞，可用以譯基督教的上帝；『鬼神』或
　　　　『天神』可用以指『天使』，而『靈魂』則與魂 soul 同意。」（Needham, Joseph
　　　　（李約瑟）：《中國之科學與文明》（Science and Civilisation in China），第三冊，
　　　　陳立夫主譯，中華文化復興運動推行委員會、「中國之科學與文明」編譯委員
　　　　會編譯，台北：台灣商務印書管，1975 年 1 月初版，頁 234。）
〔註74〕錢穆論朱熹鬼神處，也由形上學的角度，將鬼神視爲朱熹形上學的說明。（《朱
　　　　子新學案》，台北：三民書局總經銷，1971 年）

在聖人重要的角色上，首先看〈繫辭上傳〉第二章下面這段話的描述，以及朱熹的注解。在「聖人設卦觀象，繫辭焉而明吉凶。剛柔相推而生變化。是故吉凶者，失得之象也；悔吝者，憂虞之象也。」這一段話中，對於「聖人設卦觀象，繫辭焉而明吉凶。」朱熹解說：

象者，物之似也。此言聖人作《易》，觀卦爻之象而繫以辭也。

〔註75〕

而「剛柔相推而生變化。」朱熹解說：

言卦爻陰陽迭相推盪，而陰或變陽，陽或化陰，聖人所以觀象而繫辭，眾人所以因著以求卦者也。〔註76〕

至於「是故吉凶者，失得之象也；悔吝者，憂虞之象也。」朱熹則說：

吉凶悔吝者，《易》之辭也；失得憂虞者，事之變也。得則吉，失則凶，憂虞雖未至凶，然已足以致悔而取羞矣。蓋吉凶相對而悔吝居其中間，悔自凶而趨吉，吝自吉而向凶也。故聖人觀卦爻之中或有此象，即繫之以此辭也。〔註77〕

由朱熹的解釋可以看出他對於《易》的看法包含三方面架構，首先是卦象，朱熹強調先有象、後有辭，如朱熹所說聖人作《易》之所由，在於天生神物、天地變化、天象和《河圖》《洛書》〔註78〕；其次是聖人觀象之後，所繫以明吉凶的辭；最後是觀卦讀辭之眾人。

其中聖人所扮演的角色是相當微妙並且重要的，因為眾人需仰賴聖人繫辭，才得以明白《易》理，以及在吉凶悔吝中，尋求正確處世之道以成為君子，過著「自天祐之，吉無不利。」〔註79〕的日子。

朱熹在解釋〈繫辭下傳〉第十二章：「天地設位，聖人成能。人謀鬼謀，

〔註75〕《周易本義‧周易繫辭上傳第五》，《朱子全書》第一冊，朱傑人、嚴佐之、劉永翔主編，上海古籍出版社，2010年9月初版，頁124。
〔註76〕同上書。
〔註77〕同上書。
〔註78〕〈繫辭上傳〉第十一章：「是故天生神物，聖人則之；天地變化，聖人效之；天垂象，見吉凶，聖人象之；河出圖，洛出書，聖人則之。」朱熹解說：「此四者，聖人作《易》之所由也。《河圖》、《洛書》詳見《啟蒙》。」（《周易本義‧周易繫辭上傳第五》，《朱子全書》第一冊，朱傑人、嚴佐之、劉永翔主編，上海古籍出版社，2010年9月初版，頁133～134）。
〔註79〕〈繫辭上傳〉第十二章，《周易本義‧周易繫辭上傳第五》，《朱子全書》第一冊，朱傑人、嚴佐之、劉永翔主編，上海古籍出版社，2010年9月初版，頁125。

百姓與能。」時解說：

> 天地設位，而聖人作《易》以成其功。於是人謀鬼謀，雖百姓之愚
> 皆得以與其能。〔註80〕

聖人闡明義理扮演著溝通天象與人事的關鍵角色，而透過聖人所闡釋之《易》即減少了許多卜筮的宗教意涵，而增添更多人文思想之德性意涵。

二、聖人繫辭的根據在感格

在朱熹的解釋中，聖人之所以能夠繫辭以明吉凶，是基於氣感的可能性，在以下三個〈繫辭上傳〉第十章的段落，可見朱熹對於《易》與卜筮關於氣感的看法。第一個段落是〈繫辭上傳〉第十章：「《易》無思也，無爲也，寂然不動，感而遂通天下之故。非天下之至神，其孰能與於此！」朱熹解說：

> 此四者之體所以立，而用所以行者也。《易》指蓍卦。無思無爲，言
> 其無心也。寂然者，感之體；感通者，寂之用。人心之妙，其動靜
> 亦如此。〔註81〕

第二個段落是〈繫辭上傳〉第十章：「夫《易》，聖人之所以極深而研幾也。」朱熹說：

> 研猶審也。幾，微也。所以極深者，至精也；所以研幾者，至變也。
>
> 〔註82〕

第三個段落是〈繫辭上傳〉第十章：「唯深也，故能通天下之志；唯幾也，故能成天下之務；唯神也，故不疾而速，不行而至。」朱熹解說：

> 所以通志而成務者，神之所爲也。〔註83〕

由此三段朱熹對於《易》的看法的說明，可以查見朱熹認爲《易》就是蓍卦，也就是占卜。就蓍卦本身而言，是無心的，所以說「無思無爲」，但是占卜的行爲卻是基於感通，感通者爲人心，未感之前是寂然之體，感之後爲寂之用，這是人心靜動的妙用。聖人基於感通的可能性，對於《易》的至精、至

〔註80〕《周易本義・周易繫辭下傳第六》，《朱子全書》第一冊，朱傑人、嚴佐之、
　　　　劉永翔主編，上海古籍出版社，2010年9月初版，頁144。

〔註81〕《周易本義・周易繫辭上傳第五》，《朱子全書》第一冊，朱傑人、嚴佐之、
　　　　劉永翔主編，上海古籍出版社，2010年9月初版，頁132。

〔註82〕同上書。

〔註83〕同上書。

變有極深和細微的審視，又因為極深和細微，所以能夠「通天下之志」和「成天下之務」。

上述引文說到「通志成務」是在於神的作為，此處之「神」非是超自然有位格的存在，更不是實存的問卜對象，而是氣的感通。《易》就是人與天地間的感通，而聖人是尤其能感通並且得道者〔註84〕。

〈繫辭上傳〉第十一章對於聖人感通並且得道的描述為：「是故蓍之德圓而神，卦之德方以知，六爻之義易以貢。聖人以此洗心，退藏於密，吉凶與民同患。神以知來，知以藏往，其孰能與於此哉！古之聰明睿知，神武而不殺者夫！」，而朱熹的解說如下：

> 圓、神，謂變化無方。方、知，謂事有定理。易以貢，謂變易以告人。聖人體具三者之德，而無一塵之累，無事則其心寂然，人莫能窺；有事則神知之用，隨感而應，所謂無卜筮而知吉凶也。神武不殺，得其理而不假其物之謂。〔註85〕

此段話先講述卦爻之三方面特點：圓神、方知和易以貢，根據朱熹的解釋，這是在說蓍的變化無方、卦顯明事有定理，和爻以變易告人，聖人在設卦觀象和繫辭的同時，也因此三者達到洗心的作用，所以聖人能夠以心感應此三者，如同聖人也具此三者之德一般。無事之時，聖人之心彷彿不受一塵拖累，寂然不動，無人能夠窺探；有事之時，則聖人之心彷彿可隨時發動感應，神知之用可無卜筮而知吉凶，聖人能夠得理而不假任何一物。

藉由氣感的可能性以及聖人的感應，卦爻所示之天理與聖人明吉凶所示之義理其實是並列甚至是等同的，所以雖然由卜筮來看理有二義，但是，若

〔註84〕《通書解》中有三處文字可供參考：第一處為：周子曰：「寂然不動者，誠也；感而遂通者，神也；動而未形、有無之閒者，幾也。」朱子解附曰：「本然而未發者，實理之體，善應而不測者，實理之用。動靜體用之閒，介然有傾之際，則實理發見之端，而眾事吉凶之兆也。」（《周敦頤集·通書（朱熹解附）》，陳克明點校，北京：中華書局出版，1990 年 5 月初版，頁 17）

第二處為：周子曰：「誠、神、幾，曰聖人。」朱子解附曰：「性焉、安焉，則精明應妙，而有以洞其幽微矣。」（《周敦頤集·通書（朱熹解附）》，陳克明點校，北京：中華書局出版，1990 年 5 月初版，頁 18）

第三處為：周子曰：「又曰：『知幾其神乎！』」朱子解附曰：「聖也。」（《周敦頤集·通書（朱熹解附）》，陳克明點校，北京：中華書局出版，1990 年 5 月初版，頁 22）

〔註85〕《周易本義·周易繫辭上傳第五》，《朱子全書》第一冊，朱傑人、嚴佐之、劉永翔主編，上海古籍出版社，2010 年 9 月初版，頁 133。

由聖人所闡明之理來看，超越之形上天理，已化爲人倫意涵的理，也就是聖人所表現之德行，所以理只有一個，就是由德行所體現的理。

三、聖人所表現之德行即天理

關於聖人所表現的德行與天理之間的關係，在〈繫辭上傳〉第十二章中有這樣的描述：「化而裁之存乎變，推而行之存乎通，神而明之存乎其人。默而成之，不言而信，存乎德行。」這一段話中，朱熹解說：

> 卦爻所以變通者在人，人之所以能神而明者在德。〔註86〕

朱熹的意思是說卦爻能變通、化而裁之是在於卦爻的變；推而行之是在於卦爻的通，但是能夠使卦爻神而明之的卻是在於「人」，因爲有人才能體現卦爻的變通，所以朱熹說卦爻之所以能變通是在於「人」〔註87〕。而人體現之法就在於德行的表現，透過一人的德行，才能眞的顯明《易》理。

聖人德行的表現就是天理，在〈繫辭下傳〉有一段關於「通神明之德」的描述，〈繫辭下傳〉第二章原句是說：「古者包犧氏之王天下也，仰則觀象於天，俯則觀法於地，觀鳥獸之文與地之宜，近取諸身，遠取諸物，於是始作八卦，以通神明之德，以類萬物之情。」朱熹解說爲：

> 王昭素曰，「與」、「地」之間諸本多有「天」字。俯仰遠近，所取不
> 一，然不過以陰陽消息兩端而已。神明之德，如健順動止之性。萬
> 物之情，如雷風山澤之象。〔註88〕

朱熹這段話說明伏犧氏觀察天地萬物之情，畫八卦以通神明之德，以類萬物之情，朱熹解釋大地之間，不過就是陰陽消息而已，而神明之德是例如健順動止之卦性，萬物之情則是例如雷風山澤之卦象。聖人神明之德行表現，能

〔註86〕《周易本義·周易繫辭上傳第五》，《朱子全書》第一冊，朱傑人、嚴佐之、劉永翔主編，上海古籍出版社，2010年9月初版，頁135。

〔註87〕關於「神而明之存乎人」另有一段說明爲：「《易》之爲書也不可遠，……初率其辭而揆其方，既有典常，苟非其人，道不虛行。」朱熹解說：「方，道也。始由辭以度其理，則見其有典常矣。然神而明之，則存乎其人也。」（《周易本義·周易繫辭下傳第六》，《朱子全書》第一冊，朱傑人、嚴佐之、劉永翔主編，上海古籍出版社，2010年9月初版，頁143）《易》中之理雖可由辭而度其意涵，然而若欲神而明之，將《易》理明白彰顯出來，還是需要由人來體現。

〔註88〕《周易本義·周易繫辭下傳第六》，《朱子全書》第一冊，朱傑人、嚴佐之、劉永翔主編，上海古籍出版社，2010年9月初版，頁138。

反映卦象、符應天理。

〈文言傳〉乾卦另有一段關於「大人」的描述，說到：「夫大人者，與天地合其德，與日月合其明，與四時合其序，與鬼神合其吉凶。先天而天弗違，後天而奉天時。天且弗違，而況於人乎？況於鬼神乎？」朱熹解說：

> 大人即釋爻辭所利見之大人也，有是德而當其位乃可當之。人與天地鬼神本無二理，特蔽於有我之私，是以梏於形體而不能相通。大人無私，以道爲體，曾何彼此先後之可言哉！先天不違，謂意之所爲，默與道契。後天奉天，謂知理如是而奉行之。〔註89〕

所以在朱熹看來，人與天地鬼神本是一理，若人能摒除己私，除卻形體的束縛，盡力於修德，就有可能達到所謂「大人」的境地，人應當遵循此理，也該知理而奉行。此處朱熹之注解雖沿用「大人」二字，但根據《太極圖說解》，事實上也是指聖人而言，朱熹說：「故聖人中正仁義，動靜周流，而其動也必主乎靜。此其所以成位乎中，而天地日月、四時鬼神，有所不能違也。」〔註90〕

朱熹藉由氣感將卜筮帶往人文化的轉向，並且透過聖人觀象繫辭的作爲扮演當中轉換的媒介，經過這樣的轉換，卜筮大大減少其宗教意涵，反而成爲社會教化和培養德行幫助者。

四、聖人闡明義理與卜筮的目的在通志成務

「通天下之志」和「成天下之務」是聖人設卦觀象和以吉凶闡明義理的重要目的與貢獻，然而根據〈繫辭傳〉可以發現除此之外，也是卜筮的目的。

〔註89〕 《周易本義·周易文言傳第七》，《朱子全書》第一冊，朱傑人、嚴佐之、劉永翔主編，上海古籍出版社，2010 年 9 月初版，頁 150。

〔註90〕 《太極圖說解》：周子曰：「聖人定之以中正仁義，而主靜，立人極焉。故『聖人與天地合其德，日月合其明，四時合其序，鬼神合其吉凶』。」朱子解附曰：「此言聖人全動靜之德，而常本之於靜也。蓋人秉陰陽五行之秀氣以生，而聖人之生，又得其秀之秀者。是以行之也中，其處之也正，其發之也仁，其裁之也義。蓋一動一靜，莫不有以全夫太極之道，而無所虧焉，則向之所謂欲動情勝、利害相攻者，於此乎定矣。然靜者誠之復，而性之眞也。苟非此心寂然無欲而靜，則又何以酬酢事物之變，而一天下之動哉！故聖人中正仁義，動靜周流，而其動也必主乎靜。此其所以成位乎中，而天地日月、四時鬼神，有所不能違也。」（《周敦頤集·太極圖說（朱熹解附，並附朱熹辯及注後記）》，陳克明點校，北京：中華書局出版，1990 年 5 月初版，頁 6～7）

〈繫辭上傳〉第十一章說：「子曰：夫《易》，何為者也？夫《易》開物成務，冒天下之道，如斯而已者也。是故聖人以通天下之志，以定天下之業，以斷天下之疑。」朱熹對這段話的解釋為：

> 開物成務，謂使人卜筮以知吉凶而成事業。冒天下之道，謂卦爻既設，而天下之道皆在其中。〔註91〕

由這段引文，可以發現就朱熹看來，這不僅是聖人闡明義理的目的，同時也是《易》或者占卜的目的，聖人的貢獻在於使人能夠藉由卜筮之吉凶明白天下之道，而後成事業，所以卜筮也不再僅僅具有宗教性意涵，而是使人能「通天下之志」和「成天下之務」的媒介。以下兩段〈繫辭上傳〉第十一章的引文是更清楚的說明：第一段是〈繫辭上傳〉第十一章：「是以明於天之道，而察於民之故，是興神物以前民用。聖人以此齊戒，以神明其德夫！」的部分，朱熹解說：

> 神物謂蓍龜。湛然純一之謂齊，肅然警惕之謂戒。明天道，故知神物之可興。察民故，故知其用之不可不有以開其先。是以作為卜筮以教人，而於此焉，齊戒以考其占，使其心神明不測，如鬼神之能知來也。〔註92〕

第二段是〈繫辭上傳〉第十一章：「是故闔戶謂之坤，闢戶謂之乾，一闔一闢謂之變，往來不窮謂之通。見乃謂之象，形乃謂之器，制而用之謂之法，利用出入，民咸用之謂之神。」的部分，朱熹解說：

> 闔闢，動靜之機也。先言坤者，由靜而動也。乾、坤、變、通者，化育之功也。見象、形器者，生物之序也。法者，聖人修道之所為，而神者，百姓自然之日用也。〔註93〕

由上面這段敘述可以知道卜筮具有極大的意義在於「神明其德」，不僅聖人依此洗心，並且繫辭之故也在於教化人民，使民明於天道，知道蓍龜這神物可用，並且透過卜筮來教導人民，使人皆能效法聖人，明白卜筮的意義，並齋戒來考其所占，在此過程中，使心能如聖人般神明不測，也能如聖人般不需藉由卜筮而感應，使人人皆能如鬼神般能知來者事。因此由聖人卜筮感應天

〔註91〕《周易本義‧周易繫辭上傳第五》，《朱子全書》第一冊，朱傑人、嚴佐之、劉永翔主編，上海古籍出版社，2010 年 9 月初版，頁 133。
〔註92〕同上書。
〔註93〕同上書。

理，不僅使具有兩種意涵之「理」歸於一義，也使「卜筮」行爲本身由宗教意涵之問卜，轉爲人心教化、神明其德行的媒介。

五、理氣論落實於卜筮活動的解《易》目的

卜筮的人文化轉向不僅使朱熹的鬼神觀與「理神論」有別，而與張載和程子之鬼神觀接近，也使朱熹《易》學思想，接近程頤義理派的解《易》途徑。朱熹重視卜筮，實欲藉由卜筮，將理氣論更落實於卜筮活動中。所以卜筮的強調比較是工具性的意義，眞正解《易》的目的還是在義理的解釋與儒學的教化。

在張子的方面，朱熹在注解〈繫辭下傳〉第五章：「過此以往，未之或知也。窮神知化，德之盛也。」時，解說：

> 下學之事，盡力於精義、利用，而交養互發之機自不能已。自是以
> 上，則亦無所用其力矣。至於窮神知化，乃德盛仁熟而自致耳，然
> 不知者往而屈也，自致者來而信也，是亦感應自然之理而已。張子
> 曰：「氣有陰陽，推行有漸，爲化合一，不測爲神。」〔註94〕

此段說明朱熹將「窮神知化，德之盛也」描述爲當人達到德盛仁熟的境界時，便能自致而感應自然之理，而窮神知化也就是能感應自然之理而已。這是將神完全推導到張子哲學中氣的意涵，也是透過張子哲學中二氣的理論，詮釋卜筮中占筮者與天地間的感應。

在程子方面，朱熹在注解〈說卦傳〉第一章：「昔者聖人之作《易》也，幽贊於神明而生著。」時，解說：「幽贊神明猶言贊化育。」〔註95〕當鬼神被解釋爲二氣之流行，與陰陽之變化時，鬼神就是天地之造化，所以幽贊神明就是幽贊化育。

因此朱熹以「卜筮」作爲《周易》的詮釋主軸，非但不是要與張程二人之學說相違背，反而是要使理氣論落實於卜筮活動中，使儒學教化更能推廣於大眾，這是朱熹強化「卜筮」的用意，也是朱熹認爲古人作《易》的本意，朱熹說：

> 古人淳質，遇事無許多商量，既欲如此，又欲如彼，無所適從。故

〔註94〕《周易本義‧周易繫辭下傳第六》，《朱子全書》第一冊，朱傑人、嚴佐之、劉永翔主編，上海古籍出版社，2010年9月初版，頁140。

〔註95〕《周易本義‧周易說卦傳第八》，《朱子全書》第一冊，朱傑人、嚴佐之、劉永翔主編，上海古籍出版社，2010年9月初版，頁150。

作《易》示人以卜筮之事，故能通志、定業、斷疑，所謂「開物成
務」者也。〔註96〕

在朱熹看來，古人作《易》的本意是在於使淳質之眾人，透過卜筮明白做人
處事的道理，能夠通志、定業、斷疑，達到「開物成務」的目的，所以朱熹
強化「卜筮」的重要性，也只是在重申古人作《易》的本意而已〔註97〕。所
以我們不當以爲朱熹只重「卜筮」而忽略「義理」〔註98〕，朱熹特重「卜筮」
只是因爲時人不看卦爻而看繫辭的緣故，朱熹說：

《易》本卜筮之書，後人以爲止於卜筮。至王弼用老莊解，後人便
只以爲理，而不以爲卜筮，亦非。想當初伏羲畫卦之時，只是陽爲
吉，陰爲凶，無文字。某不敢說，竊意如此。後文王見其不可曉，
故爲之作彖辭；或占得爻處不可曉，故周公爲之作爻辭；又不可曉，
故孔子爲之作十翼，皆解當初之意。今人不看卦爻，而看繫辭，是
猶不看刑統，而看刑統之序例也，安能曉！今人須以卜筮之書看之，
方得；不然，不可看《易》。〔註99〕

在朱熹看來卦爻與聖人所繫之辭是同樣重要的，因爲聖人闡釋卦爻中的義理，
並且教導眾人如何行理，但是只看繫辭不看卦爻，無法通透知曉，所以特別強
調卜筮，使人以卜筮之書看《易》，因此對卜筮的重視，於朱熹而言，僅爲推
行儒學教化之途徑而已，占卜本身以及問卜的眞確並非朱熹考量之重點。

〔註96〕《朱子語類》卷六十六，（宋）朱熹《朱子語類》（全 8 冊）第四冊，黎靖德
編，王星賢校點，北京：中華書局，1986 年 3 月，頁 1620。

〔註97〕蔡方鹿也有相同的看法：「朱熹關於《易經》的基本見解是：應該根據聖人作
《易》的本意來解釋《易經》，這個本意就是占卜，而義理之說則是後起的。
如果不以《易》爲卜筮之書，而把它作爲義理之書來看待，就會使人們的意
志混入經文，導致經的本意難明，從而堵塞了《易》所提供的通往聖人境界
的道路。」（〈朱熹對宋代易學的發展──兼論朱熹、程頤易學思想之異同〉，
朱杰人主編：《邁入 21 世紀的朱子學：紀念朱熹誕辰 870 週年、逝世 800 週
年論文集》，上海：華東師範大學出版社，2001 年 11 月，頁 119）

〔註98〕朱伯崑認爲朱熹《易》學仍屬於義理學派，可供參考，朱伯崑說：「朱熹的易
學，對筮法的解釋，雖然吸收了河洛圖式和邵雍的先天易學，但仍屬於義理
學派；或者說，站在義理學派的立場，吸收象數派的某些觀點，以補其不
足。」（朱伯崑：《易學哲學史》，台北市：藍燈文化事業，1991 年 9 月初版，
頁 472）

〔註99〕《朱子語類》卷六十六，（宋）朱熹《朱子語類》（全 8 冊）第四冊，黎靖德
編，王星賢校點，北京：中華書局，1986 年 3 月，頁 1622。

六、小結

本節以聖人闡明義理的工作，以及聖人以德行明天理的地位，說明朱熹對卜筮詮釋的人文化轉向，儘管朱熹以卜筮爲解《易》核心，但是卜筮的宗教面僅作爲朱熹詮釋義理的途徑或方式，朱熹以此爲更好落實儒學教化的方法，因此卜筮乃以「人」爲本，卜筮的本身偏向工具性意義，而非目的本身。

第五節　《周易本義》卜筮觀總結

本章由鬼神觀研究，探討朱熹如何看待卜筮活動，發現朱熹極其重視卜筮，以卜筮作爲《周易本義》的詮釋主軸，並且問卜對象之鬼神確實存在。

根據本章的論述，由卜筮路徑而來的《周易》注解，帶來了鬼神的兩種詮釋可能，朱熹以理氣作爲這兩種鬼神存在的根據與說明：一爲氣化鬼神，問卜對象爲屈伸往來的氣；二爲理神論傾向，吉凶的判斷，全憑順理或逆理。

就第二點理神論傾向而言，本章以理神論無法包含陰陽屈伸之氣的鬼神，以及自然神學無法解釋感格兩點，論述朱熹卜筮並非走向理神論，因此問卜對象之鬼神存在，應屬氣化鬼神。

然而由朱熹對聖人設卦、觀象，以及明吉凶的解釋，可以得知朱熹看待卜筮，非重在特定問卜對象，不論是氣或是理，皆在於氣之感通，以及人透過卜筮所得神知之用與德行的神明化。因此朱熹賦予卜筮人文化的意涵，也使卜筮由宗教層次提升至品德教化的地位。

朱熹雖在注解上刻意突出卜筮，希望藉由還原《易》原爲一卜筮之書的原義，還原《易》原本空的意涵，替直接以義理詮釋《周易》的模式增加了一個「卜筮」的中介點，提升其宗教面向考量，但事實上是爲了落實儒學於眾民的教化與實踐，將宗教面與哲學面作更適切的結合。

因此朱熹對卜筮活動的看法，實重在教化。

第四章　道教神仙術
——以《周易參同契考異》爲中心

　　在前章本書已由《周易本義》探究朱熹對《周易》的基本看法與詮釋角度，本章繼續探討朱熹如何由《周易》的觀點考異道教作品《參同契》，賦予神仙煉丹說儒學化的思考面向。

　　《周易參同契考異》是朱熹繼《詩集傳》和《周易本義》之後晚年的作品，其寫作目的和考異旨要都是隱晦難明的，首先朱子並非以本名作爲此書之作者示人，而是以「空同道士鄒訢」自署，引來是否由於其儒者身份而刻意避諱的揣測，另外，晚年方有此作，也使人懷疑是否因爲世事不順遂，而有「不得已而託諸神仙」的意味〔註1〕，亦或者根本上是慕好神仙修煉之說的

緣故〔註2〕。諸多意見使得朱子的《周易參同契考異》富有神秘色彩。

　　《周易參同契考異》就其題名來說，可分為三個部分，分別為周易、參同契和考異。《周易參同契》或稱《參同契》，根據晉葛洪《神仙傳》的看法，為魏伯陽所作，魏伯陽為一煉丹成仙者，作《參同契五行相類》共三卷，葛洪認為雖然《參同契》內容舉《周易》卦爻，但事實上只是假借爻象來討論煉丹之法而已，因此據葛洪的看法，有一些儒者不知道以煉丹的奧秘，就僅僅以陰陽來註解，是失其旨要的〔註3〕。

　　究其葛洪的看法，也是將《周易》與《參同契》中煉丹部分加以區別。不論《周易》於《參同契》中扮演的角色為何，易卦與煉丹術的連結，正是《參同契》特出之點，也是各方注家詮釋用力之處，而朱子更是運用「考異」將《周易》與《參同契》作了巧妙的結合。

　　在朱子以前，《參同契》已有許多注本〔註4〕，而朱熹獨以五代後蜀彭

參同契更無縫隙，亦無心思量，但望他日為劉安之雞犬耳云云。蓋遭逢世難，不得已而託諸神仙。殆與韓愈謫潮州時，邀大顛同游之意相類。故黃瑞節附錄謂其師弟子有脫屣世外之意，深得其情。黃震日鈔乃曰參同契者，上虞人魏伯陽作，其說出神仙不足憑。近世蔡季通學博而不免於雜，嘗留意此書，而晦菴與之游，因為校正。其書頗行於世，而求其義則絕無之云云。其持論固正。然未喻有託而逃之意也。」（（清）永瑢等編撰，上海商務印書館，1933年，頁3047）

〔註2〕　束景南：「朱熹晚年慕好神仙修煉說而作《參同契考異》」（《朱熹研究》，北京人民出版社，2008年10月，頁314）

〔註3〕　《神仙傳》：「魏伯陽者，吳人也，本高門之子，而性好道術。後與弟子三人，入山作神丹。丹成，知弟子心懷未盡，乃試之曰：『丹雖成，然先宜與犬試之，若犬飛，然後人可服耳；若犬死，即不可服。』乃與犬食，犬即死，伯陽謂諸弟子曰：『作丹唯恐不成，既今成而犬食之死，恐是未合神明之意，服之恐復如犬，為之奈何？』弟子曰：『先生當服之否？』伯陽曰：『吾背違世路，委家入山，不得道亦恥複還，死之與生，吾當服之。』乃服丹，入口即死。弟子顧視相謂曰：『作丹以求長生，服之即死，當奈此何？』獨一弟子曰：『吾師非常人也，服此而死，得無意也。』因乃取丹服之，亦死。餘二弟子相謂曰：『所以得丹者，欲求長生者，今服之即死，焉用此為？不服此藥，自可更得數十歲在世間也。』遂不服，乃共出山，欲為伯陽及死弟子求棺木。二子去後，伯陽即起，將所服丹內死弟子及白犬口中，皆起。弟子姓虞，遂皆仙去。道逢入山伐木人，乃作手書與鄉里人，寄謝二弟子，乃始懊恨。伯陽作《參同契五行相類》，凡三卷，其說是《周易》，其實假借爻象，以論作丹之意。而世之儒者，不知神丹之事，多作陰陽注之，殊失其旨矣。」（《太平廣記·神仙二·魏伯陽》李昉等編，北京中華書局，1961年，頁11～12）

〔註4〕　《參同契》本身具有許多文本爭議，有許多學者曾以版本比較的方式對於《參同契》的各家注本，在進行文本比對之後，提出文本的考究成果，如孟乃昌：

曉注本《周易參同契通眞義》〔註5〕爲考異的文本依據，考異工作也是針對
彭曉的註解而來，又於考異作品加入周易二字，以《周易參同契考異》爲
名，有別於葛洪只以《參同契》爲名的作法，不僅強化了《周易》與《參
同契》的連結，也大大提升了《周易》的重要性，不同於葛洪以煉丹爲主
的視角。

　　另外，由朱熹選用不脫外丹詮釋之彭曉注本作爲考異的文本，也可推
論朱熹的考異工作，絕非僅在文字考訂而已。根據《四庫全書總目提要》，
朱熹完成的文字考訂並不多〔註6〕，其餘多是隨文詮釋的工作，事實上即是
箋注之體，故筆者以爲朱熹的考異應在於「寫成定本」的部分，朱熹〈跋〉
中說：

> 右周易參同契，魏伯陽所作，魏君後漢人，篇題蓋放緯書之目，詞
> 韻皆古，奧雅難通，讀者淺聞，妄輒更改，故比他書尤多舛誤。今
> 合諸本更相讎正，其間尚多疑晦，未能盡袪，姑據所知寫成定本，
> 其諸同異因悉存之，以備參訂云。空同道士鄒訢。〔註7〕

朱熹希望透過他的詮釋與考訂，使《周易參同契考異》能作爲一定本，藉此
作品對他以前的所有內、外丹說，提供一個回應，並爲《參同契》開一條儒
學詮釋的新途徑。

　　在以下正文的部分，本章將由三個部分針對朱子考異文本進行討論，
第一個部分爲「由內外丹學到涵養本原工夫」，說明朱子如何回應內外丹學
的問題，第二個部分是「以京房易與邵雍先天易學爲詮釋基調」，說明朱子
如何強化《周易》，並由易學的角度，重新詮釋《參同契》，最後本章以「以

《周易參同契考辯》（上海古籍出版社，1993 年 8 月）和欽偉剛：《朱熹與《參
同契》文本》（四川出版集團巴蜀書社，2004 年 11 月）
〔註5〕朱熹《周易參同契考異》一開始就說明他的考異是以五代後蜀彭曉注本《周
易參同契通眞義》爲依據的，他說：「五代彭曉解義序曰：魏伯陽，會稽上虞
人，修眞潛默，養志虛無，博贍文詞，通諸緯候，得古文龍虎經，盡獲妙旨。」
（《欽定四庫全書・周易參同契考異》，版本依據《周易參同契考異、周易參
同契發揮、周易參同契分章註》，天津古籍出版社，1988 年，頁 1，以下各註
解稱《周易參同契考異》）又「附按參同契註本凡一十九部三十一卷其目載夾
漈鄭氏藝文略彭曉本最傳」（同前書，頁 2）
〔註6〕見本章首頁，《四庫全書總目提要》註腳。
〔註7〕《周易參同契考異・跋》（《欽定四庫全書・周易參同契考異》，版本依據《周
易參同契考異、周易參同契發揮、周易參同契分章註》，天津古籍出版社，1988
年，頁 80～81），以下同書之註，簡稱《周易參同契考異》。

精氣之修養觀點替代煉丹求仙」來探討朱子對於煉丹求神仙的態度。

第一節　由內外丹學到涵養本原工夫

　　魏伯陽《參同契》本就爲一道教講述煉丹之書，因此朱熹的考異首先必須面對的就是內外丹藥問題，朱熹也使用內丹和外丹的詞彙去注釋《參同契》，本節欲探究於內丹和外丹間，朱熹是否二中取一，作爲個人修養進路，又或者二者皆非。

　　於朱子身處年代環境而論，應爲內丹說昌盛的時候，朱子若是要二擇一，也應是以內丹說爲取向。根據宋朝張伯端《悟眞篇》〔註8〕的內容可知，宋代的內丹說講究的是陰陽造化，丹藥並非爲實際鼎爐中，以鉛汞煉製的藥丸，而是指體內之氣於臟腑、軀幹間的運行所煉養而成者，張伯端稱此物爲「胎」。《參同契》中所謂的「金液還丹」，於《悟眞篇》已經完全是體內精氣養胎的意思了〔註9〕。

　　朱子於《周易參同契考異》中雖然兼用外丹和內丹來註解《參同契》文字，但是也有以內丹修煉爲主要理解方式的傾向，只是朱熹未停留於內丹的

〔註8〕張伯端，字平叔，天台人。生於宋太宗太平興國八年，卒於北宗元豐五年，享年九十九歲。《悟眞篇》是道教內丹丹法主要經典，最早著錄於《宋史・藝文志》、《文獻通考》，爲張伯端所著，是繼《參同契》之後的丹經，書中以詩詞形式，總結了宋代以前內丹的正統法訣，繼往開來，在道教史中爲承前啓後的一部名著。《四庫全書總目提要》說：「是書專明金丹之要，與魏伯陽《參同契》，道家並推爲正宗。」（見《悟眞篇淺解・附錄二悟眞篇丹法源流》，張伯端撰，王沐淺解，北京中華書局，1990年10月初版，頁315）

〔註9〕參見張伯端於《悟眞篇・自序》中說：「夫煉金液還丹者，則難遇而易成。要須洞曉陰陽，深達造化，方能超二氣于黃道，會三性于元宮；攢簇五行，和合四象，龍吟虎嘯，夫唱婦隨，玉鼎湯煎，金爐火熾，始得玄珠有象，太乙歸眞。都來片餉工夫，永保無窮逸樂。至若防危慮險，慎於運用抽添；養正持盈，要在守雌抱一。自然複陽生之氣，剝陰殺之形，節氣既周，脫胎神化，名題仙籍，位號眞人，此乃大丈夫功成名遂之時也。今之學者，有取鉛汞爲二氣，指臟腑爲五行，分心腎爲坎離，以肺肝爲龍虎，用神氣爲子母，執津液爲鉛汞。不識浮沈，寧分主客？何異認他財爲己物，呼別姓爲親兒？又豈知金木相剋之幽微，陰陽互用之奧妙？是皆日月失道，鉛汞異爐，欲望結成還丹，不亦遠乎？」（見《悟眞篇淺解・附錄二悟眞篇丹法源流》，張伯端撰，王沐淺解，北京中華書局，1990年10月初版，頁2～3）

詮釋方法，而以心作爲涵養本原，顯明朱熹作爲一個儒者的詮釋態度，仍未完全脫離儒家思想。

一、朱子對外丹的說明

本節對照彭曉的注解，論述朱熹對於外丹的注解，僅點到爲止，並未深入，所以在此可以推論外丹的煉製並非朱熹興趣所在。

1、朱熹外丹的注解僅點到爲止

在《周易參同契考異》中，朱熹以「外丹」二字註解下面這段《參同契》文字：

> 世間多學士，高妙負良才，邂逅不遭值，耗火亡貨財，
> 據按依文說，妄以意爲之，端緒無因緣，度量失操持，
> 擣治羌石膽，雲母及礜磁，硫黃燒豫章，泥汞相鍊治，
> 鼓下五石銅，以之爲輔樞，雜性不同種，安肯合體居，
> 千舉必萬敗，欲點反成癡，稚年至白首，中道生狐疑，
> 背道守迷路，出正入邪蹊，管窺不廣見，難以揆方來。〔註10〕

朱熹說：

> 此言爲外丹者，藥非同類不能成寶。〔註11〕

上述《參同契》的引文是在說明煉製外丹的幾樣關鍵材料，包括硫磺、汞和一些石頭，以這些材料相互調配來煉製丹藥，但過程中重要的是必須掌握各種材料的屬性，否則在不同性質相混雜的情況下，很可能從年輕煉到白首也煉不出來，朱熹對這段文字的說明強調用藥，以及在熬煉、配置的過程中，注意類別是否相同的重要，證明朱熹瞭解《參同契》中煉製外丹的方式，也能掌握外丹學的主要理論。

但朱熹並沒有針對外丹作積極的詮釋與發揮，對照幾處彭曉對外丹的說明，可以得知朱熹對於煉製外丹文字，往往僅作點到爲止的解釋而已。下面這一段《參同契》的文字是講述以鉛和汞煉製長生之藥：

〔註10〕《周易參同契考異》（《欽定四庫全書・周易參同契考異》，版本依據《周易參同契考異、周易參同契發揮、周易參同契分章註》，天津古籍出版社，1988年，頁37～38）

〔註11〕《周易參同契考異》，頁38。

胡粉投火中，色壞還爲鉛，冰雪得溫湯，解釋成太玄，

金以砂爲主，稟和於水銀，變化由其眞，終始自相因，

欲作服食仙，宜以同類者。植禾當以黍，覆雞用其子，

以類輔自然，物成易陶冶。魚目豈爲珠？蓬蒿不成檟，

類同者相從，事乖不成寶。是以燕雀不生鳳，狐兔不乳馬，

水流不炎上，火動不潤下。〔註12〕

這段引文說明將胡粉放到火中焚燒，看著顏色逐漸改變，煉成鉛，然後再加入冰雪和汞砂，煉成金丹，如果想要服食金丹以成仙的話，要特別注意「同類」的原則。彭曉對這段文字作了詳細的解釋：

胡粉制黑鉛而成，若投火中卻歸鉛體，冰雪自水氣而結，若以湯沃還化爲水，金砂水銀皆一體之物，以金爲母，還產砂汞，故云植禾以其黍，覆雞以其卵，一旦受氣足，乃成雞與黍，蓋種類相生，終始相因，自然之道也。若以金石草木，霜露冰雪，鹽滷之類，皆爲誤用，上文註中，已詳說矣，是將天地根爲藥根，眞金母爲藥母令，產陰陽成精，金砂靈汞，以爲長生之藥，不其然乎！故云燕雀不生鳳，狐兔不乳馬，火性本炎上，不可使潤下，水性本潤下，不可使炎上，既以自然本性根類而推之，則金母產金砂明矣。〔註13〕

彭曉說明了胡粉之所以能煉成鉛，是因爲本身的成分爲黑鉛，所以經過火煉之後可以還原當中鉛的成分，冰雪丟到火裡，其實是爲使他溶成水，金砂水銀是一體之物，因著同類的關係，經過火煉之後，可以煉出汞。

對比彭曉仔細的說明，朱熹僅以兩句話帶過，朱熹將前半段：「胡粉投火中，色壞還爲鉛，冰雪得溫湯，解釋成太玄，金以砂爲主，稟和於水銀，變化由其眞，終始自相因。」解釋爲：「此皆以同類相變爲譬也」〔註14〕，而下半段則是「又以異類不能相成反覆明之」〔註15〕，朱熹顯然根據彭曉的說明，

〔註12〕 《周易參同契考異》，《欽定四庫全書‧周易參同契考異》，版本依據《周易參同契考異、周易參同契發揮、周易參同契分章註》，天津古籍出版社，1988年，頁36～37。

〔註13〕 《正統道藏‧周易參同契分章通眞義》，第三十四冊，（明）張宇初、邵以正、張國祥編纂，台北市：新文豐，1985年，頁272～2、273～1。

〔註14〕 《周易參同契考異》，《欽定四庫全書‧周易參同契考異》，版本依據《周易參同契考異、周易參同契發揮、周易參同契分章註》，天津古籍出版社，1988年，頁36。

〔註15〕 《周易參同契考異》，頁37。

有抓到「同類」的部分，但朱熹還是只作了點到爲止的解說，與彭曉重視過程細節有很大的不同，這反映了朱熹對於外丹煉丹術並不想要作深入的討論與研究。

2、朱熹並未進入外丹煉製系統

　　也或許朱熹自認爲對於《參同契》中，外丹煉丹術細部的描述並沒有瞭解的把握，對於這一段文字：「上德無爲，不以察求，下德爲之，其用不休，上閉則稱有，下閉則稱無，無者以奉上，上有神德居，此兩孔穴法，金氣亦相胥。」〔註16〕由彭曉的說明可以看出這是對於外丹的描述，彭曉說：「上德者，水在上也。下德者，火在下也。水火既濟，乾坤之謂也。水在上常靜，无爲而處陰，不以察求也。火在下常動，運轉經歷十二辰內，其用不休也。上閉稱有，內水也。下閉稱無，外火也。無者以奉上，謂火運四時。」〔註17〕

　　彭曉將上下德描述爲水火的煉製，朱熹卻只是指出他難以通曉全部的意涵：

> 此下漸難通曉，今略以意解之，上德即上文所謂雌陰化黃包，三光陸沈，下文所謂汞白爲流珠，青龍與之俱。所謂流珠，水之母者，正思慮所不及也。〔註18〕

因此，由朱熹對外丹部分的註解，可以發現朱熹並沒有眞正讓自己進入外丹的煉丹系統中，而只是作一種理論性歸類的說明，更多的是將其轉向內丹式的說明。

二、朱子對內丹的說明

　　在內丹方面，朱熹在註解下面這段《參同契》文字時，認爲這是內丹的說明：

> 巨勝尚延年，還丹可入口，金性不敗朽，故爲萬物寶，

〔註16〕《周易參同契考異》，頁26。

〔註17〕《正統道藏‧周易參同契分章通眞義》，第三十四冊，（明）張宇初、邵以正、張國祥編纂，台北市：新文豐，1985年，第三十四冊，頁267～2。

〔註18〕《周易參同契考異》，《欽定四庫全書‧周易參同契考異》，版本依據《周易參同契考異、周易參同契發揮、周易參同契分章註》，天津古籍出版社，1988年，頁26。

　　　術士服食之，壽命得長久。土遊於四季，守界定規矩，

　　　金砂入五內，霧散若風雨。薰蒸達四肢，顏色悅澤好。

　　　髮白更生黑，齒落出舊所。老翁復丁壯，耆嫗成姹女，

　　　改形免世厄，號之曰眞人。〔註19〕

朱熹說：

　　　此言內丹而言，入口未詳其旨，餘見後章，馳入赤色門下。〔註20〕

倘若我們單以字面上來看這段《參同契》文字，可以發現這是服食丹藥以成仙的意思，術士服食胡麻〔註21〕和金丹後，壽命就得以長久，金砂入到五臟之後，外型也會漸漸產生變化，由老邁變爲青壯，這是所謂成仙的眞人。並且朱熹所考異的彭曉原注，也是以服食金丹這一條內丹的路，來解釋這段文字的，彭曉對這段文字的說明如下：

　　　巨勝胡麻，人食之尚得延年，況金液還丹，入口豈不長生乎，還丹

　　　始生於眞金金體，故無敗朽，然眞金是天地元氣之祖，以爲萬物之

　　　母，道德經曰，無名天地之始，有名萬物之母是也，天地之先，一

　　　氣爲初，而生萬象，金是水根，取爲藥基，是故眞金母，能產金砂，

　　　而成還丹也，土遊四季爲丹道始。

　　　終也魏公喻後人修錬服之，神妙不同，凡藥此砂，入口如雲霧，風

　　　雨徑入五臟四肢，還童卻老變髮生牙，長生久視矣。〔註22〕

朱熹在這段引文中，卻直言解釋爲「內丹」，只是對於「服食」的部分顯得有一點猶疑，才說「入口未詳其旨」，筆者以爲這是受宋朝內丹學說影響，將「金液還丹」解釋爲「內丹」的緣故，對朱子而言「金液還丹」和「內丹」在當時候的定義，或許已是相當普遍，所以並未說明何謂內丹，也並未說明「金液還丹」與「內丹」的連結，只是就彭曉「金液還丹」的註解，將其解釋爲內丹。

　　彭曉在「還丹」的部分，加注爲「金液還丹」，朱熹因此與《參同契》上篇首章作了連接，首章說：「乾坤者，易之門戶，眾卦之父母。坎離匡郭，運轂正

─────────────

〔註19〕《周易參同契考異》，頁35～36。

〔註20〕《周易參同契考異》，《欽定四庫全書‧周易參同契考異》，版本依據《周易參
　　　同契考異、周易參同契發揮、周易參同契分章註》，天津古籍出版社，1988
　　　年，頁36。

〔註21〕巨勝爲胡麻也就是芝麻。參考劉國樑注譯，黃沛榮校閱：《新譯周易參同契》，
　　　三民書局，1999年11月初版，頁63。

〔註22〕《正統道藏‧周易參同契分章通眞義》，第三十四冊，（明）張宇初、邵以正、
　　　張國祥編纂，台北市：新文豐，1985年，第三十四冊，頁272～1、272～2。

軸。」〔註23〕彭曉以「金液還丹」釋之曰:「乾坤爲天地之紀綱,運陰陽爲造化
之橐籥,是以乾坤立而陰陽行乎其中矣,魏公謂修金液還丹,與造化同途,因
託易象而論之。」〔註24〕對於這一篇,朱熹也是視爲內丹的描述,朱熹說:

> 乾坤以宇內言之,則乾天在上坤地在下,而陰陽變化,萬物終始,
> 皆在其間,以人身言之,則乾陽在上,坤陰在下,而一身之陰陽萬
> 物變化終始皆在其間,此乾坤所以爲易之門戶,眾卦之父母也。凡
> 言易者皆指陰陽變化而言,在人則所謂金丹大藥者也,然則乾坤其
> 爐鼎歟!〔註25〕

這段引文是將人的身體作一鼎爐式的描繪,乾陽在上、坤陰在下,構成一個
爐鼎的樣式,而陰陽在其間變化,就陰陽變化來說是「易」,就人體作爲一個
鼎爐來說,這是煉金丹。此處朱熹作了兩項詮釋的工作,首先是將坎離變化
解釋爲陰陽變化,其次是指明此陰陽變化乃在一身之中,這是朱熹所謂的「內
丹」,與《悟眞篇》中內丹的描述是一致的。

三、由內丹走向以心爲基礎的修養之道

在朱熹的詮釋下,「內丹」的意涵逐漸脫離外丹的理論架構,而走向自身
陰陽的修練,並且轉向了以心爲基礎的修養之道。

1、以心為內丹學關鍵

《參同契》中有一段話說:「牝牡四卦,以爲橐籥,覆冒陰陽之道,猶工
御者執銜轡,準繩墨,隨軌轍,處中以制外,數在律歷紀,月節有五六,經
緯奉日使,兼並爲六十,剛柔有表裡。」〔註26〕朱熹將「覆冒陰陽之道,猶
工御者執銜轡,準繩墨,隨軌轍,處中以制外,數在律歷紀。」這一句作了
這樣的註解:

〔註23〕《周易參同契考異》,《欽定四庫全書‧周易參同契考異》,版本依據《周易參
同契考異、周易參同契發揮、周易參同契分章註》,天津古籍出版社,1988
年,頁6〜7。

〔註24〕《正統道藏‧周易參同契分章通眞義》,第三十四冊,(明)張宇初、邵以正、
張國祥編纂,台北市:新文豐,1985年,頁260〜1。

〔註25〕《周易參同契考異》,頁6〜7。

〔註26〕《周易參同契考異》,《欽定四庫全書‧周易參同契考異》,版本依據《周易參
同契考異、周易參同契發揮、周易參同契分章註》,天津古籍出版社,1988
年,頁8〜9。

此言人心能統陰陽，運轂軸以成丹也，銜轡謂所以使陰陽者，繩墨
謂火候，軌轍指其升降之所由，中謂心，外謂氣，數即下文六十卦
之火候也。〔註27〕

在這段文字中，朱熹將修煉之術指向了「心」的部分，這與彭曉不離龍虎鉛
汞外丹煉就之理的詮釋態度〔註28〕，是大不相同的，朱熹把原本陰陽五行之
術，轉成以心爲基礎的個人修養之道，以心統籌陰陽，所以「心」才是朱熹
所定義的「內丹」學關鍵。

　　以「心」爲基礎的「內丹」在朱熹的詮釋下，就變成一種虛靜修養和以
心爲本原的涵養態度了。

2、虛靜修養與以心為本原的涵養態度

　　在虛靜方面，朱熹在註解《參同契》：「內以養己，安靜虛無，元本隱明，
內照形軀，閉塞其兌，築固靈株，三光陸沈，溫養子珠，視之不見，近而易
求，黃中漸通理，潤澤達肌膚，初正則終修，幹立末可持，一者以掩蔽，世
人莫知之。」〔註29〕時說：

此乃以內事言之，於經中最爲要切，而三光陸沈，溫養子珠之一言，
又要切之要切者。……〔註30〕

〔註27〕《周易參同契考異》，頁9。

〔註28〕彭曉對這段文字的說明爲：「凡修金液還丹，鼎中有金母華池，亦謂之金胎
　　　　神室。乃用乾坤坎離四卦爲藥，橐籥者，樞轄也，覆冒者，包裹也，則有
　　　　陰鼎陽爐，剛火柔符，皆依約六十四卦，周而復始，循環互用。又於其間，
　　　　運春夏秋冬，分二十四氣，擧七十二候。以一年十二月氣候感於一月內，
　　　　以一月氣候陷於一晝夜十二辰中。定刻漏，分二弦。隔子午，按陰陽。通
　　　　晦朔，合龍虎。依天地之大數，協陰陽之化機，其或控御不差，運移不失，
　　　　則外交陰陽之符，內生龍虎之體，故云善工者準繩墨以無差，能御者執銜
　　　　轡而不撓，合其規矩軌轍也。蓋喻修丹之士運火候也。月節有五六，乃三
　　　　十日也。晝夜各一卦，乃六十卦也。乾坤坎離四卦爲藥之父母，樞轄鼎器
　　　　則非晝夜之數契，乃統而言之。兼并爲六十四卦也。經緯奉日使者，卦爻
　　　　爲日用之經，而緯者律歷數也。剛柔有表裡者，陽剛陰柔，水火金木，互
　　　　爲表裡也。」（《正統道藏‧周易參同契分章通眞義》，（明）張宇初、邵以
　　　　正、張國祥編纂，台北市：新文豐，1985年，第三十四冊，頁260～2、261
　　　　～1）

〔註29〕《周易參同契考異》，《欽定四庫全書‧周易參同契考異》，版本依據《周易參
　　　　同契考異、周易參同契發揮、周易參同契分章註》，天津古籍出版社，1988
　　　　年，頁24～25。

〔註30〕《周易參同契考異》，頁25。

朱熹將《參同契》中關於虛靜的內在修養部分，視爲最要切的工夫，而三光陸沈、溫養子珠尤指人身內在之氣息調養〔註31〕，朱熹於此點出「虛靜」是內事養己的最要切工夫。

　　而本原的涵養方面，朱熹將下面這一段《參同契》文字，指明是涵養本原工夫，《參同契》說：

　　　　陽燧以取火，非日不生光，方諸非星月，安能得水漿，
　　　　二氣玄且遠，感化尚相通，何況近存身，切在於心胸，
　　　　陰陽配日月，水火爲效徵，耳目口三寶，固塞勿發通，
　　　　眞人潛深淵，浮游守規中，旋曲以視覽，開闔皆合同，
　　　　爲己之軸轄，動靜不竭窮，離氣內營衛，坎乃不用聰，
　　　　兌合不以談，希言順鴻濛，三者既關鍵，緩體處空房，
　　　　委志歸虛無，無念以爲常，證難以推移，心專不縱橫，
　　　　寢寐神相抱，覺悟候存亡，顏容寖以潤，骨節益堅強，
　　　　辟卻眾陰邪，然後立正陽，脩之不輟休，庶氣雲雨行，
　　　　淫淫若春澤，液液象解冰，從頭流達足，究竟復上昇，
　　　　往來洞無極，怫怫被容中，反者道之驗，弱者德之柄，
　　　　芸鋤宿污穢，細微得調暢，濁者清之路，昏久則昭明。〔註32〕

這一段《參同契》「陽燧以取火」章回應了「三光陸沈，溫養子珠」的段落，前面兩行講到日月與水火的關係，透過鏡子可以自日取火、自月取水，這樣遙遠的距離都可以相感通了，更何況是在一身之中，陰陽的相感應呢？這邊實在是說明道教內丹的煉丹術，以耳目口三者的開合，再加上運氣於丹田的操作，來進行內丹修煉，在運氣的過程中，心的沈靜與專一是相當重要的元素。

　　朱熹的註解抓住了「心」的部分，他說：

〔註31〕　「三光，在天爲日月星，在人則外爲耳目口，內爲精氣神。此處指耳目口。陸沈，無水而沾溺。《莊子·則陽》：『方且與世違，而心不屑與之俱，是陸沈也』。此處喻耳目口都收回照顧自己一身。」又「子珠，坎☵離交接，坎中一陽，置換離☲中一陰，而成乾體，昇於天位。」（潘啓明：《周易參同契解讀》，北京光明日報出版社，2005 年 9 月，頁 140）

〔註32〕　《周易參同契考異》，《欽定四庫全書·周易參同契考異》，版本依據《周易參同契考異、周易參同契發揮、周易參同契分章註》，天津古籍出版社，1988年，頁 55〜56。

此一節乃涵養本原工夫，尤爲要切。〔註33〕

「心」的確是這一段的重點之一，不過朱熹沒有從運氣的部分來講道教內丹，反倒提出「涵養本原工夫」之語，因此朱熹並沒有完全由「內丹」學的角度來詮釋，「心」對朱熹而言，不是一個單爲了煉製內丹，而重要的角色，反而是一個修養的重點，因此朱熹雖偏向以內丹的角度來詮釋《參同契》，但是並未完全走入內丹學的修煉之途，反而還是以一個儒學家的態度，在此推薦了一個以心作爲基礎的修養工夫。

因此，以朱熹對外丹的說明以及內丹的說明爲基礎觀之，朱熹對於外丹的詮釋僅僅點到爲止，並未表現對外丹煉製的興趣，而內丹學雖爲宋朝較爲流行的煉丹術，但朱熹的詮釋，卻未停留於金液還丹的部分，而是配合陰陽的概念，導向以心爲基礎的本原修養，表現了儒學的詮釋態度。

然而《周易參同契考異》中的儒學色彩，還要從朱熹如何強化易學《參同契》間的連結看起。

第二節　以京房易與邵雍先天易學爲詮釋基調

朱熹作《周易參同契考異》是以周易爲基本的架構與調性，他的工作在於強化《參同契》與周易間的同通性，並且將託易以明煉丹術的《參同契》，轉爲求長生之外兼闡發易理的《周易參同契》，朱熹在《周易參同契考異》中說：

> 參，雜也，同，通也，契，合也，謂與周易理通而義合也，其書假借君臣以彰內外，敘其離坎，直指汞鉛，列以乾坤，奠量鼎器，明之父母，保以始終，合以夫妻，拘其交媾，譬諸男女，顯以滋生，析以陰陽，導之反復，示之晦朔，通以降騰，配以卦爻，形於變化，隨之斗柄，取以周星，分以晨昏，昭諸刻漏，莫不託易象而論之，故名周易參同契云。〔註34〕

這段文字是朱熹擷取彭曉《周易參同契分章通眞義·序》中一段參同契的釋義，並加以修改以後的作品，對照彭曉的原序，可以發現朱熹忽略了彭曉認爲託易象的原因，在於修丹與造化同途的部分，將其改爲參同契是參雜、同

〔註33〕《周易參同契考異》，頁 56。
〔註34〕《周易參同契考異》，《欽定四庫全書·周易參同契考異》，版本依據《周易參同契考異、周易參同契發揮、周易參同契分章註》，天津古籍出版社，1988年，頁 2。

通，並與周易契合的意思，又省去彭曉所提水火、五行和龍虎等煉丹基本概念，單以陰陽和易象來說「周易參同契」之所以定名，說明朱熹爲文之目的是欲以「周易」作爲詮釋與考異的基調。〔註35〕

在確認考異的基調之後，朱熹要面對的問題在於說明《周易參同契》如何闡發易理。《四庫全書》之《周易參同契考異》在序言之後附了這一段文字，朱熹說：

> 參同契本不爲明易，姑借此納甲之法，以寓其行持進退之候，異時每欲學之，而不得其傳，無下手處，不敢輕議，然其所言納甲之法，則今所傳京房占法，見於火珠林者是其遺法。所云甲乙丙丁庚辛者，乃以月之昏旦出沒言之，非以分六卦之方也，此雖非爲明易而設，然易中無所不有，苟其言自成一家，可推而通，則亦無害於易。伯陽參同契，恐希夷之學，有些自其源流，先天圖與納音相應，蔡季通言與參同契合，以圖觀之，坤復之間爲晦，震爲初三，一陽生，八日爲兌，月上弦，十五日爲乾，十八日爲巽，一陰生，二十三日爲艮，月下弦，坎離爲日月，故不用，參同以坎離爲藥，餘者以爲火候。邵子發明先天圖，圖傳自希夷，希夷又自有所傳，蓋方士技術，用以修煉，參同契所言是也。參同契文章極好，蓋後漢之能文者爲之，其用字皆根據古書，非今人所能解，以故皆爲人妄解。世間本子極多，其中有云，千周燦彬彬兮，萬遍將可睹，神明或告人兮，魂靈忽自悟。言誦之久，則文義要訣自見。須溪劉氏曰：古書惟參同契似先秦文。〔註36〕

〔註35〕 對比《周易參同契分章通眞義・序》：「……參同契者，謂修丹與天地造化同途，故托易象而論之，莫不假借君臣以彰內外，敘其離坎，直指承鉛，列以乾坤，莫量鼎器，明之父母，係以始終，合以夫婦，拘其交媾，譬諸男女，顯以滋生，析以陰陽，導之反復，示之晦朔，通以降騰，配以卦爻，形於變化，隨之斗柄，取以周星，分以晨昏，昭諸刻漏，故以乾坤爲鼎器，以陰陽爲隄防，以水火爲化機，以五行爲輔助，以眞鉛爲藥祖，以玄精爲丹基，以離坎爲夫妻，以天地爲父母，互施八卦，驅役四時，分三百八十四爻，循行火候，運五星二十八宿，環列鼎中，乃得水虎潛形，寄庚辛而西轉，火龍伏體，逐甲乙以東旋。……」（《正統道藏・周易參同契分章通眞義》，（明）張宇初、邵以正、張國祥編纂，台北市：新文豐，1985年，第三十四冊，頁258～1、258～2）

〔註36〕 《周易參同契考異》，《欽定四庫全書・周易參同契考異》，版本依據《周易參同契考異、周易參同契發揮、周易參同契分章註》，天津古籍出版社，1988年，頁5～6。

由這段文字可以知道，朱熹十分清楚《參同契》雖然多舉易卦，但其實是在託易卦之名來說明煉丹成仙之術，因此朱熹是站在這樣的基礎上，進行他所要作的「考異」工作。

這一段文字可以分為兩個部份來看，說明朱熹考異的兩項工作。第一個部分是朱熹以為《參同契》本不是為明易之作，所以才借用納甲之法來說明火候，但《參同契》中的納甲法雖由漢代京房易而來，畢竟不同於京房納甲，尤其是加入了月之昏旦的部分，將卦、五行與月的昏旦聯繫起來，朱伯崑稱之為月體納甲〔註37〕，朱熹認為這種作法雖然不是為了明易而作，但是《參同契》所表達的內涵亦是易之一道，本此朱熹將《參同契》與易，作了更深的連結，不但強化周易於《參同契》中的角色，並且也肯定《參同契》中對易的詮釋角度。

其次，朱熹提及邵雍先天圖，朱熹認為先天圖與納音相應，邵雍發明的先天圖傳自希夷，而希夷又可能自有所傳，透過蔡季通的看法，朱熹更強化了二者間的關連，朱熹將先天圖與《參同契》中的納甲比照之後，再透過二者對坎離二卦看法的同通處，指出坎離於八卦中的關鍵角色，朱熹實以邵雍的哲學觀點，重新詮釋《參同契》文本，這是朱熹第二個以「周易」為詮釋基調的工作〔註38〕。

一、《參同契》與京房易

朱熹使用京房易學來解釋《參同契》，主要在納甲和陰陽的概念。

1、引用京房納甲

從納甲部分來看，《參同契》中的納甲與京房納甲之相似處，主要是在於配合十干的部分。京房納甲有兩大特色，第一為以八卦配十干，第二為以十二月配十二支，在以八卦配十干的部分，京房將乾坤兩卦分為內外卦，乾卦的內卦納甲，外卦納壬，坤卦的內卦納乙，外卦納癸，其餘六卦：震為長男納庚，巽為長女納辛，艮為少男納丙，兌為少女納丁，坎離為中男中女，分

〔註37〕參見朱伯崑：《易學哲學史》，北京：華夏出版社，1995年。
〔註38〕參見欽偉剛：「實際上《參同契》並不是宋代『先天易學』的思想起源。因此，從『先天易學』的思想演變過程來看，與其說《參同契》是『先天易學』的思想起源，還不如說，是朱熹把建立在『卦變說』基礎上的『先天易說』導入到了《參同契》的思想解釋中去的。」（欽偉剛：《朱熹與《參同契》文本》，四川出版集團，巴蜀書社，2004年11月，頁53）

別納戊納己，各卦之六爻再配以十二支，將一年十二個月份分配於八卦六爻，此即爲京房之八卦納甲〔註39〕。

　　然而《參同契》的納甲非似京房以一年爲單位，而是以一月爲單位，是朱熹將二者關連起來，《參同契》：「春夏據內體，從子到辰巳。秋冬當外用，自午訖戌亥。」〔註40〕朱熹解釋爲：

　　　　春夏爲朝，秋冬爲莫，內體謂前卦，外用謂後卦，此亦六十卦之凡
　　　　例，後篇屯以子申，蒙用寅戌，乃以納甲之法盡發之，大率一日所
　　　　用，子午卯酉四時而已。〔註41〕

朱熹以春夏秋冬爲內外卦的區分，將京房以年爲單位的納甲，解釋爲以月日時爲單位的計算。至於六十卦如何安排，則是：「朔旦屯直事，至暮蒙當受，晝夜各一卦，用之如次序」（《參同契》）〔註42〕朱熹解爲：

　　　　此六十卦之凡例，一月而一周，蓋逐日用功時刻之早晚也。〔註43〕

關於這一段六十卦的說明，彭曉的註解中也有提到六十卦的部分，但未提納甲，可見以京房納甲來說明《參同契》是朱熹特出的意見。

2、以坎離作爲其餘六卦推演基礎

　　京房易是漢代易學的代表之一，根據朱伯崑的看法，京房關於八宮、納甲、五行和卦氣的看法「就筮法說，也是京房對《周易》占筮體例的理解。這四說都貫穿一基本思想，即陰陽說。京房易學，就對《周易》原理的理解說，發展了《易傳》中的陰陽說，鮮明地提出陰陽二氣說。」〔註44〕京房在《易傳》中也有這樣一段話：

　　　　乾坤震巽坎離艮兌，八卦相盪。二氣陽入陰，陰入陽，二氣交互不
　　　　停，故曰生生之謂易，天地之內無不通也。〔註45〕

〔註39〕參見朱伯崑：《易學哲學史》，北京：華夏出版社，1995年，頁135，八卦納
　　　　甲圖。
〔註40〕《周易參同契考異》，《欽定四庫全書・周易參同契考異》，版本依據《周易參
　　　　同契考異、周易參同契發揮、周易參同契分章註》，天津古籍出版社，1988
　　　　年，頁10。
〔註41〕《周易參同契考異》，頁10～11。
〔註42〕同上書，頁10。
〔註43〕同上書。
〔註44〕朱伯崑《易學哲學史・漢代的象數之學》，北京：華夏出版社，1995年，頁
　　　　144。
〔註45〕《范氏二十一種奇書・京氏易傳》卷下，明嘉靖范欽校刊本，頁4～2。

朱熹透過京房易學將本爲煉丹之術的《參同契》帶往「一陰一陽之謂易」的
詮釋角度，並放大了周易於《參同契》中的地位，朱熹更進一步的工作是以
「坎離」作爲其他六卦推演的基礎角色，取代彭曉以坎離作爲煉製龍虎丹藥
的陰陽角色，在《參同契》下面「坎離者，乾坤二用無爻位，周流行六虛，
往來既不定，上下亦無常，幽潛淪匿，升降於中，包囊萬物，爲道紀綱，以
無制有，器用者空，故推消息，坎離沒亡。」〔註46〕這段文字裡，彭曉和朱
熹都對坎離做出了說明，彭曉認爲：

> 坎離二用無爻位者，謂外施水火，運轉動靜無常，故周流六虛，往
> 來上下無常位也，或隱或顯，或用或潛，更爲變化之宗，互作生成
> 之母，故云爲道紀綱也，無者龍也，有者虎也，無者汞，陽之氣也。
> 有者鉛，陰之質也。鉛汞處空器之中，而未能自生變化，因坎離升
> 降推運四時，遂見生成。蓋用空器而以無制有也。古文龍虎經曰，
> 有無相制，朱雀炎空，故陰生陽退，陽起陰潛，一消一息，則坎離
> 隨時而沒亡也。〔註47〕

彭曉將乾坤坎離四卦視爲煉丹的基礎卦，乾坤作爲鼎爐，而坎離則指因水火
之陰陽變化，而龍虎則指汞鉛，以此煉製丹藥。而朱熹對於此段文字則再用
納甲說明坎離之無定位，朱熹說：

> 乾坤二卦六爻，九六各有定位，唯用九用六無定位，而六爻之九六，
> 即此九六之周流升降也，納甲之法，乾納甲壬，坤納乙癸，震納庚，
> 巽納辛，艮納丙，兌納丁，皆有定位，而坎納戊，離納已無定位，
> 蓋六卦之陰陽，即坎離中爻之周流升降也，故以此之無制彼之有，
> 知器有形而其用乃在其形之空處，蓋用老子所謂埏埴以爲器，當其
> 無有器之用之語也，消息謂自坤之息，歷震兌而極於乾，自乾而消，
> 歷巽艮而極於坤也，沒亡謂無位也，後章用九翩翩爲易宗祖一節，
> 亦是此意也。〔註48〕

在這一段說明中，完全沒有提到彭曉關於龍虎的看法，由附註中更可以發現

〔註46〕《周易參同契考異》，頁12。
〔註47〕《正統道藏·周易參同契分章通眞義》，第三十四冊，臺北市：新文豐，1985
年，頁262～1、262～2。
〔註48〕《周易參同契考異》，《欽定四庫全書·周易參同契考異》，版本依據《周易參
同契考異、周易參同契發揮、周易參同契分章註》，天津古籍出版社，1988
年，頁12～13。

朱熹想由他的考異，忽略其中與外丹煉藥之龍虎經比較接近的部分〔註49〕。
朱熹以納甲來說明坎離的無定位，是接受京房對坎離二卦的看法，京房在《易傳》也提到龍虎之分，他說：「龍德十一月在子在坎卦左行；虎刑五月午在離卦右行。」朱熹利用京房的看法，將彭曉註解中的龍虎轉入卦爻中陰陽之意，視坎離爲陽升陰起之卦，是其他六卦陰陽變化之基，所謂以無制有，正是指無定位的坎離二卦對其他有定位的六卦而言。

　　然而京房易並不能完全滿足朱熹詮釋的走向，透過京房易，朱熹將《參同契》帶往易學體系中天人關係的脈絡，但朱熹並非要從此進入陰陽災異之途的詮釋，因此他更多的使用邵雍先天易學來作爲他的詮釋基礎。

二、《參同契》與邵雍先天易學

　　邵雍與《參同契》的關連建立在「先天圖」上，除了前面提到蔡季通認爲先天圖與《參同契》合以外，朱熹認爲「此圖自陳希夷傳來，如穆李，想只收得，未必能曉。康節自思量出來，故墓誌云云。」〔註50〕所以希夷也是一個將二者連接起來的元素。

　　朱熹認爲先天圖、京房納甲與《參同契》說的都是一個道理：

　　　　曰：「一日有一日之運，一月有一月之運，一歲有一歲之運。大而天
　　　　地之終始，小而人物之生死，遠而古今之世變，皆不外乎此，只是
　　　　一箇盈虛消息之理。本是箇小底，變成大底；到那大處，又變成小
　　　　底。如納甲法，乾納甲壬，坤納乙癸，艮納丙，兌納丁，震納庚，

〔註49〕《四庫全書》在「乾坤二爻……亦是此意也」之後附：「附朱子曰，或問參同
　　　本是龍虎上經，果否？曰：不然。蓋是後人見伯陽傳有龍虎上經一句，遂僞
　　　作此經。大概皆是檃栝參同之語而爲之也。其間有說錯了處，如二用云者，
　　　用九用六，九六，亦坎離也。六盧者，即乾坤之初二三四五上六爻位也。言
　　　二用雖無爻位，而常周流乎乾坤六爻之間，猶人之精氣上下周流乎一身而無
　　　定所也。龍虎經卻錯說作盧危去，蓋討頭不見，牽合一字來說。」（《周易參
　　　同契考異》，頁14）
　　　又附：「附按彭氏以爲魏公得古文龍虎經而譔參同契，朱子以爲經乃後人僞
　　　作，今考參同契中有古文記龍虎之文，往往古有其文，如火記之類，特恐非
　　　今所傳者耳，鮑氏云，此乃三墳書狐首經之比，未可知也。附又按金碧古文
　　　龍虎上經，差簡於參同契，然其語次布置，與契不甚相遠而加整焉，末云火
　　　記不盧作，亦契中語也，然則火記又參同之所出歟。」，頁15～16。
〔註50〕《朱子語類》卷65（黎靖德編，王星賢點校，北京：中華書局，1986年3月。），
　　　頁1618。

巽納辛，離納己，坎納戊，亦是此。又如火珠林，若占一屯卦，則
初九是庚子，六二是庚寅，六三是庚辰，六四是戊午，九五是戊申，
上六是戊戌，亦是此。又如道家以坎離爲眞水火，爲六卦之主，而
六卦爲坎離之用。自月初三爲震，上弦爲兌，望日爲乾，望後爲巽，
下弦爲艮，晦爲坤，亦不外此。」又曰：「乾之一爻屬戊，坤之一爻
屬己。留戊就己，方成坎離。蓋乾坤是大父母，坎離是小父母。」
〔註51〕

朱熹接受邵雍元會運世的理論，日、月和年只是一個陰陽盈虛道理的變化，
納甲、火珠林和道家水火只是使用詞彙不同而已。所以先天圖若不以年來計
量，而以月來看，就可以說明《參同契》的納甲了，朱熹說：

先天圖，一日有一箇恁地道理，一月有一箇恁地道理，以至合元、
會、運、世，十二萬九千六百歲，亦只是這箇道理。且以月言之，
自坤而震，月之始生，初三日也；至兌，則月之上弦，初八日也；
至乾，則月之望，十五日也；至巽，則月之始虧，十八日也；至艮，
則月之下弦，二十三日也；至坤，則月之晦，三十日也。〔註52〕

由此，朱熹將京房易、《參同契》和邵雍易學三者整合起來，並以京房易和邵
雍易作爲詮釋《參同契》的基本架構。

1、引用乾坤坎離四正卦概念

對朱熹而言，邵雍先天易學更可以說明《參同契》六十卦的應用，對於
《參同契》：「乾坤者，易之門戶，眾卦之父母，坎離匡郭，運轂正軸」〔註53〕
這一段話，朱熹解釋爲：

乾坤位乎上下，而坎離升降於其間，所謂易也。先天之位，乾南坤
北，離東坎西是也，故其象如垣郭之形，其升降則如車軸之貫轂以
運輪，一下而一上也。轂，車輪之心，外實而持輻，內空以受軸者
也，軸，車下橫木，兩頭貫轂而受轄者也。〔註54〕

〔註51〕《朱子語類》卷65，頁1616。
〔註52〕《朱子語類》卷65（黎靖德編，王星賢點校，北京：中華書局，1986年3月。），
頁1618。
〔註53〕《周易參同契考異》，《欽定四庫全書‧周易參同契考異》，版本依據《周易參
同契考異、周易參同契發揮、周易參同契分章註》，天津古籍出版社，1988
年，頁6～7。
〔註54〕《周易參同契考異》，頁7～8。

朱熹以邵雍先天易中乾坤坎離四正卦〔註55〕來解釋這一段文字，根據〈百源學案〉所載的卦氣圖，乾坤坎離位於此圓圖的上下左右之中〔註56〕。朱熹對先天圖的描述如下：

> 先天圖更不可易。自復至乾為陽，自姤至坤為陰。以乾坤定上下之位次，坎離列左右之門為正。以象言之，天居上，地居下，艮為山，故居西北；兌為澤，故居東南；離為日，故居於東；坎為月，故居於西；震為雷，居東北；巽為風，居西南。〔註57〕

此圓圖上為乾下為坤，由乾坤兩掛分左右兩半圓，左邊由下而上，自復至乾為陽增多的歷程，右邊由上而下自姤至坤為陰增多的歷程，而坎離一右一左。根據此四正卦的主軸，朱熹解釋《參同契》「牝牡四卦以為橐籥」〔註58〕時，就將牝牡四卦解釋為震兌巽艮，朱熹說：

> 牝牡謂配合之四卦，震兌巽艮是也。橐，鞴囊，籥，其管也。蓋納甲之法，乾為望，坤為晦，而坎離升降於其間，震為生明，而兌為上弦，巽為生魄，而艮為下弦，如鼓鞴之有緩急也。
>
> 附朱子曰：邵子云：乾坤定上下之位，坎離列左右之門，參同契首卦位鋪排，都只一般。〔註59〕

朱熹以乾坤坎離為四正卦的邵雍先天易概念，解釋此處的牝牡四卦，改變彭曉以乾坤坎離為牝牡四卦的看法，轉以震兌巽艮為牝牡。但對於水火、日月、陰陽者，朱熹則是以坎離二卦說明。

〔註55〕邵雍：「四正者，乾、坤、坎、離也，觀其象無反復之變，所以為正也。」（《皇極經世觀物外篇衍義》卷五，邵雍撰，張行成編，《四庫全書》本）。欽偉剛：「朱熹把《參同契》經文所示的『乾坤坎離』四卦，與邵雍所述的『先天方位』（乾南、坤北、離東、坎西）相配，從『先天學』的角度，解釋了與前述『六十』等詞語相關的《考異》本經文。也就是說，朱熹從北宋象數易學中的『先天學』的思想角度，解釋了前述《參同契》開頭部分的經文。」（欽偉剛：《朱熹與《參同契》文本》，四川出版集團，巴蜀書社，2004 年 11 月，頁 53）

〔註56〕《宋元學案・百源學案》，北京：北京中華書局，2007 年，頁 396。

〔註57〕《朱子語類》卷 65，頁 1616。

〔註58〕《周易參同契考異》，《欽定四庫全書・周易參同契考異》，版本依據《周易參同契考異、周易參同契發揮、周易參同契分章註》，天津古籍出版社，1988 年，頁 8。

〔註59〕《周易參同契考異》，頁 8～9。

2、以坎離為易

朱熹以坎離二卦說明水火、日月、陰陽者，在下面這段文字中，《參同契》指坎為月，離為日：

> 言不苟造，論不虛生，引驗見，効校度神明，推類結字，原理為徵，坎戊月精，離己日光，日月為易，剛柔相當，土王四季，羅絡始終，青赤白黑，各居一方，皆稟中宮，戊己之功。〔註60〕

朱熹將這段文字解釋為：

> 此以造字之法，明坎月離日合之而為易也，蓋坎戊離己，皆居中宮土位，而四方四行，皆稟其氣。〔註61〕

朱熹將坎月離日解釋為易，朱熹在這裡完全忽略彭曉注文中金虎汞龍，以及講日月是為「修丹採日月之精華，合陰陽之靈氣」的緣故〔註62〕，而僅以造字之法〔註63〕，只取其日月，強調造字上日月為易的部分，將《參同契》完全導入易的範疇。

緊接著的下一段《參同契》也提到了易，《參同契》：「易者，象也，懸象著明，莫大乎日月，窮神以知化，陽往則陰來，輻湊而輪轉，出入更卷舒。」朱熹說明為：「此總明日月為易之意，下乃詳言其法，與一月之火候。」〔註64〕朱熹使得原本利用「易」來說明煉丹長生之術的《參同契》，變為其實是用日月火侯之煉丹術，來顯明陰陽易學的著作。

〔註60〕 《周易參同契考異》，《欽定四庫全書・周易參同契考異》，版本依據《周易參同契考異、周易參同契發揮、周易參同契分章註》，天津古籍出版社，1988年，頁16。

〔註61〕 《周易參同契考異》，頁16。

〔註62〕 彭曉：「聖人不苟造虛言，而惑後世，故引驗日月，推校神明，分擘剛柔，指陳金水，喻龍虎而取象，運陰陽而採精，以五土而終功，以四季而結裏，遂得青赤白黑，循環而皆稟戊己也，坎戊月精者，月陰也，戊陽也，乃陰中有陽象，水中生金虎也，離己日光者，日陽也，己陰也，乃陽中有陰象，火中生汞龍也，故修丹採日月之精華，合陰陽之靈氣，周星數滿，陰陽運終，盡歸功於土德，而神精備矣，推類結字者，蓋易字象日月也。」（《正統道藏・周易參同契分章通真義》，張宇初、邵以正、張國祥編纂，第三十四冊，臺北市：新文豐，1985年，頁262～2、262～3）

〔註63〕 參見《說文解字》易部：「易：蜥易，蝘蜓，守宮也。象形。《祕書》說：日月為易，象陰陽也。一曰從勿。凡易之屬皆從易。」

〔註64〕 《周易參同契考異》，《欽定四庫全書・周易參同契考異》，版本依據《周易參同契考異、周易參同契發揮、周易參同契分章註》，天津古籍出版社，1988年，頁16～17。

《四庫全書》所錄《周易參同契考異》之序附朱熹說：

> 逆意此書大要，在於坎離二字，若於此處得其綱領，則工夫之節度，
> 魏君所不言者，自可以意為之。〔註65〕

朱熹把《參同契》的煉丹術完全理解為修養工夫，而這種工夫論是以坎離作為綱領，而所謂的坎離，在朱熹的詮釋下，其實就是「一陰一陽之謂易」的易學道理，朱熹認為把握了這個綱領之後，修養工夫就能夠做了，甚至魏伯陽沒有說到的部分，也能自行意會來做工夫，再一次說明朱熹是以《周易》來作為詮釋《參同契》的綱要，也再一次指明「易」就是朱熹由內外丹推演而來的「涵養本源工夫」的綱領所在。

然而，此處的「工夫」與魏伯陽的長生之術有何關連呢？不可否認的，《參同契》本就是一本求長生，並且不論以外丹或內丹的角度，都是一本探究煉丹以成仙的書，倘若《周易參同契考異》是一本完整的詮釋著作，那麼朱熹自然必須要回應「涵養本原工夫」與「長生成仙」之間如何連接的問題，既然朱熹並沒有真正進入內外丹的修煉之法，不是主張以一個道教丹藥修煉者的角度來詮釋《參同契》，那麼作為一個詮釋者朱熹還是必須要提出另一套符應《參同契》文本的另一套說明。

因此，朱熹雖沿用京房易學與邵雍先天易學來解釋《參同契》，強化其中《周易》的部分，並以此作為詮釋基礎。然不論京房易學或邵雍先天易學，朱熹都將其推導致「一陰一陽之謂易」的意義上，並以陰陽的概念替代煉丹術的概念，以修養的觀點替代求仙的觀點。

第三節　以精氣之修養觀點替代煉丹求仙

對於道教外丹或內丹的修煉者而言，求得長生和成為神仙是最終的目的，由《周易參同契考異》，我們可以推知朱子對於煉丹求仙的看法，也可回應本章前述對朱子晚年慕好神仙之說的質疑。

一、對煉丹成神仙的揚棄

朱熹對於《參同契》裡關於神仙的討論，大致可以由朱熹對於「神德」、

「神明」、「鬼神」、「真人」和「仙」等概念的詮釋來推論,透過朱熹對這些概念的詮釋,可以看出朱熹並未趨向神仙度世之說,而僅僅由此發想延年益壽之道。

1、朱熹對神仙的看法

在《參同契》裡「神德」、「神明」、「鬼神」、「真人」和「仙」等概念中朱熹的解釋,可以推知朱熹對於神仙的看法。其中朱熹對於「神」的看法,僅是陰陽的神妙變化。

而在神德的部分,《參同契》上篇:「上德無為,不以察求,下德為之,其用不休,上閉則稱有,下閉則稱無,無者以奉上,上有神德居,此兩孔穴法,金氣亦相胥。」〔註66〕朱熹將神德解釋為「微妙」,朱熹說:

> 神德謂微妙處,龍虎經作上有青龍居金氣,即謂雄陽白虎也,大率陽既下,即陰自上矣,所謂孔穴者此也,鼎器歌云,陰在上,陽下奔,此亦至要之言。〔註67〕

這是朱熹對於「神」的基本觀點,即是由陰陽之神妙變化著眼,「神德」在這段脈絡中,對朱熹而言,就是青龍白虎之間的陰陽神妙變化而已。

但若是對比彭曉內丹煉丹術架構下,對「神德」和「神明」的說明,就可以發現朱熹是僅取其陰陽變化的意思,而捨棄當中不論是內丹或外丹式對「神」的詮釋途徑。在《參同契》上篇,有這樣一段話:「知白守黑,神明自來,白者金精,黑者水基,水者道樞,其散各一。」〔註68〕朱熹也是將「神明」解釋為神妙變化的「神德」,朱熹說:

> 白謂汞,黑謂鉛,金精言其生於鉛,水基能生水也,白黑各一,而水為道樞,所謂神德者也。〔註69〕

朱熹為了要將黑與白解釋為微妙的陰陽變化,將白說為汞,黑說為鉛,使得文中「白」與「黑」的關係變為龍虎之陽與陰的關係,但是就大大避過了本文裡白和黑是以顏色表示金和水,以水為五行之首,且由水可煉出金精的部

〔註66〕 《周易參同契考異》,《欽定四庫全書·周易參同契考異》,版本依據《周易參同契考異、周易參同契發揮、周易參同契分章註》,天津古籍出版社,1988年,頁26。
〔註67〕 同上書,頁27。
〔註68〕 《周易參同契考異》,頁27。
〔註69〕 同上書。

分。雖然彭曉的註解也是以金汞合稱，但彭曉卻是將金汞視爲運四時五行之氣來資奉要煉出仙丹的神胎〔註70〕，可見其差別。

對於「神明自來」的部分，彭曉也是由「神胎」來理解的，彭曉說：「白者金也，黑者水也，知金水之根，用爲藥基，則神精自生於器中，故云神明自來也。」〔註71〕所謂神德或神明在文本中都是不離煉丹的，但朱熹以陰陽變化巧妙的避開煉製神丹妙藥的說明，證明不論是道教的外丹法或是內丹法，朱熹考異《參同契》並不是眞的著重於煉丹來成仙。

另外，朱熹對於在煉丹術中主張另有「神明」存在，也是未表贊同的，《參同契》中有這樣一段話，說明可能有神明指導煉丹術：「惟斯之妙術兮，審諦不誑語，傳於億代後兮，昭然而可考，煥若星經漢兮，昺如水宗海，思之務令熟兮，反復眎上下，千周燦彬彬兮，萬遍將可睹，神明或告人兮，魂靈忽自悟，探端索其緒兮，必得其門戶，天道無適莫兮，常傳與賢者。」〔註72〕

這一段話是說這樣奇妙的煉丹術，傳給後人，是可以明白考據的，研讀的人要仔細思慮，讀了一萬遍之後，可能就能明白，也或許有神明來提點暗示，然後心靈就忽然了悟，「神明」在這裡特別是指有位格的存在者，朱熹將這一段解釋作：

> 言其書指著明，學者但能讀千周萬遍，則當自曉悟，如神明告之也，董遇云，讀書千遍，其義自見，又曰，思之思之，又重思之，思之不通，鬼神將教之，非鬼神之力也，精神之極也，非妄語也。〔註73〕

朱熹認爲讀書讀到千萬遍之後，突然曉悟，彷彿是有神明相告，但其實是自

〔註70〕 彭曉將「上德無爲」章解釋作：「上德者水在上也，下德者火在下也，水火既濟，乾坤之謂也，水在上，常靜兀爲而處陰，不以察求也，火在下，常動運轉，經歷十二辰，內其用不休也，上閞稱有內水也，下閞稱無外火也，無者以奉上，謂火運四時五行之氣，以資奉神胎，故云上有神德居，即神胎金汞也，此兩孔穴法，金氣亦相須者，謂水火陰陽二氣，雙閞相須，而成神藥，餘無別逕也，魏公述此一章，深明法象大綱，神藥指歸也。」（《正統道藏·周易參同契分章通眞義》，（明）張宇初、邵以正、張國祥編纂，第三十四冊，臺北市：新文豐，1985 年，頁 268～1）

〔註71〕 《正統道藏·周易參同契分章通眞義》，（明）張宇初、邵以正、張國祥編纂，第三十四冊，1985 年，臺北市：新文豐，頁 268～1。

〔註72〕 《周易參同契考異》，《欽定四庫全書·周易參同契考異》，版本依據《周易參同契考異、周易參同契發揮、周易參同契分章註》，天津古籍出版社，1988 年，頁 72。

〔註73〕 《周易參同契考異》，頁 72～73。

己精神用力所致，讀了許多遍，又反覆思想，自然就明白了，與鬼神的幫助無關，因此，在這個意義上朱熹也拒絕了《參同契》中有位格「神明」存在的部分。

朱子對於《參同契》中，內丹部分的還丹以成真人，和外丹部分的服食丹藥以成仙，皆只著重於文意上的注釋，未見朱子於真人和神仙多作發揮〔註74〕，朱子善盡注釋者的身份，肯定魏伯陽文本中具有神仙存在的看法〔註75〕，但是其自身對於道教所謂長生不死的仙人，終歸是不信的，朱子說：

> 人言仙人不死。不是不死，但只是漸漸銷融了，不覺耳。蓋他能煉其形氣，使渣滓都銷融了，唯有那些清虛之氣，故能升騰變化。漢書有云：「學神仙尸解銷化之術。」看得來也是好則聚，然久後亦須

〔註74〕在內丹部分，《參同契》說：「巨勝尚延年，還丹可入口，金性不敗朽，故為萬物寶，術士服食之，壽命得長久，土遊於四季，守界定規矩，金砂入五內，霧散若風雨，重蒸達四肢，顏色悅澤好，髮白更生黑，齒落出舊所，老翁復丁壯，耆嫗成姹女，改形免世厄，號之曰真人。」朱子只解作：「此言內丹而言……」（《周易參同契考異》，《欽定四庫全書·周易參同契考異》，版本依據《周易參同契考異、周易參同契發揮、周易參同契分章註》，天津古籍出版社，1988年，頁36）朱子只是指出此為煉內丹之術，並沒有對「真人」表示他自己的看法。在外丹的部分，《參同契》上篇：「欲作服食仙，宜以同類者，植禾當以粟，覆雞用其子，以類輔自然，物成易陶冶，魚目豈為珠，蓬蒿不成檟，類同者相從，事乖不成寶，是以燕雀不生鳳，狐兔不乳馬，水流不炎上，火動不潤下。」朱熹只解說煉外丹的原則在於類別，他說：「又以異類不能相成，反覆明之。」，僅指出其同類相成的意涵，因此我們可以推論朱熹對於煉製道教所謂的內丹或外丹以求成仙這一途，是沒有多大興趣的。

〔註75〕這一段《參同契》文字描述古時候的仙人著書教導人求仙之道，學者卻用錯方法，不得其門而入：「惟昔聖賢，懷玄抱真，服鍊九鼎，化跡隱淪，含精養神，通德三元，精液湊理，筋骨緻堅，眾邪辟除，正氣常存，累積長久，變形而仙，憂憫後生，好道之倫，隨傍風采，指畫古文，著為圖籍，開示後昆，露見枝條，隱藏本根，託號諸石，覆冒眾文，學者得之，韞櫝終身，子繼父業，孫踵祖先，傳世迷惑，竟無見聞，遂使宦者不遂，農夫失耘，商人棄貨，志士家貧，吾甚傷之，定錄斯文，字約易思，事省不煩，披列其條，實核可觀，分兩有數，因而相循，故為亂辭，孔竅其門，智者審思，以意參焉。」（《周易參同契考異》，頁65～66）這一段話是描述魏伯陽著書的原因，他講到古代煉丹的聖賢，經過了長時間的修煉後變形而成仙，因為顧念後生，作書來開示後學，但是因為「隱藏本根，託號諸石」所以許多人，甚至歷代家族都迷惑了，所以魏伯陽要來撰寫《參同契》，把原則原理說清楚。朱熹將這一段解釋為：「言昔之仙者著書示人，而不明言其事，託名諸石為身內陰陽之號，故學者多失其指，今著此書省約易曉，仍恐漏泄，故多謬亂之辭，而孔竅其門也，其下歌辭又撮一書大指云。」（《周易參同契考異》，頁66）

散了。且如秦漢間所説仙人，後來都不見了。國初説鍾離權呂洞賓

之屬，後來亦不見了。近來人又説劉高尚，過幾時也則休也。〔註76〕

由此可見，朱熹並不認爲眞有所謂長生不死的仙人，他以爲人們會認爲那些仙人長生不死的原因，是因爲那些仙人在世時修煉了形氣，煉出了能夠升騰變化的「清虛之氣」，而這種「清虛之氣」比較不易散去，人們就認爲那些仙人長生不死了，但事實上也只是較晚散去而已，時間久了還是都會散去的，所以古代所謂的仙人，如鍾離權和呂洞賓等，其實都已經不在世了。

　　所以筆者認爲朱熹晚年著《周易參同契考異》並不是眞的慕好神仙之道，以及想藉由道教煉丹之法，成爲不死的仙人，但是想藉由瞭解而思索找尋調養身體、延年益壽的方法，應是有的。

2、由神仙學思索延年益壽之法

　　朱熹由神仙學思索延年益壽之法，可由朱熹所作之《調息箴》加以證明，《調息箴》説：

　　　　鼻端有白，我其觀之。隨時隨處，容與倚移。

　　　　靜極而噓，如春沼魚；動極而翕，如百蟲蟄。

　　　　氤氳開闢，其妙無窮；孰其尸之，不宰之功。

　　　　雲臥天行，非予敢議；守一處和，千二百歲。〔註77〕

前面「鼻端有白...如百蟲蟄」的部分是在講道教「鼻端白」調息法，朱熹曾自述到：「病中不宜思慮，凡百可且一切放下，專以存心養氣爲務。但加趺靜坐，目視鼻端，注心臍腹之下，久自溫暖，即漸見功効矣。」〔註78〕鼻端白是一種簡單的靜坐調息法，使自己可以存心養氣，「春沼魚」和「百蟲蟄」是對動靜呼吸的描述，「氤氳……不宰之功」是講呼吸自然沒有主宰〔註79〕，「雲

〔註76〕《朱子語類》卷 125，黎靖德編，王星賢校點，北京：中華書局，1986 年 3
　　　　月，頁 3003。

〔註77〕《朱子大全》（臺北：臺灣中華書局《四部備要》本，1970 年 9 月），卷 85，
　　　　頁 6 上。

〔註78〕《朱子文集·卷 51·答黃子耕十》，（陳俊民校編，德富古籍叢刊，台北市德
　　　　富文教基金會出版，允晨文化總經銷，2000 年），頁 2367。

〔註79〕朱熹雖採用了道教「鼻端白」的調息法，但他的目的僅在於使自己的心安靜
　　　　下來，爲此他也曾推薦此法給他的學生，「胡問靜坐用工之法。曰：『靜坐只
　　　　是恁靜坐，不要閒勾當，不要閒思量，也無法。』問：『靜坐時思一事，則心
　　　　倚靠在事上；不思量，則心無所倚靠；如何？』曰：『不須得倚靠。若然，又
　　　　是道家數出入息，目視鼻端白一般。他亦是心無所寄寓，故要如此倚靠。若

臥……千二百歲」是朱熹表明他自己並沒有想要成仙的野心，但他想要「守一處和」來延年益壽〔註80〕。

而「守一」則與朱熹在《周易參同契考異》中對於精氣、魂魄的看法，是一致且緊密相觀的，所以在「求成仙」這個議題上，也發現朱熹由煉丹的途徑轉向了精氣修養的方式，並且以易學作爲基本理論，由「坎離」的陰陽意涵導向精氣關係。

二、精氣之涵養本原工夫

朱熹由坎離陰陽之易的角度出發，發展出精氣的修養論，運用坎離、精氣和魂魄之間的陰陽相應關係，將陰陽之易學道理變爲自身修養的基礎。

1、由坎離陰陽至精氣

首先，坎離與陰陽的關係，朱熹在論「二用無爻位」處說道：

> 言二用雖無爻位，而常周流乎乾坤六爻之間，猶人之精氣，上下周
> 流乎一身而無定所也。〔註81〕

朱熹以坎離爲無定位者，此處以坎離之無爻位而周流乾坤六爻，比喻人的精氣周流人身，沒有定所，朱熹在此將坎離與精氣作了巧妙的結合。

對朱熹而言，與坎離相對應的詞在《參同契》中還有水火、龍虎、鉛汞，都取其陰陽相對之義。朱熹將《參同契》「明者省厥旨」章〔註82〕註解爲：

不能斷得思量，又不如且恁地，也無害。』」（《朱子語類》卷120，黎靖德編，王星賢校點，北京：中華書局，1986年3月，頁2885）朱熹建議學生說要心靜端坐，不能心有倚靠，如果心有什麼倚靠的，就好像道教目視鼻端白的作法一樣，但假如心無法安靜，那麼用「鼻端白」的方法也沒什麼害處。

〔註80〕 參考 Ching, Julia（秦家懿）：《朱熹宗教思想》（*The Religious Thought of Chu His*），曹劍波譯，廈門大學出版社，2010年3月，頁211～213。

〔註81〕 《周易參同契考異》，《欽定四庫全書‧周易參同契考異》，版本依據《周易參同契考異、周易參同契發揮、周易參同契分章註》，天津古籍出版社，1988年，頁14。

〔註82〕 「明者省厥旨，曠然知所由，勤而行之，夙夜不休，服食三載，輕舉遠游，入火不焦，入水不濡，能存能亡，長樂無憂，道成德就，潛伏俟時，太乙乃召，移居中洲，功滿上昇，膺籙受圖，火記不虛作，演易以明之，偃月法鼎爐，白虎爲熬樞，汞日爲流珠，青龍與之俱，舉東以合西，魂魄自相拘，上弦兌數八，下弦亦如之。」（《周易參同契考異》，《欽定四庫全書‧周易參同契考異》，版本依據《周易參同契考異、周易參同契發揮、周易參同契分章註》，天津古籍出版社，1988年，頁31）

偃月，疑前下圓，後上缺，狀如偃月也，白虎，鉛也，火也，氣也，
西也，魄也，陽也。為熬樞，言下奔而致蒸潤上行也，汞日，精也，
青龍水也，東也，魂也，陰也。上弦，陽也，下弦，陰也。

附朱子曰：坎離水火龍虎鉛汞之屬，只是互換其名，其實只是精氣
二者而已，精，水也，坎也，龍也，汞也，氣，火也，離也，虎也，
鉛也，其法以神運精氣，結而為丹，陽氣在下，初成水，以火煉之，
則凝成丹，其說甚異。〔註83〕

由上面這段引文可以發現，朱熹將水火、龍虎、鉛汞都看做是坎離陰陽，也
就是都看做是精氣魂魄，因此朱熹就藉由陰陽之易理，將水火、龍虎、鉛汞
等煉丹元素，都轉化為精氣的修煉工夫了。

　　關於水火，朱熹更強調了五行數的部分，朱熹基於對《參同契》中陰陽
的關心，注意到《參同契》中的五行數與《尚書・洪範》中的五行生數是一
致的，其中五行的排列次序為水火木金土，《尚書・洪範》：「初一曰五行：一
曰水，二曰火，三曰木，四曰金，五曰土。」《參同契》關於五行數說道：

推演五行數，較約而不煩，舉水以激火，奄然滅光榮，
日月相激薄，常在晦朔間，水盛坎侵陽，火衰離晝昏，
陰陽相飲食，交感道自然，名者以定情，字者緣性言，
金來歸性初，乃得稱還丹。〔註84〕

五行數的推演就《參同契》的作者來說，是不繁雜的，要點在於舉水激火，
若以水澆灌在火上，突然之間，火就會暗下來，以此促成陰陽交感的關係，
朱熹將這段文字說明為：「此解上文還丹得名之義，因火滅而金復也。」〔註
85〕依照朱熹的看法，文中所謂的道當然是「丹」的意思，推演五行數是為了
說明水火陰陽如何相飲食、交感應以成丹〔註86〕。

〔註83〕《周易參同契考異》，頁32。
〔註84〕同上書，頁43。
〔註85〕《周易參同契考異》，《欽定四庫全書・周易參同契考異》，版本依據《周易參
　　　　同契考異、周易參同契發揮、周易參同契分章註》，天津古籍出版社，1988
　　　　年，頁43。
〔註86〕朱熹在解釋「朱鳥翱翔戲舞」段時說：「此復總言還丹之法，撮其精要，子午
　　　　謂乾坤，寅申謂坎離，升熬即所謂熬樞，伏蒸者白虎金，青龍水，朱雀火，
　　　　以金生水，水而滅火以成丹，其形如此，前所謂先液後凝，馬齒闌干是也，
　　　　嗷嗷聲正悲，亦前所謂晝夜聲正勤者，陰陽得配，淡泊相守，即所謂各守境
　　　　隅，各自獨居者，房，東方七宿之中，六，其度數也，昴七張二放此，二物

關於五行推演的關係,《參同契》說道:

> 子午數合三,戊己號稱五,三五既和諧,八石正綱紀,
> 嘘吸相貪欲,佇思爲夫婦,黃土金之父,流珠水之母,
> 水以土爲鬼,土塡水不起,朱雀爲火精,執平調勝負,
> 水勝火消滅,俱死歸厚土,三性既合會,本性共宗祖。〔註87〕

此段說明陰陽五行相生相剋的關係,彭曉有清楚的說明:

> 子水數一,午火數二,共合成三也,戊己土數五也,三五合成八,
> 此乃三五既和諧,八石正綱紀也,故得青龍呼白虎,白虎吸龍精,
> 呼吸相貪育,佇思爲夫婦也,黃土金之父,流珠水之母者,土能過
> 水銀,乃得不飛走。則四季尾火行土候是也,金全自朱雀火神調勻
> 勝負,水盛火滅,晦朔俱終,歸功土德也,三性既合會,本性共宗
> 祖,謂金火自一數,水氣中產出,蓋是先天地生元始氣中而能生五
> 行,非只以金水二味而已。〔註88〕

這是以十二支配合五行數,來講述當中的生剋關係,而朱熹則是認爲其對五行的描述,事實上還是在講水火二物,朱熹說:

> 子水一,午火二,數合三也,戊己土,其數五,三五合而爲八,八
> 石象也,然其實但水火二物,而以土爲主耳,土屬脾,脾主意,謂
> 以意使火下而水上,相呼吸也,金即火也,朱雀疑指心而言,又意
> 之主也,此火字與前章熬字意不同,別是一火也,執平謂執衡司夏
> 也,此書之意大抵爲以火烹水,以水滅火,亦如前章月受日光,反
> 歸其母之意也。〔註89〕

朱熹認爲五行數中,最重要的是水數一與火數二,土數最大爲五,五行推演的關係,重點在以火烹水、以水滅火,並且以土爲主,再以土屬脾,脾主意的關係,說明在人身上,水火的運作是以意爲主,火下水上的關係,而心又是意之主,朱熹將朱雀解釋爲心,有別於彭曉將「朱雀爲火精」解釋爲「金

謂陰陽,三五謂火金木,皆稟土氣也,并與一,詳其文意,與似當作爲,二所取甫,皆未詳其文義。」(《周易參同契考異》,頁70～71)

〔註87〕《周易參同契考異》,頁34。

〔註88〕《正統道藏・周易參同契分章通眞義》,(明)張宇初、邵以正、張國祥編纂,第三十四冊,臺北市:新文豐,1985年,頁271～2、272～1。

〔註89〕《周易參同契考異》,《欽定四庫全書・周易參同契考異》,版本依據《周易參同契考異、周易參同契發揮、周易參同契分章註》,天津古籍出版社,1988年,頁34～35。

全自朱雀火神調勻勝負」，而視心爲特別的一個火，與熬樞的火不同〔註90〕，也就是不是水火相對的火。此處有兩點值得注意，第一爲「火下水上」的關係，第二爲「以心爲火」。

在「火下水上」的互動關係上，朱熹另有一段關於陰陽的詮釋，《參同契》說：「陰在上，陽下奔」〔註91〕，朱熹解釋爲：「此兩句是要法」〔註92〕，事實上朱熹自己對於水火以及陰陽之上下關係的看法，主要是與魂魄相關的，這類的討論出現在朱熹對老子「載營魄」的討論裡。

2、以魂守魄的修養工夫

以魂守魄的修養工夫，源自朱熹由精氣概念導向了魂魄的概念，朱熹對以魂守魄的說明出現在對老子「載營魄」的解釋中，在《朱子語類》有下列這段文字：

> 「老子云：『載營魄。』是以魂守魄。蓋魂熱而魄冷，魂動而魄靜。能以魂守魄，則魂以所守而亦靜，魄以魂而有生意，魂之熱而生涼，魄之冷而生暖。惟二者不相離，故其陽不燥，其陰不滯，而得其和矣。不然，則魂愈動而魄愈靜，魂愈熱而魄愈冷。二者相離，則不得其和而死矣。」又云：「水一也，火二也。以魄載魂，以二守一，則水火固濟而不相離，所以能永年也。養生家說盡千言萬語，說龍說虎，說鉛說汞，說坎說離，其術止是如此而已。故云：『載魄抱魂，能勿離乎？專氣致柔，能如嬰兒乎？』」〔註93〕

上文中關於養生家的看法，明顯是與《參同契》相吻合的，只是加入了「以魄載魂」的看法，朱熹對於「載」字的解釋爲「加載」的意思，「載營魄」指的是魂加載於魄之上，關於「加載」的說明，又可見《朱子語類》這一段文字：「問：『生明生魄如何？』曰：『日爲魂，月爲魄。魄是黯處。魄死則明生，書所謂哉生明是也。老子所謂載營魄，載，如車載人之載。月受日之光，魂加於魄，魄載魂也。』」〔註94〕朱熹以日月來形容魂加於魄，魄載魂的關係，

〔註90〕 此處「熬」乃前章：「火記不虛作，演易以明之，偃月法鼎爐，白虎爲熬樞，汞日爲流珠，青龍與之俱，舉東以合西」。

〔註91〕 《周易參同契考異》，頁77。

〔註92〕 同上書，頁77。

〔註93〕 《朱子語類》卷八十七，（黎靖德編，王星賢校點，北京：中華書局，1986年3月。），頁2259。

〔註94〕 《朱子語類》卷七十九，頁2055。

是與道家思想相吻合的，但道家思想終究是以月體，也就是以魄爲主，以魂去守魄的看法是朱熹個人的推演。

朱熹以爲魂熱魄冷，魂動魄靜，關於朱熹對於魂魄上下關係的說明：

> 氣曰魂，體曰魄。高誘淮南子注曰：「魂者，陽之神；魄者。陰之神。」所謂神者，以其主乎形氣也。人所以生，精氣聚也。人只有許多氣，須有個盡時；（明作錄云：「醫家所謂陰陽不升降是也。」）盡則魂氣歸於天，形魄歸於地而死矣。人將死時，熱氣上出，所謂魂升也；下體漸冷，所謂魄降也。此所以有生必有死，有始必有終也。〔註95〕

就朱熹而言，魂與魄是動靜、熱涼火二與一水的對應關係，以動與火熱的一方去守靜冷的一方，則能使動靜冷暖調和到最恰當的程度，所謂「抱一無離」正是透過以魂守魄造就的，這段引文說：「張以道問載營魄與抱一能無離乎之義。曰：『魄是一，魂是二；一是水，二是火。二抱一，火守水；魂載魄，動守靜也。』」〔註96〕是更加清楚的說明。

朱熹認爲魂魄的關係必須是以魂去守魄，若是魂先散，那麼魄也會漸漸無法自存，因此修養之道需由此處著手。

朱熹認爲人之生是由於精氣聚，人生之時，精氣不分離，但人死之後，精氣就上下相離，屬於陽氣的魂就上升歸於天，而屬於陰氣的魄就下降歸於地，熱的魂漸散之後，魄就漸冷，而人死之後就不以精氣來稱未散盡的氣，而稱「遊魂」，朱熹說：「精氣爲物，遊魂爲變，便是生死底道理。」〔註97〕所以爲養生而求的魂魄關係或陰陽水火的關係，必定是魂下降魄上升的關係。

但朱熹由陽魂陰魄之動靜關係而來的相守關係，其實是朱熹對於易的思考延伸，所謂的「遊魂」，其實亦是本於《繫辭》：「原始反終，故知死生之說。精氣爲物，遊魂爲變，是故知鬼神之情狀。」京房的八宮卦次圖中，更有遊魂卦，動靜關係是根基於卦爻陰陽的變化消長，相守關係也是如此。

所以朱熹解釋老子「載營魄」也是以易爲基礎：

> 或曰「大率魄屬形體，魂屬精神。」曰：「精又是魄，神又是魂。」
> 又曰：「魄盛，則耳目聰明，能記憶，所以老人多目昏耳聵，記事不

〔註95〕《朱子語類》卷三（黎靖德編，王星賢校點，北京：中華書局，1986 年 3 月。），頁 37。

〔註96〕《朱子語類》卷一百二十五，頁 2995。

〔註97〕《朱子語類》卷三，頁 36。

得，便是魄衰而少也。今之道家，只是馳騖於外，安識所謂『載魄守一，能勿離乎』！康節云：『老子得易之體，孟子得易之用。』康節之學，意思微似莊老。」或曰：「老子以其不能發用否？」曰：「老子只是要收藏，不放散。」〔註98〕

在上文中，朱熹批評的「今之道家」應是就追求煉丹養生術之道教而言，依朱熹的看法，這類的養生術只是馳騖於外，不明白老子「載營魄」之以魂守魄的道理而已，朱熹還引用邵雍的看法，說明老子其實是得易之體，把握動靜陰陽的道理來講養生，但其實是朱熹以易或甚至是邵雍的觀點來說明老子道家思想並批評道教的煉丹養生術。

　　儘管朱熹在道教煉丹學上，有許多的研究和考察，但是終歸他還是以一個理學大師的風範，自始至終以一個儒者的態度，以《易》注解《參同契》，寫成《周易參同契考異》。

　　因此，朱熹注解《參同契》並非接受當中的神仙思想，也並非相信神仙度世之說，以及試圖煉丹以求成仙，而僅僅由當中的描述思索延年益壽的自身修養之道。由於朱熹以《易學》作爲詮釋基調，因此也由坎離作爲思考的重心，由陰陽的概念，發展到精氣以及魂魄，並且運用五行的理論，贊同以魂守魄的修養方式。

第四節　《周易參同契考異》道教神仙觀總結

　　本章由鬼神觀的研究，探討朱熹如何看待煉丹求仙，除回應諸多對朱子晚年考異魏伯陽《參同契》的揣測，也針對朱子是否於晚年慕好神仙之說作反省。

　　內容部分，本章分三個方面進行，在內外丹學方面，朱子多重在文本注釋，一些文意不清之處，也直言難以通曉，雖然朱子受宋朝內丹學說影響，較傾向由內丹學的角度來注解《參同契》文本，但朱子更多的是發揮以心作爲修養本原的重要性，與內丹的修煉之道仍有差異。

　　在易學的部分，朱子更是透過強化《周易》與《參同契》間的連結，將參、同、契三字，解釋爲參雜、同通、契合，表達《參同契》中之易學色彩與《參同契》相合，繼而再運用京房易學與邵雍先天易學，將原本只是用來

〔註98〕《朱子語類》卷八十七，頁 2259。

協助闡明煉丹求成仙方法的易學，轉變爲理解《參同契》文本的媒介，透過京房易學與邵雍先天易學理解下的《參同契》，重點已不在於煉丹以成仙，而是以易學陰陽概念爲基礎的自我修養工夫。

最後本章檢視朱子對道教神仙的看法，可知他其實是根本不認爲有長生不死的仙人的，在生死的看法上，朱子還是回歸氣聚則生、氣散則死的氣論主軸，認爲道教養生觀僅能提供延年益壽的方法而已。而此延年益壽之方，則在於自身精氣和水火的調養，說到底朱子還是根據《繫辭》：「精氣爲物，遊魂爲變。」的道理，設魂爲火、魄爲水，推行以魂去守魄的修養觀點，內丹學雖也講魂魄和水火，但以水爲主還是以火爲主，已顯出儒道有別，朱子最終還是以儒家立場詮釋道家經典。

因此筆者認爲《周易參同契考異》非爲慕好神仙之作，朱熹作《周易參同契考異》的目的，乃依朱子於〈跋〉中所訴，在於「寫成定本」，因此實具有教化的意涵。

第五章　神話傳說與民俗義鬼神
——以《楚辭集注》爲中心

　　在討論過朱熹考異的作品《周易參同契考異》之後，本章繼續探討與《周易參同契考異》同樣具有道教、長生與神仙關注的《楚辭集注》。

　　《楚辭集注》爲朱熹繼宋代洪興祖《楚辭補注》之後，對《楚辭》作全面注解的作品，內容多處對王逸及洪興祖的注解提出批評，然而朱熹的注釋較《楚辭補注》而言，最大的不同乃在於對民俗信仰的重視。

　　本章論述朱熹力圖恢復民俗信仰的原貌，將《楚辭集注》中原來屬於神話的部分，重新以神話視之，確認巫與所降之靈的區別，又還原比喻的用法，藉由比喻的原義，恢復神話和傳說原來的樣貌。關於事神與事君的部分，也透過重新強調事神的層面，回復原來因爲強調事君而被遺忘的事神面。

　　最後本章論述朱熹以理氣論回應民俗信仰以及神仙說，在民俗信仰上，朱熹以理氣論重新加以詮釋，作爲民俗信仰成立與否的判準，若不符合理氣論，便以虛妄稱之。而神仙說方面，朱熹則以理氣論區別神仙度世與修身長生二者，同樣以理氣論作爲成立與否的判準。神仙度世對朱熹而言，是無理而且不可期，所以朱熹不贊同神仙度世之說，而傳說中長生不老者，卻是能以魂魄修養解釋，所以朱熹認爲可能。

　　縱觀朱熹《楚辭集注》的注解方式，在於突出民俗信仰，恢復在其他注解本如洪興祖之注中省略的部分，以求在詮釋上更爲完整，再以理氣論給予合理的判斷與解釋。朱熹之注，重點不在鬼神或神仙是否存在，而在於正視民俗信仰，及如何能運用理學思想，使眾人對民俗義鬼神有合理的看待方式。

第一節　民俗義鬼神原貌之恢復

　　本節論述朱熹的注解採取與洪興祖不同的詮釋方式，不直接以比喻說明，而恢復當中轉折之處，以恢復民俗信仰中民俗義鬼神的原貌。此舉表現了朱熹忠於原典的註釋態度，以及顯示朱熹對於民俗義鬼神的重視。

一、恢復巫身所降之神靈的地位

　　《楚辭集注》中，恢復民俗義鬼神的第一個部分，在於朱熹指出「巫非神靈」，朱熹認為神靈降身於巫，是真有與巫不同之神靈，顯現於巫身之中，不能將神靈等同於巫，所以朱熹肯定神靈附身之說。

　　在「靈連蜷兮既留」（〈九歌・雲中君〉）這句話中，朱熹的注解區別了巫與所降之神靈，朱熹說：

> 靈，神所降也。楚人名巫為靈子。若曰神之子也。既留，則以其服飾潔清，故神悅之，而降依其身，流連之久也。漢樂歌言『靈安留』，亦指神而言也。〔註1〕

朱熹在巫師所降之「靈」的詮釋上，與同時代前期之洪興祖《楚辭補注》有不同的解釋，《楚辭補注》的解釋是：「靈，巫也。楚人名巫為靈子。連蜷，巫迎神導引貌也。」〔註2〕對照二人的解釋，我們可以發現在楚人名巫為靈子的部分，朱熹是同意《楚辭補注》看法的，可見朱熹和洪興祖都認為楚人有以巫師請神之風俗習慣，但是朱熹的解釋卻是刻意要劃分巫與神的兩個不同角色，認為神靈雖降身於巫，但是巫卻不能替代神靈所代表的意義，以及地位，在〈楚辭辯證〉中，朱熹補充說明到：

> 舊說以靈為巫，而不知其本以神之所降而得名。蓋靈者，神也，非巫也。若但巫也，則此云姣服，義猶可通。〔註3〕

因此，朱熹將「靈子」又解釋為「神之子」，神因為喜悅巫，所以降於巫身，神靈仍然是具有其崇高的地位。

　　在〈九歌・東皇太一〉：「靈偃蹇兮姣服，芳菲菲兮滿堂。五音紛兮繁

〔註1〕　朱熹：《楚辭集注》，蔣立甫校點，上海：上海古籍出版社，2001年12月出版，頁33。

〔註2〕　洪興祖：《楚辭補注》，頂淵文化事業有限公司，2005年初版，頁58。

〔註3〕　《楚辭集注・楚辭辯證》（朱熹《楚辭集注》，蔣立甫校點，上海：上海古籍出版社，2001年12月出版），頁180。

會，君欣欣兮樂康」這段話中，朱熹更強調了靈、巫二者的差別，朱熹的詮釋為：

> 靈，謂神降於巫之身者也。偓寒，美貌。姣，好也。服，飾也。古
> 者巫以降神，神降而託於巫，則見其貌之美而服之好，蓋身則巫心
> 則神也。……此言備樂以樂神，而願神之喜樂安寧也。〔註4〕

這段文字是以巫之舞表達對神的崇敬，願神得喜樂安寧。朱熹於注解中認同了巫師工作的有效性。巫師的確可以請神降臨，並且降於巫之靈也與巫不同。據此，朱熹恢復了民俗信仰中神靈降身於巫的面貌。

二、恢復比喻背後神話傳說意涵

除了巫靈的區別，朱熹特重恢復比喻背後神話傳說意涵，朱熹認為《楚辭補注》將文中鬼神的描述直接以君臣說明，並以善惡直解，是不盡安當的，應當在注解中保留其神話傳說的意涵。

在〈離騷〉的註解中，我們可以看到朱熹有別於《楚辭補注》的一段特別簡潔的解釋。對於〈離騷〉：「前望舒使先驅兮，後飛廉使奔屬。鸞皇為余先戒兮，雷師告余以未具。」這一句話，朱熹的注解是：

> 望舒，月御也。飛廉，風伯也。皇，雌鳳也。雷師，豐隆也。〔註5〕

若是對照《楚辭補注》就會發現朱熹的解釋是特別簡短的，因為朱熹完全略過《楚辭補注》中君臣、清白和仁智等比喻的說明，《楚辭補注》的描述是：「王：望舒，月御也。月體光明，以喻臣清白也。飛廉，風伯也。風為號令，以喻君命。鸞，俊鳥也。皇，雌鳳也。以喻仁智之士。」〔註6〕

在〈楚辭辯證〉中可以看出，朱熹如此注解的用意在於恢復原本神靈代表的意象，以還原文中以此意象欲表達的意涵，朱熹說：

> 望舒、飛廉、鸞鳳、雷師、飄風、雲霓，但言神靈為之擁護服役，
> 以見其仗衛威儀之盛耳，初無善惡之分也。舊注曲為之說，以月為
> 清白之臣，風為號令之象，鸞鳳為明智之士，而雷師獨以震驚百里
> 之故使為諸侯，皆無義理。至以飄風、雲霓為小人，則夫卷阿之言

〔註 4〕朱熹：《楚辭集注》，蔣立甫校點，上海：上海古籍出版社，2001 年 12 月出版，頁 32。

〔註 5〕同上書，頁 19。

〔註 6〕洪興祖：《楚辭補注》，頂淵文化事業有限公司，2005 年初版，頁 28。

「飄風自南」，孟子之言「民望湯武如雲霓」者，皆爲小人之象也耶？
〔註7〕

朱熹欲去除任何評價性比喻的詮釋法，以回復神話原本的樣貌。

對朱熹而言，神話本身具有獨特的角色與地位，是應當受到重視的。〈離騷〉中關於洛神的描述中，朱熹還原了宓妃作爲洛神的地位，將「求宓妃之所在」一句解釋爲：「豐隆，雷師。宓妃，伏犧氏女，溺洛水而死，遂爲河神。」〔註8〕而摒棄《楚辭補注》直接將宓妃化約爲隱士的詮釋方式：「王：宓妃，神女，以喻隱士。言我令雲師豐隆，乘雲周行，求隱士清潔若宓妃者，欲與幷心力也。」〔註9〕

然而朱熹排斥直接以比喻來理解文本的觀點，並不表示完全否定比喻的意涵，而在於朱熹認爲恢復神話的原義，或可更加豐富並且正確理解文本中作者所要表達的意義。所以作爲一個注解者的角度而言，朱熹旨在恢復被遺忘的轉折點，使爲文的原意更加清楚。

三、恢復事神到事君的轉折過程

事神與事君是《楚辭》注解上明顯的轉折處，朱熹在講述論《易》之本義需先回歸卜筮，才得明瞭聖人作《易》之本意時，曾以《楚辭》爲例，朱熹說：

> 易以卜筮用，道理便在裏面，但只未說到這處。如楚辭以神爲君，祀之者爲臣，以見其敬奉不可忘之義。固是說君臣，但假託事神而說。今也須與他說事神，然後及他事君之意。今解直去解作事君，也未爲不是；但須先爲他結了事神一重，方及那處，易便是如此。
> 今人心性褊急，更不待先說他本意，便將理來羈說了。〔註10〕

朱熹認爲在注解上不可忽略當中的轉折處，而應當恢復其中的轉折，才能將當中的理說得更爲明白。就這一點上來說朱熹注解《周易》與《楚辭》是一

〔註7〕 《楚辭集注・楚辭辯證》（朱熹：《楚辭集注》，蔣立甫校點，上海：上海古籍出版社，2001 年 12 月出版），頁 175。

〔註8〕 朱熹：《楚辭集注》，蔣立甫校點，上海：上海古籍出版社，2001 年 12 月出版，頁 20。

〔註9〕 洪興祖：《楚辭補注》，頂淵文化事業有限公司，2005 年初版，頁 31。

〔註10〕 《朱子語類》卷六十六（黎靖德編，王星賢校點，北京：中華書局，1986 年 3 月），頁 1635。

樣的方法，《周易》在明義理前需先講卜筮，《楚辭》在明君臣之道前，需先講鬼神。

　　所以朱熹不認同《楚辭補注》將神靈直指君臣，或者仁智之士、隱士等帶有評價性的比喻方式，但是這不表示朱熹完全否定洪興祖的詮釋，相反的，朱熹也同樣認同屈原文意中對於君臣關係的隱藏意涵〔註11〕，只是認爲鬼神部分不可省略。

　　因此《楚辭集注》相較於較早的《楚辭補注》，特出點主要在於朱熹的解釋方式爲先確立神靈獨特的角色，再由事神的角度出發，轉而說明文意中欲由事神表達的愛君態度。朱熹認爲這樣詮釋的方式，才更能體現文之本旨。朱熹在〈楚辭辯證〉中〈九歌〉部分說到：

> 楚俗祠祭之歌，今不可得而聞矣。然計其間，或以陰巫下陽神，或以陽主接陰鬼，則其辭之褻慢淫荒，當有不可道者。故屈原因而文之，以寄吾區區忠君愛國之意，比其類，則宜爲三頌之屬；而論其辭，則反爲國風再變之鄭衛矣。及徐而深味其意，則雖不得於君，而愛慕無己之心，於此爲尤切，是以君子猶有取焉。蓋以君臣之義而言，則其全篇皆以事神爲比，不雜它意。以事神之意而言，則其篇內又或自爲賦、爲比、爲興，而各有當也。然後之讀者，昧於全體之爲比，故其疏者以它求而不似，其密者又直致而太迫，又其甚則并其篇中文義之曲折而失之，皆無復當日吟咏情性之本旨。蓋諸篇之失，此爲尤甚，今不得而不正也。〔註12〕

朱熹認爲屈原是藉楚俗中鬼怪之事，寓忠君愛國之意於其內，所以從文章的形式來看就包含了兩個部分，一爲事神、一爲事君，若單取事君之意，則全篇中事神的部分，都只是比喻君臣之義，沒有其餘意涵，但若是從事神的角度來看，則細節之中，可能是比，也可能有賦或者興，可以更多樣的來詮釋文意，也更能找到當時吟咏情性的本旨。

〔註11〕　朱熹認爲屈原文字中表達了他忠君愛國之誠，和不能得到君王器重的不能自己之意。朱熹說：「竊嘗論之：原之爲人，其志行雖或過於中庸而不可以爲法，然皆出於忠君愛國之誠心。原之爲書，其辭雖或流於跌宕怪神、怨懟激發而不可以爲訓，然皆出於繾綣惻怛、不能自己之至意。」（朱熹：《楚辭集注》，蔣立甫校點，上海：上海古籍出版社，2001 年 12 月出版，頁 2）

〔註12〕　《楚辭集注·楚辭辯證》（朱熹：《楚辭集注》，蔣立甫校點，上海：上海古籍出版社，2001 年 12 月出版），頁 179～180。

　　因此朱熹是由事神之意著手，繼而探究其中事君之意，而朱熹認爲這也正是屈原撰文之由，朱熹說：

> 《九歌》者，屈原之所作也。昔處國南郢之邑，沅、湘之間，其俗信鬼而好祀，其祀必使巫覡作樂，歌舞以娛神。蠻荊陋俗，詞既鄙俚，而其陰陽人鬼之間，又或不能無褻慢淫荒之雜。原既放逐，見而感之，故頗爲更定其詞，去其泰甚，而又因彼事神之心，以寄吾忠君愛國眷戀不忘之意。〔註13〕

因此朱熹採取的方式，就是回到屈原撰文的初衷，一步步探討事神之意下的事君之意如何成就。

　　朱熹贊同事神爲事君的比喻可由兩方面來看：

1、事神之禮表盡忠之意

　　事神可分爲兩個方面來看，首先是事神之禮，在楚俗中有許多歌舞祭祀之禮，《楚辭補注》對此說明爲：「《九歌》者，屈原之所作也。昔楚國南郢之邑，沅、湘之間，其俗信鬼而好祠。其祠，必作歌樂鼓舞以樂諸神。」〔註14〕朱熹對〈九歌・東皇太一〉中「撫長劍兮玉珥，璆鏘鳴兮琳瑯」一句，加入《孔子世家》和《玉藻》的解釋說：「《孔子世家》云：『環配玉聲璆然。』《玉藻》云：『古之君子必佩玉，進則揖之，退則揚之，然後玉鏘鳴也。』琳瑯，美玉名，謂佩玉也。此言主祭者卜日齋戒，帶劍佩玉，以禮神也。」〔註15〕

　　整篇〈九歌・東皇太一〉皆在說明如何盡禮事神以樂神，然朱熹卻解釋爲：「此篇言其竭誠盡禮以事神，而願神之欣說安寧，以寄人臣盡忠竭力、愛君無己之意，所謂全篇之比也。」〔註16〕朱熹將事神之禮的愼重視爲人臣對君主盡忠竭力的比喻。

　　朱熹又認爲求神不答爲事君不合的比喻。對〈九歌・湘君〉：「采薜荔兮水中，搴芙蓉兮木末」這一句，朱熹解釋爲：「蓋此篇本以求神而不答，比事

〔註13〕　朱熹：《楚辭集注》，蔣立甫校點，上海：上海古籍出版社，2001年12月出版，頁31。

〔註14〕　洪興祖：《楚辭補注》，頂淵文化事業有限公司，2005年初版，頁55。

〔註15〕　朱熹：《楚辭集注》，蔣立甫校點，上海：上海古籍出版社，2001年12月出版，頁31～32。

〔註16〕　同上書，頁33。

君之不偶。」〔註17〕，但即便事君不合，人臣仍然要秉持事神之禮的盡忠竭力，不能忘記對國君的忠誠，朱熹指〈九歌〉說：「此卷諸篇，皆以事神不答而不能忘其敬愛，比事君不合而不能忘其忠赤，尤足見其懇切之意。舊說失之，今悉更定。」〔註18〕

2、愛神表愛君

事神之意另一方面可以由對神靈的愛慕來看，朱熹在〈九歌・少司命〉：「孔蓋兮翠旌，登九天兮撫彗星。竦長劍兮擁幼艾，蓀獨宜兮為民正」處，解釋作：「此蓋更為眾人之詞，以贊神之美，言其威靈氣燄赫奕，又能誅除凶穢，擁護良善，而宜為民之所取正也。」〔註19〕神對於眾人而言，具有極其崇高而且美好的地位，若是神經巫身而降，流連人間，人更有一種愛慕不捨之情，朱熹對〈九歌・雲中君〉說到：「此篇言神既降而久留，與人親接，故既去而思之不能忘也，足以見臣子慕君之深意矣。」〔註20〕

這段說明的前半段是說人對於神的思慕以及不能忘懷之情，最後一句卻直接轉入臣子之慕君，這是朱熹在事神愛慕的這層意義上，由事神轉入事君的作法，將原來慕神之意，轉為慕君之意。整篇〈九歌〉除了〈九歌・山鬼〉、〈九歌・國殤〉和〈九歌・禮魂〉，對朱熹而言，既是慕神之語，也是愛君之意，朱熹在〈九歌・山鬼〉的篇目中說：「以上諸篇，皆為人慕神之詞，以見臣愛君之意。此篇鬼陰而賤，不可比君，故以人況君，鬼喻己，而為鬼媚人之語也。」〔註21〕然而若就「鬼媚人」來看，〈九歌・山鬼〉亦是臣慕君之語。因此朱熹贊同洪興祖的解釋，只是刻意恢復當中的轉折。

因此，由「巫身降靈」、「神話比喻」以及「事神事君」三個層面來看，朱熹的注解方式，確有別於洪興祖在《楚辭補注》中的使用，但朱熹並非反對洪興祖所指出的比喻，而是旨在恢復當中的轉折，使得詮釋更為完整與清晰。另外，筆者以為，這當中也蘊含了使人們正視民俗義鬼神的含義。

〔註17〕朱熹：《楚辭集注》，蔣立甫校點，上海：上海古籍出版社，2001年12月出版，頁35。
〔註18〕同上書，頁31。
〔註19〕同上書，頁41。
〔註20〕同上書，頁34。
〔註21〕同上書，頁44。

第二節　神話傳說與民俗義鬼神問題的理氣論回應

　　理氣論是朱熹哲學思想的核心，面對民俗義鬼神問題，朱熹依然以理氣論作為基礎。朱熹以理氣作為神話傳說與民俗義鬼神是否存在，以及是否為荒誕的判準。凡能以理氣論解釋者，為可能存在之鬼神，而不能以理氣論解釋、蓋括者，則為荒誕妄言，此為朱熹對神話傳說與民俗義鬼神解釋的基本態度。朱熹對神話和民俗義鬼神解釋的範圍極廣，本節列舉當中重要部分，以釐清朱熹如何以理氣觀點回應神話傳說與民俗義鬼神問題。

　　朱熹對神話傳說和民俗義鬼神的解釋，主要包含三種方式，第一種是以理氣科學觀點為主，一旦已有科學根據者，或已能使用理氣論作完整說明者，就成為一個固定的理性說法，神話或民俗義鬼神的存在必須符合這套標準，若不符合，則為荒誕虛妄，這樣的型態在〈天問〉篇中最多，朱熹在〈天問〉中以理氣論，以及當時候的科學觀點，如引用沈括的看法，對天地陰陽、日月星辰作出說明。

　　第二種是以常識或理性思考作為判準，神話傳說和民俗義鬼神中，乍聽之下太過誇張，不符合常識者，朱熹視其為荒誕虛妄。

　　第三種是神話傳說和民俗義鬼神中，不直接違反科學、理氣論和常識者，朱熹便以或有「理之變」加以回應，表示有可能存在。

　　為了討論上的便利，本節將第一種方式定為科學觀點，第二種方式定為常識觀點，而第三種方式則為理之變的包容觀點。

一、科學觀點

　　在科學觀點中，朱熹以理氣論和當時的科學理論，作為神話傳說與民俗義鬼神是否存在的唯一判斷標準，科學觀點涉及的面向主要在自然界，包括天地陰陽與日月星辰方面。

1、天地陰陽

　　首先就天地陰陽方面，朱熹回應天地形就的話是：「開闢之初，其事雖不可知，其理則具於吾心，固可反求而默識，非如傳記雜書謬妄之說，必誕者而後傳，如柳子之所譏也。」〔註22〕朱熹認為天地的生成，並不如傳記雜書

〔註22〕朱熹解釋〈天問〉篇：「遂古之初，誰傳道之？上下未形，何由考之？冥昭瞢闇，誰能極之？馮翼惟像，何以識之？」之四問。（《楚辭集注》，蔣立甫校點，上海：上海古籍出版社，2001 年 12 月出版，頁 50。）

中以特定對象而誕的看法，而是先有理，並且所有的生成變化都是氣的作用，朱熹說：「天地之化，陰陽而已。一動一靜，一晦一明，一往一來，一寒一暑，皆陰陽之所爲，而非有爲之者也。」〔註 23〕天地的形成是氣的運轉，並沒有一個特定對象在當中作爲。朱熹對於天地如何形成更多的說明如下：

> 但天之形圓如彈丸，朝夜運轉，其南北兩端後高前下，乃其樞軸不動之處。其運轉者亦無形質，但如勁風之旋。當畫則自左旋而向右，向夕則自前降而歸後，當夜則自右轉而復左，將旦則自後升而趨前，旋轉無窮，升降不息，是爲天體，而實非有體也。地則氣之查滓聚成形質者，但以其束於勁風旋轉之中，故得以兀然浮空，甚久而不墜耳。黃帝問於岐伯曰：「地有憑乎？」岐伯曰：「大氣舉之。」亦謂此也。其曰九重，則自地之外，氣之旋轉益遠益大，益清益剛。究陽之數而至於九，則極清極剛，而無復有涯矣。豈有營度造作之者，先以幹維繫於一處，而後以軸加之，以柱承之，而後天地乃定位哉？且曰其氣無涯，則其邊際放屬，隔隈多少，固無得而言者，亦不待辨說而可知其妄矣。〔註 24〕

在《性理大全》中我們也可以找到朱熹相關的說明：

> 天地初間只是陰陽之氣，這一箇氣運行，磨來磨去，磨得急了，便拶許多查滓，裡面無處出，便結成箇地在中央，氣之清者便爲天，爲日月，爲星辰，只在外常周環運轉，地便只在中央不動，不是在下。天運不息，畫夜輥轉，故地榷在中間，使天有一息之停，則地須陷下，惟天運轉之急，故凝結得許多查滓在中間，地者，氣之渣滓也，所以道輕清者爲天，重濁者爲地。〔註 25〕

朱熹認爲自然界的產生，就是一個陰陽之氣的運行與磨動，在萬物未產生以前，只是這一個氣存在，是混沌未分的時候，磨得久了、磨得急了，就生出了渣滓，有了氣的清濁之分，由於這運行與磨動是周遊環行，所以那磨出的清氣與濁氣之分是內外的差別，清氣在外圍、濁氣在內中，氣之清者是天，有日月星辰，氣之濁者是地，當天運轉越急，就越結得許多查滓在中間的地，

〔註 23〕朱熹解釋〈天問〉篇：「明明闇闇，惟時何爲？陰陽三合，何本何化？」（《楚辭集注》，蔣立甫校點，上海：上海古籍出版社，2001 年 12 月出版，頁 50。）

〔註 24〕同上書，頁 51。）

〔註 25〕《性理大全》，胡廣等纂修，濟南市：山東友誼書社，1911 年，頁 1783。相似段落可見《朱子語類》卷一。

又因為人是站在地上，抬頭望天，所以這也是上下的差別，地是由上往下陷下的。

根據天地形成的理由，宇宙的整體構造，應有許多內外的層次，天地構成的空間，只是其中一個而已，所以有「六合」的說法，而曆家算氣，能夠知道的也僅是在日月星辰以內的區塊而已，朱熹說：「日從東畔升，西畔沈，明日又從東畔升，這上面許多，下面亦許多，豈不是六合之內，曆家算氣，只算得到日月星辰運行處，上去更算不得，安得是無內外。」〔註26〕

而這樣氣的運行與磨動是永恆不朽壞的，但是天地之間的人物都消失，由混沌狀態重新再有一個新天地空間是有可能的，關於此的一段對話是：「又問天地會壞否，曰：不會壞，只是相將人無道極了，便一齊打合混沌一番人物都盡，又重新起，又問生第一箇人時如何，曰：以氣化，二五之精，合而成形。」〔註27〕

由此可知，天地雖然不會壞，但是當人無道極了，也就是道德敗壞到了至極的地步時，人物就都會毀滅，然後天地又回到混沌的狀態，重新以運行和磨動來生出萬物，「人」也會在全部滅亡之後，再重新誕生，第一個人的出生是由氣化，根據陰陽二氣以及五行變化合成的，在再次進入混沌狀態之後，第一個人也會同樣以同樣的方式生出。所以在朱熹宇宙、天地以及人類物類的始原理論中，人與天地間有著微妙的互動，因著人道德的好與壞，各種物類與天地的存在樣貌也跟著牽動與改變。

2、日月星辰

其次在日月星辰方面，也是隨天地運轉的，朱熹說：

> 日月五星亦隨天以繞地，而唯日之行，一日一周，無餘無欠，其餘則各有遲速之差焉。然其懸也，固非綴屬而居；其運也，亦非推挽而行。但當其氣之盛處，精神光耀，自然發越，而又各有次第耳。
> 〔註28〕

〔註26〕《性理大全》，胡廣等纂修，濟南市：山東友誼書社，1911年，頁1789。相似段落可見《朱子語類》卷一。

〔註27〕同上書。

〔註28〕這段引文是朱熹解釋〈天問〉中：「天何所沓？十二焉分？日月安屬？列星安陳？」（《楚辭集注》，蔣立甫校點，上海：上海古籍出版社，2001年12月出版，頁52。）

朱熹對日月的升降也作出了說明，朱熹說：

> 日月出水乃昇於天，及其西下又入於水，故其出入似有處所，而所
> 行里數，曆家以爲周天赤道一百七萬四千里。日一晝夜而一周，春
> 秋二分，晝夜各行其半，而夏長冬短，一進一退，又各以其什之一
> 焉。〔註29〕

朱熹運用當時的天文觀念，駁斥了傳說中日月有其處所的說法。

對於月的朔望，朱熹更是耗力許多來回應「夜光何德，死則又育？厥利
維何，而顧菟在腹？」（〈天問〉），朱熹說：

> 曆家舊說，月朔則去日漸遠，故魄死而明生。既望則去日漸近，故
> 魄生而明死。至晦而朔，則又遠日而明復生，所謂死而復育也。此
> 說誤矣，若果如此，則未望之前，西近東遠，而始生之明，當在月
> 東；既望之後，東近西遠，而未死之明，卻在月西矣。安得未望載
> 魄於西，既望終魄於東，而遡日以爲明乎？故唯近世沈括之說乃爲
> 得之，蓋括之言曰：「月本無光，猶一銀丸，日耀乃光耳。光之初生，
> 日在其傍，故光側而所見纔如鈎；日漸遠則斜照而光稍滿。大抵如
> 一彈丸，以粉塗其半，側視之則粉處如鈎，對視之則正圓也。」近
> 歲王普又申其說曰：「月生明之夕，但見其一鈎，至日月相望，而人
> 處其中，方得見其全明。必有神人能凌倒景，旁日月而往參其間，
> 則雖弦晦之時，亦得見其全明，而與望夕無異耳。」以此觀之，則
> 知月光常滿，但自人所立處視之，有偏有正，故見其光有盈有虧，
> 非既死而復生也。若顧菟在腹之問，則世俗桂樹蛙兔之傳，其惑久
> 矣。或者以爲日月在天，如兩鏡相照，而地居其中，四旁皆空水也。
> 故月中微黑之處，乃鏡中大地之影，略有形似，而非眞有是物也。
> 斯言有理，足破千古之疑矣。〔註30〕

《性理大全》中有相關的段落也可作爲此處補充，首先在陰陽的界分上面，
朱熹沿用邵康節的說法，朱熹說：「邵康節謂日太陽也，月太陰也，星，少陽

〔註29〕 這段引文是朱熹解釋〈天問〉：「出自湯谷，次于蒙汜。自明及晦，所行幾里？」
（《楚辭集注》，蔣立甫校點，上海：上海古籍出版社，2001 年 12 月出版，頁
52。）

〔註30〕 朱熹：《楚辭集注》，蔣立甫校點，上海：上海古籍出版社，2001 年 12 月出版，
頁 52～53。

也，辰，少陰也」﹝註 31﹞用太陽、太陰、少陽和少陰界定日月星辰的陰陽區分。在日月方面，朱熹有這樣的說明：

> 問日月陰陽之精氣，所謂終古不易與光景常新者，其判別如何？非以今日已映之光，復爲來日將升之光，固可略見大化無息，而不資於已散之氣也。然竊嘗觀之，日月虧蝕，隨所蝕分數則光沒而魄存，是魄常在而光有聚散也，所謂魄者，在天豈有形質耶？或乃氣之所聚而所謂終古不易者邪？曰：日月之說，沈存中筆談中說得好，日蝕時亦非光散，但，爲物掩耳，若論其實，須以終古不易者爲體，但其光氣常新耳，然亦非但一日一箇，蓋頃刻不停也。﹝註 32﹞

這裡仍然是以氣作爲說明的元素，日月是氣之清者，這邊說是陰陽之精氣，因此就有氣聚或散的問題，所以日月的光是經久不散、終古不易的呢？還是光景常新替換不止呢？朱熹的答案顯然是二者皆非，因爲今日的光不是昨日的光，大化不停息，已散的氣是不會再聚的，但即便是日蝕，也不是日光散去，而是被另一物體擋住而已，所以光不能用聚散來形容，常在的日月隨天運行，頃刻不停，所以只是光氣常更新而已。這是以氣的聚散作爲詮釋的根據。

日月星辰中，朱熹以日光爲主要光源，月亮以及諸星辰的光，都是受日光而來，星又區分爲經星和緯星，朱熹說：

> 緯星是陰中之陽，經星是陽中之陰，蓋五星皆是地上木火土金水之氣上結而成，卻受日光，經星卻是陽氣之餘凝結者，疑得也受日光，但經星則閃爍開闔，其光不定。緯星則不然，縱有芒角，其本體之光亦自不動，細視之可見。水星貼著日行，故半月日見。天道左旋，日月星並左旋。星不是貼天。天是陰陽之氣在上面，下人看見星隨天去耳。﹝註 33﹞

經星和緯星都是氣凝結而成，光來自日光，經星的光閃爍開闔，較爲不定，而緯星的光，雖然有芒角，卻是較爲明確可判，朱熹稱天體運行爲天道，運行方向爲左旋，日月星也都是左旋，但日月星辰並不等同於天，天是在日月

﹝註 31﹞《性理大全》，胡廣等纂修，濟南市：山東友誼書社，1911 年，頁 1829～1830。

﹝註 32﹞《性理大全》，頁 1835。

﹝註 33﹞《性理大全》，胡廣等纂修，濟南市：山東友誼書社，1911 年，頁 1841。相似段落見《朱子語類》卷二。

星之上的陰陽之氣，只是人由地往天上看，就看得日月星隨著天轉，彷彿貼著天一般。星辰雖然有受光之體，但卻是無形質的，有一段對話說：「問：星辰有形質否？曰：無，只是氣之精英凝聚者。或云：如燈花否？曰：然。」〔註34〕星辰只是氣之菁英的凝聚。

　　朱熹將宇宙間的存在區分爲天地以內的世界，以及天地以外的、知識未可及的存在，在天地以內的世界，日月星辰都是曆算可及的，日月星辰及其以下的人物存在界都是可以氣之聚散說明的地方。

二、常識觀點

　　朱熹以當時的科學觀點，回應古代傳說，將神話傳說多視爲怪妄，其中無法直接以科學觀點回應者，朱熹也輔助常識的判斷。

　　在〈天問〉篇「啓棘賓商，〈九辯〉、〈九歌〉。何勤子屠母，而死分竟地？」一句，朱熹的解釋即爲以常識觀點作爲判準的例子：

> 蓋其意本謂啓夢上賓於天，而得帝樂以歸，如《列子》、《史記》所言周穆王、秦穆公、趙簡子夢之帝所，而聞鈞天廣樂、九奏萬舞之類耳。屠母，疑亦謂《淮南》所說禹治水時，自化爲熊以通轘轅之道，塗山氏見之而慙，遂化爲石，時方孕啓。禹曰：「歸我子！」於是石破北方而啓生。其石在嵩山，見《漢書》注。竟地，即化石也。此皆怪妄不足論，但恐文義當如此耳。〔註35〕

在這段引文當中，朱熹將此等看似荒謬、無法以常識理解的傳說斥爲怪妄不足論者。

三、理之變的包容觀點

　　朱熹對於不直接違反理氣科學與常識的神話傳說和民俗義鬼神，給予「理之變」和「或有是也」的說明。

　　在〈天問〉篇中「女歧無合，夫焉取九子？伯強何處，惠氣安在？」一句，朱熹就使用了這樣的說明，關於女歧和伯強的傳說，朱熹說：

> 女歧，神女，無夫而生九子。伯強，大厲疫鬼也，所至傷人。惠，

〔註34〕《性理大全》，頁 1841～1842。相似段落見《朱子語類》卷二。
〔註35〕朱熹：《楚辭集注》，蔣立甫校點，上海：上海古籍出版社，2001 年 12 月出版，頁 59。

順也。惠氣，謂和氣也。此章所問三事，今答之曰：天下之理，一
而已，而有常變之不同；天下之氣，亦一而已，而有逆順之或異。
夫乾道成男，坤道成女，凝體於造化之初，二氣交感，化生萬物，
流形於造化之後者，理之常也。若姜嫄、簡狄之生稷、契，則又不
可以先後言矣，此理之變也。女歧之事，無所經見，無以考其實，
然以理之變而觀之，則恐其或有是也。但此篇下文復有女歧易首之
問，則又未知其果如何耳？釋氏書有「九子母」之說，疑即謂此，
然益荒無所考矣。惠者，氣之順也；癘者，氣之逆也。以其強暴傷
人，故爲之名字以著其惡耳，初非實有是人也。氣之流形，充塞宇
宙，其爲順逆，有以天時水土之所值，有以人事物情之所感，萬變
不同，亦未嘗有定在也。〔註36〕

這段引文說明女歧無夫而生九子的傳說，類似於姜嫄履神足跡而生稷，以及
簡狄吞玄鳥之卵以生契的神話，所以朱熹認爲此等生子的神話，不能貿然非
之，因爲天下的理雖然只有一個，但是仍有常變之分，若皆以常理觀之，則
不能明白理之變，況且女歧之事，無法考證，以理之變來容許其發生的可能
性，應該是較爲恰當的處理方式。

　　至於某些較爲複雜的對象，如自然現象，朱熹則採取科學、常識和理之
變三種綜合的態度來說明，此點可由《性理大全》及《朱子語類》的相關段
落加以補充。

四、三種觀點的綜合性說明

　　我們若參考朱熹對其他自然現象，包括「雷風雨雪雹霜露」諸方面，就
可以發現朱熹對於自然現象的說明，就不只是氣的聚散而已，除了陰陽消長
之外，還存留些許民俗義的部分，這是朱熹以科學、常識和理之變綜合性說
明的例子。

1、雷電

　　關於雷電，朱熹說：

雷如今之爆杖，蓋鬱積之極而迸散者也。雷雖只是氣，但有氣便有

〔註36〕　朱熹：《楚辭集注》，蔣立甫校點，上海：上海古籍出版社，2001年12月出版，
　　　　　頁53〜54。

形，如蝃蝀本只是薄雨，爲日所照成影，然亦有形，能吸水吸酒，

人家有此，或爲妖，或爲祥。或問程子謂雷電只是氣相摩軋是否？

曰：然，或以爲有神物，曰：氣聚則須有，然纔過便散，如雷斧之

類，亦是氣聚而成者，但已有查滓，便散不得，此亦屬成之者性，

張子云其來也幾微、易簡，其究也廣大堅固，即此理也。〔註37〕

朱熹認爲雷之所以產生，是因爲鬱積的氣到了至極，突然迸散的結果，雖然
只是氣，但是有氣就有形，所以當閃電劃過天際，是肉眼可見者，但朱熹又
說這當中有「神物」，朱熹認爲氣聚就必會有神物在當中，如蝃蝀氣聚有形後，
能吸水吸酒，在某人家中出現，則可能因祥招福也可能以妖致禍，雷斧也是
這樣的，雖說氣有聚散，當中的神物也會因氣散而消失，但氣聚若已經有了
查滓，就不會散了，因爲也已經有了存在的根據——「理」了，所以雷之神
是經久常在的。

　　朱熹在氣聚散的詮釋上，加上了能招福致禍的「神物」，此等「神物」無
法僅以氣的聚散完全說明，卻能與「性」和「理」作了連結，並且成爲張載
哲學中稱爲幾微、易簡，而廣大堅固者的另一個稱呼。

2、風雨霧

　　在風雨霧方面，朱熹說：

風只如天相似，不住旋轉，今此處無風，蓋或旋在那邊，或旋在上

面，都不可知，如夏多南風，冬多北風，此亦可見。雨如飯甑有蓋，

其氣蒸鬱而汗下淋漓則爲雨，如飯甑不蓋，其氣散而不收則爲霧。

龍，水物也。其出而與陽氣交蒸，故能成雨，但尋常雨自是陰陽氣

蒸鬱而成，非必龍之爲也，密雲不雨，尚往也，蓋止是下氣上升，

所以未能雨，必是上氣蔽蓋無發洩處，方能有雨，橫渠正蒙論風雷

雲雨之說最分曉。虹非能止雨也，而雨氣至是已薄，亦是日色射散

雨氣了。〔註38〕

風對於朱熹而言，也是跟天一樣不住旋轉的氣，此處感覺不到風，只是在別
處旋轉而已，就好像夏天多吹南風，冬天多吹北風，是旋得不同的緣故。下
雨則好像是在一個有蓋的蒸飯器具中，氣蒸鬱積結而如汗水般滴落而下，若

〔註37〕《性理大全》，胡廣等纂修，濟南市：山東友誼書社，1911 年，頁 1846。

〔註38〕同上書，頁 1849～1850。

是此蒸飯器無蓋，則氣蒸不會致鬱結，散而不收的氣就是霧，所以天地間就好像是一個蒸飯器，下氣上升，積存的多了就是雲，密雲愈積到了彷彿有蓋遮蔽無可發洩了，就會下雨了，但有一種雨是龍之為也，龍屬水，當龍出現而與陽氣交蒸就會下雨，這是與尋常下氣上升密雲的雨不同的雨。至於彩虹並不是一止雨者，而是雨氣到彩虹出現的時候已經非常單薄，也是陽光照射把雨氣射散的緣故。

3、雪雹霜露

在雪雹霜露方面，朱熹說：

> 雪花所以必六出者，蓋只是霰下，被猛風拍開，故成六出，如人擲一團爛泥於地，泥必濺開成稜辮也，又六者陰數，大陰玄精石亦六稜，蓋天地自然之數。伊川說：世間人說雹是蜥蜴做，初恐無是理。看來亦有之。只謂之全是蜥蜴做，則不可耳。自有是上面結作成底，也有是蜥蜴做底，昔聞王參議云，嘗登五臺山，見蜥蜴含水，吐之為雹。及夷堅志載劉法師嘗在隆興府西山，見多蜥蜴如手臂大，一日無限入井中飲水皆盡，即吐為雹，蓋蜥蜴形狀亦如龍，是陰屬，是這氣相感，應使作得他如此，正是陰陽交徵之時，所以下雹時必寒，今雹之兩頭皆尖有稜，疑得初間圓，上面陰陽交爭，打得如此碎了，雹字從雨從包，是這氣包住，所以為雹也。霜只是露結成，雪只是雨結成，古人說露是星月之氣，不然，今高山頂上雖晴亦無露，露只是自下蒸上，人言極西高山上亦無雨雪。高山無霜露卻有雪，某嘗登雲谷，晨起穿林薄中，並無露水沾衣。但見煙霞在下，茫然如大洋海，眾山僅露峰尖，煙雲環繞往來，山如移動，天下之奇觀也！或問：高山無霜露，其理如何？曰：上面氣漸清，風漸緊，雖微有霧氣，都吹散了，所以不結。若雪則只是雨遇寒而凝，故高寒處雪先結也。〔註39〕

根據朱熹的說法，雪花之所以是六角形結晶，是因為雨結成的冰霰降下的時候，被猛風拍開的緣故，就好像人把一團爛泥扔在地上，泥必定會濺開，變成有稜有瓣的樣子，再加上「六」是陰數，雪屬陰，故為六角。

〔註39〕《性理大全》，胡廣等纂修，濟南市：山東友誼書社，1911 年，頁 1850～1852。
相關段落見《朱子語類》卷二。

　　然而由朱熹對於冰雹的看法，可以看出朱熹仍無可避免的在氣的聚散外添加另一種詮釋方式，朱熹認爲冰雹的生成近似於對雨，有兩種生成的可能性，一種是氣在上面鬱結作成的，另一種是類似龍帶來雨般由蜥蜴做成的，蜥蜴的形狀與龍相似，並且也是屬陰，所以能以陰氣相感，飲水後吐雹，就形狀來看，朱熹認爲冰雹初生成的時候應該不是兩頭尖而有稜的，應該原本是圓的，只是陰陽氣交爭，所以削成了尖稜，出現冰雹之時是陰氣猛然來到，如同雹字，從雨從包，把陽氣包住，所以必定是寒冷的。

　　露則與雨、雪和雹的情況不一樣，是氣由下往上蒸結而成，所以露不是屬於在上的星月之氣，縱使晴朗的高山頂上也找不到露氣，越上面的氣是越清的，風也越旋轉得緊，所以即便形成了些霧氣，也一下都被風吹散了，很難積結，霜是露結成的，所以原理與露相同。

　　然而露霜、雨雪間還是有細部的差異，朱熹說：

> 露氣與霜氣不同，露能滋物而霜殺物也，雪霜亦有異，霜能殺物而雪不殺物也，雨與露不同，雨氣昏而露氣清也，露與霧不同，露氣肅而霧氣昏也。天氣降而地氣不接則爲霧，地氣升而天氣不接則爲雺。〔註40〕

霜雖是由露結成的，但是露能滋養萬物，霜卻是殺物，雪雖比霜寒冷，卻不殺物；雨氣與霧氣都是天氣下降，露氣是地氣上升，但雨氣和霧氣都較露氣爲昏，朱熹特將天氣下降而地氣不接時稱爲霧，反之則爲雺。

　　因此，以科學觀點、常識觀點和理之變的包容觀點觀之，朱熹對於神話傳說與民俗義鬼神的看法是以理氣論作爲是否可信的判斷標準與詮釋依歸。

第三節　魂魄與神仙修煉

　　本節論述朱熹魂魄觀，以及對神仙度世的看法。朱熹以理氣論之陰陽概念解釋魂魄，以及與魂魄觀相關的載營魄和招魂，以理氣論作爲當中的詮釋基礎。而神仙度世之說，則以理氣論加以駁斥。

　　在魂魄的部分，本節援引《朱子語類》以及《朱子文集》的相關段落，作爲補充，以便對魂魄以及體魄關係，有較爲完整的說明。

〔註40〕《性理大全》，胡廣等纂修，濟南市：山東友誼書社，1911年，頁1852～1853。
　　　　相關段落見《朱子語類》卷二。

一、魂魄

朱熹以理氣論描述鬼神之事，最多著墨在魂魄的部分，對朱熹而言，鬼神即是精神魂魄，朱熹說：

> 鬼神便是精神魂魄，如何？曰：然；且就這一身看，自會笑語，有許多聰明知識，這是如何得恁地？虛空之中，忽然有風有雨，忽然有雷有電，這是如何得恁地？這都是陰陽相感，都是鬼神；看得到這裏，見一身只是箇軀殼在這裏，內外無非天地陰陽之氣，所以說道：天地之塞，吾其體；天地之帥，吾其性；思量來只是一箇道理。又曰：如魚之在水，外面水便是肚裏面水。鱖魚肚裏水與鯉魚肚裏水只一般。仁父問：魂魄如何是陰陽？曰：魂如火，魄如水。〔註41〕

朱熹認爲人有聰明知識，虛空之中有風雨雷電突然產生，這些都是陰陽相感，都是鬼神，天地間無論內外都是陰陽之氣，身體反而像是個承載陰陽之氣的軀殼，而體內體外都是一樣的陰陽之氣，這是就氣上說，若就理上說也是一個理，太極是一個氣，也是一個理，如水中的魚來說，魚裡有那個理也有那個氣，魚外的水也有那個理和那個氣，就好像魚肚裡是水，魚體外也是水一般，並且同水中的其他魚也是一樣，就理而言，是性，就氣而言，是陰陽、魂魄，魂如火屬陽、魄如水屬陰，所以裡外都是理，也都是鬼神，都是魂魄。因此「魂魄」是陰陽概念的延伸。

1、陰陽鬼神

朱熹將人的生存活動分爲陽動與陰靜兩大類別，由這兩大類別又引伸出精氣或形氣的區分，朱熹說：

> 知覺運動，陽之爲也；形體，（明作錄作「骨肉皮毛」。）陰之爲也。氣曰魂，體曰魄。高誘《淮南子》注曰：「魂者，陽之神；魄者。陰之神。」所謂神者，以其主乎形氣也。人所以生，精氣聚也。〔註42〕

知覺運動屬於陽，形體屬於陰，而爲知覺運動的魂又屬氣，因此出現了兩組對應關係，或說是陰陽對應，或者爲形氣對應關係，但朱熹對於形氣又有一

〔註41〕 （宋）朱熹：《朱子語類》（全8冊），第一冊，黎靖德編，王星賢校點，北京：中華書局，1986年3月，頁40。

〔註42〕 《朱子語類》卷三（黎靖德編，王星賢校點，北京：中華書局，1986年3月），頁37。

說爲精氣，如「饒錄云：「若以對待言，一半是氣，一半是精。」〔註43〕朱熹說：「魂便是氣之神，魄便是精之神……又曰：『見於目而明，耳而聰者，是魄之用。』」〔註44〕雖然朱熹把魂魄分別放入了陰陽、形氣和精氣的對應關係中，但是魂魄並不等於陰陽也不等於精氣或者形氣，而是陰陽和精氣（或形氣）之神。

　　魂魄也是鬼神的概念，相似於陰陽之神，朱熹對魂魄還有鬼神之盛的說法，以鬼神說魂魄的部分著重在鬼神爲陰陽別說的部分，朱熹既將人分爲精氣兩個元素，鬼神則是陰陽概念的延伸，朱熹說：「在人則精是魄，魄者鬼之盛也；氣是魂，魂者神之盛也」〔註45〕。

　　所以以鬼神來說魂魄，只是強調魄屬陰、魂屬陽，而人本是陰陽組成，

　　　　問：「鬼神便是精神魂魄，如何？」曰：「然。且就這一身看，自會笑語，有許多聰明知識，這是如何得恁地？虛空之中，忽然有風有雨，忽然有雷有電，這是如何得恁地？這都是陰陽相感，都是鬼神。看得到這裡，見一身只是個軀殼在這裡，內外無非天地陰陽之氣。」

　　　　〔註46〕

所以以鬼神替換陰陽來說魂魄，人的存有即爲一半魂一半魄，或者一半神一半鬼了，朱熹說：「因言魂魄鬼神之說，曰：「只今生人，便自一半是神，一半是鬼了。」〔註47〕但是魂魄與鬼神並非是直接劃上等號的，魂是神之盛、魄是鬼之盛。

2、靈而有知覺

　　而「魂魄」的使用則特強調其靈而有知覺的部分，朱熹說：

　　　　問鬼神魂魄，就一身而總言之，不外乎陰陽二氣而已，然既謂之鬼神，又謂之魂魄何耶？某竊謂以其屈伸往來而言，故謂之鬼神，以其靈而有知有覺而言，故謂之魂魄；或者乃謂屈伸往來不足以言鬼神，蓋合而言之，則一氣之往來，屈伸者是也；分而言之，則神者

〔註43〕《朱子語類》卷三，頁 40。
〔註44〕同上書，頁 41。
〔註45〕《朱子語類》卷三（黎靖德編，王星賢校點，北京：中華書局，1986 年 3 月），頁 34。
〔註46〕《朱子語類》卷三，頁 40。
〔註47〕同上書，頁 40。

陽之靈，鬼者陰之靈也；以其可合而言，可分而言，故謂之鬼神，
以其可分而言，不可合而言，故謂之魂魄；或又執南軒陽魂爲神陰
魄爲鬼之説，乃謂鬼神魂魄，不容更有分別，某竊謂如中庸或問雖
曰一氣之屈伸往來，然屈者爲陰，伸者爲陽，往者爲陰，來者爲陽，
而所謂陽之靈者陰之靈者，亦不過指屈伸往來而爲言也。曰：鬼神
通天地間一氣而言，魂魄主於人身而言，方氣之伸，精魄固具，然
神爲主，及氣之屈，魂氣雖存，然鬼爲主，氣盡則魄降，而純於鬼
矣，故人死曰鬼，南軒説不記首尾云何，然只據二句，亦不得爲無
別矣。〔註48〕

這段話裡朱熹解釋爲何陰陽二氣已經以鬼神來説了，還要再説魂魄，根據這
段話的內容，有兩個方面是朱熹特要以「魂魄」來強調的，首先是「鬼神」
比較是在強調屈伸往來的部分，而「魂魄」則是較著重鬼神之靈而有覺的部
分〔註49〕。

其次是單以區伸往來或者不足以説明鬼神的意涵，透過「魂魄」則更説

〔註48〕 《性理大全》，胡廣等纂修，濟南市：山東友誼書社，1911 年，頁 1927～1929。
〔註49〕 朱熹對於「靈」的使用多出現在對於鬼神或是魂魄的説明，但根源性的使用，
應該還是在魂魄上，《朱子語類》中有一段文字説道：「問：『陽魂爲神，陰魄
爲鬼。……然則陰陽未可言鬼神，陰陽之靈乃鬼神也，如何？』曰：『魄者，
形之神；魂者，氣之神。魂魄是神氣之精英，謂之靈。』」（《朱子語類》卷八
十七（黎靖德編，王星賢校點，北京：中華書局，1986 年 3 月），頁 2259）
從這段文字可以發現朱熹認爲魂魄就是靈，因爲魂魄是神氣的精英。根據以
下這段引文，我們可以更加清楚爲何靈是魂魄：「且『鬼神魂魄』，就一身而
總言之，不外乎陰陽二氣而已。然既謂之『鬼神』，又謂之『魂魄』何耶？璟
竊謂：以其屈伸往來而言，故謂之『鬼神』；以其靈而有知有覺而言，故謂之
『魂魄』」（《朱子文集‧答梁文叔四》卷四十四（陳俊民校編，德富古籍叢刊，
台北市：德富文教基金會出版：允晨文化總經銷，2000 年），頁 1957）因此
所謂「靈」是指「虛靈知覺」而言，但是根據「知覺運動，陽之爲也；形體，
（明作錄作『骨肉皮毛』。）陰之爲也。」魂魄實一屬陽一屬陰，一爲動一爲
靜，所以雖説靈爲魂魄，但實際上是指著魂説的，朱熹説：「大抵氣中，自有
箇精靈底物，即所謂魂耳。」（《朱子文集‧答楊子順三》卷五十九，頁 2884）
又説：「知覺，正是氣之虛靈處，與形器查滓，正作對也。」（《朱子文集‧答
林德九六》卷六十一，頁 3016）而這個虛靈而又能知覺的魂其實就是人的心，
朱熹説：「在人則爲萬事沈寂之際，其中虛靈知覺，有活物者存，即此便是仁
者生生之心」（《朱子文集‧答陳安卿六》卷五十七，頁 2789）因此雖然朱熹
使用「靈」這個字與概念，但是事實上説的是「靈魂」的概念，而靈魂指的
就是「心」。

明「神」是陽之靈、「鬼」是陰之靈的部分，又加上「魂魄」更能說明人精魄
與魂氣的部分，人生之時，魂氣盛，以神爲主，人死則魄降爲鬼。

　　朱熹在〈楚辭辯證〉中對「魂魄」的意義作了整理，他說：

　　或問魂魄之義，曰：子產有言：「物生始化曰魄，既生魄陽曰魂。」
　　孔子曰：「氣也者，神之盛也。魄也者，鬼之盛也。」鄭氏注曰：「噓
　　吸出入者，氣也。耳目之精明爲魄，氣則魂之謂也。」淮南子曰：「天
　　氣爲魂，地氣爲魄。」高誘注曰：九歌：「魂，人陽神也。魄，人陰
　　神也。」此數說者，其於魂魄之義詳矣。蓋嘗推之，物生始化云者，
　　謂受形之初，精血之聚，其間有靈者，名之曰魄也。既生魄陽曰魂
　　者，既生此魄，便有暖氣，其間有神者，名之曰魂也。二者既合，
　　然後有物，易所謂「精氣爲物」者是也。及其散也，則魂遊而爲神，
　　魄降而爲鬼矣。說者乃不考此，而但據左疏之言，其以神靈分陰陽
　　者，雖若有理，但以噓吸之動者爲魄，則失之矣。其言附形之靈、
　　附氣之神，似亦近是，但其下文所分，又不免於有差。其謂魄識少
　　而魂識多，亦非也，但有運用畜藏之異耳。（〈楚辭辯證・九歌〉）
　　〔註50〕

在這段論魂魄之義的內容中，朱熹根據所引數說，認爲魂魄的生成，是由物
初形成之時，在精血之聚當中有一點靈，這就是魄，而在魄中，有一點陽氣，
這就是魂，所以魄屬精，魂屬氣，二者相合，就成爲物，也就是《易》所謂
「精氣爲物」的意思，而若魂魄相離，則魂遊而上爲神，魄降於地爲鬼，這
也是鬼神區別的來由。

　　對於生死的看法，朱熹另有說明爲：

　　魂魄，死者之神靈，蓋魂神而魄靈，魂氣而魄精，魂陽而魄陰，魂
　　動而魄靜。生則魂載其魄，魄檢其魂，死則魂游散而歸於天，魄淪
　　墜而歸於地也。〔註51〕

動靜是朱熹用來說明魂魄的一組相對概念，朱熹以魂魄各自的陰陽歸屬來說
明陽動陰靜下的動靜關係。

〔註50〕　朱熹：《楚辭集注》，蔣立甫校點，上海：上海古籍出版社，2001年12月出版，
　　　　　頁184。
〔註51〕　〈國殤〉：「身既死兮神以靈，魂魄毅兮爲鬼雄」補注錄左傳之說（《楚辭補注》
　　　　　頁83），《集注》非同語，但意近。（朱熹《楚辭集注》，蔣立甫校點，上海：
　　　　　上海古籍出版社，2001年12月出版，頁46~47）

3、動靜

朱熹說：「動者，魂也；靜者，魄也。『動靜』二字括盡魂魄。凡能運用作爲，皆魂也，魄則不能也。今人之所以能運動，都是魂使之爾。」〔註52〕朱熹用動靜這一組簡單的概念包含了魂魄的意涵，魂屬動，魄屬靜，凡人身動的變化皆屬於魂，而靜的狀態皆屬於魄。若僅以人之感官來區分則是「耳目之精明者爲魄，口鼻之噓吸者爲魂」〔註53〕耳朵和眼睛都屬靜態接收訊息的感官，而口鼻所產生之噓吸則是屬於動態的。

若要更深層次的區分人生存活動之動靜區分，則是以知覺運動爲動、感官接收爲靜，朱熹說：「知覺運動，陽之爲也；形體，（明作錄作『骨肉皮毛』。）陰之爲也。」〔註54〕又說：「『魄是一點精氣，氣交時便有這神。魂是發揚出來底，如氣之出入息。魄是如水，人之視能明，聽能聰，心能強記底。有這魄，便有這神，不是外面入來。魄是精，魂是氣；魄主靜，魂主動。』又曰：『草木之生自有個神，它自不能生。在人則心便是，所謂「形既生矣，神發知矣」，是也。』」〔註55〕

因此，魂與魄的差別在於魄爲靜態身體的知覺接收者，魄之用在於耳之聰和目之明等感官的作用〔註56〕。

〔註52〕《朱子語類》卷三（黎靖德編，王星賢校點，北京：中華書局，1986年3月），頁41～42。
〔註53〕《朱子語類》卷八十七，頁2258。
〔註54〕《朱子語類》卷三，頁37。
〔註55〕同上書，頁40。
〔註56〕但是體魄是二物。朱熹說：「氣曰魂，體曰魄」（《朱子語類》卷三，頁37）所以當區分身體活動爲陽與陰、氣與形體時，魄是屬於體的，朱熹對於構成身體的陰陽之氣，有清濁之分，朱熹說：「清者是氣，濁者是形。氣是魂，謂之精；血是魄，謂之質。」（《朱子語類》卷三，頁38）所以魄是屬於濁氣，歸於形質，但這只是初步的區分，朱熹並未把體與魄完全等同起來，下面這段文字說：「陰陽之分，體魄自是二物，魄之降乎地，猶今人言眼光落地云爾；體即所謂『精氣爲物』，蓋必合精與氣，然後能成物也。」（《朱子文集·答呂子約七》卷四十七（陳俊民校編，德富古籍叢刊，台北市：德富文教基金會出版：允晨文化總經銷，2000年），頁2127）這就是說體是「精氣爲物」必然不只有是魄，也必定含有魂的部分，那麼魄與體的關係呢？朱熹說：「王丞說魂即是氣，魄即是體，卻不是，須知魂是氣之神，魄是體之神可也。」（《朱子文集·答陳安卿六》卷五十七（陳俊民校編，德富古籍叢刊，台北市：德富文教基金會出版：允晨文化總經銷，2000年），頁2787）所以魄不是體，卻是與體密切相關的體之神，那麼體與體之神的差別爲何呢？朱熹說：「鼻之知臭，口之知味，魄也；耳目中之煖氣，魂也。」這是把感官的本身和感官

而魂爲動態發知者，思量和覺知皆是魂之用，朱熹說：

> 魂便是氣之神，魄便是精之神；會思量討度底便是魂，會記當去底
> 便是魄。又曰：「見於目而明，耳而聰者，是魄之用。」〔註57〕

又說：

> 陰主藏受，陽主運用。凡能記憶，皆魄之所藏受也，至於運用發出
> 來是魂。這兩箇物事本不相離。他能記憶底是魄，然發出來底便是
> 魂；能知覺底是魄，然知覺發出來底又是魂。〔註58〕

所以魂和魄並不是特定指著某一個感官，二者也不是完全分立，而是在作用
上，分別扮演著動靜的角色，相互配合著。然而當我們關心到「思量和覺知
皆是魂之用」這個部分，可以推知人心獨特的思量和覺知是魂，而這也是人
有別於草木的地方。

動靜二者在人生活中是互相配搭合作的，朱熹說：

> 人生初間是先有氣。既成形，是魄在先。「形既生矣，神發知矣。」
> 既有形後，方有精神知覺。子產曰：「人生始化曰魄，既生魄，陽曰
> 魂。」〔註59〕

雖然發生的順序有先後之別，魂與魄在動靜活動中終究是不相離的。

生是魂魄相合，魂載魄、魄檢魂，死則魂魄相離，魂歸於天、魄歸於地。
因此若要尋求長生不老，就要使魂魄相合不相離，這是由道家思想而來的「載
營魄」修養理論。

的作用區分開來了，鼻與知臭的能力不同，口與知味的能力也不同，下面這
段引文解釋得更爲清楚：「問：「項聞先生言，『耳目之精明者爲魄，口鼻之噓
吸者爲魂』，以此語是而未盡。耳目之所以能精明者爲魄，口鼻之所以能噓吸
者爲魂，是否？」曰：「然。看來魄有箇物事形象在裏面，恐如水晶相似，所
以發出來爲耳目之精明。且如月，其黑暈是魄也，其光是魂也。」(《朱子文
集・答陳安卿六》卷五十七（陳俊民校編，德富古籍叢刊，台北市：德富文
教基金會出版：允晨文化總經銷，2000 年），頁 2787）另外朱熹也有說明道：
「謂「耳目之聰明爲魄」，有所未曉，合耳目之聰明而言，則魂不離魄；失其
耳目之聰明而言，則魂去魄存，恐難以耳目聰明命之爲魄也。」(《朱子文集・
答呂子約七》卷四十七，頁 2127）所以魄仍然僅指靜態的感官接收能力而言，
朱熹說：「魂魄，禮記古注甚明，云：『魂，氣之所出入者是；魄，精明所寓
者是。』」(《朱子語類》卷八十七，頁 2260）
〔註57〕《朱子語類》卷三（黎靖德編，王星賢校點，北京：中華書局，1986 年 3 月），
　　　　頁 41。
〔註58〕《朱子語類》卷八十七，頁 2259。
〔註59〕《朱子語類》卷三，頁 41。

二、載營魄

關於〈遠遊〉「載營魄」的部分：「載營魄而登霞兮，掩浮雲而上征」，朱熹注解為：「此言熒魄者，陰靈之聚，若有光景也。霞，與遐通，謂遠也。蓋魄不受魂，魂不載魄，則魂遊魄降而人死矣。故修鍊之士，必使魂常附魄，如日光之載月質；魄常檢魂，如月質之受日光。則神不馳而魄不死，遂能登仙遠去而上征也。」這句是說想要求長生的修鍊之士，務力之功，就在於魂魄不離。因此魂魄的觀點與道教的修鍊成仙之術是相關的。

〈楚辭辯證・遠遊〉有這部分更詳盡的說明：

> 屈子「載營魄」之言，本於老氏，而揚雄又因其語以明月之盈闕，其所指之事雖殊，而其立文之意則一。顧為三書之解者，皆不能通其說，故今合而論之，庶乎其足以相明也。蓋以車承人謂之載，古今世俗之通言也。以人登車亦謂之載，則古文史類多有之，如《漢紀》云「劉章從謁者與載」，《韓集》云「婦人以孺子載」，蓋皆此意，而今三子之言，其字義亦如此也。但老子、屈子以人之精神言之，則其所謂營者，字與熒同，而為晶明光炯之意。其所謂魄，則亦若余之所論於《九歌》者耳。揚子以日月之光明論之，則固以月之體質為魄，而日之光耀為魂也。以人之精神言者，其意蓋以魂陽動而魄陰靜，魂火二而魄水一，故曰「載營魄抱一，能勿離乎。」言以魂加魄，以動守靜，以火迫水，以二守一，而不相離，如人登車而常載於其上，則魂安靜而魄精明，火不燥而水不溢，固長生久視之要訣也。屈子之言，雖不致詳，然以其所謂「無滑而魂」、「虛而待之」之語推之，則其意當亦出於此無疑矣。其以日月言者，則謂日以其光加於月魄而為之明，如人登車而載於其上也，故曰「月未望則載魄于西，既望則終魄于東，其遡於日乎」。言月之方生，則以日之光加被於魄之西，而漸滿其東，以至於望而後圓。及既望矣，則以日之光終守其魄之東，而漸虧其西，以至於晦而後盡。蓋月遡日以為明，未望則日在其右，既望則日在其左，故各向其所在而受光，如民向君之化而成俗也。三子之言雖為兩事，而所言載魄，則其文義同為一說，故丹經歷術，皆有納甲之法，互相資取，以相發明，蓋其理初不異也。但為之說者，不能深考，如河上公之言老子，以營為魂，則固非字義，而又并言人載魂魄之上以得生，當愛養之，

　　則又失其文意。獨其載字之義粗爲得之，然不足以補其所失之多也。
若王輔嗣以載爲處，以營魄爲人之所常居之處，則亦河上之意。至
於近世，而蘇子由、王元澤之說出焉，則此二人者，平生之論如水
火之不同，而於此義皆以魂爲神，以魄爲物，而欲使神常載魄以行，
不欲使神爲魄之所載。洪慶善之於此書，亦謂陽氣充魄爲魂，能運
動則其生全矣，則其意亦若蘇、王之云，而皆以載爲以車承人之義
矣。是不唯非其文意，且若如此，則是將使神常勞動，而魄亦不得
以少息，雖幸免於物欲沈溺之累，而窈冥之中精一之妙，反爲強陽
所挾，以馳騖於紛拏膠擾之塗，卒以陷於眾人傷生損壽之域，而不
自知也。其於二子之意何如哉？若其說揚子者，則以載爲哉，故失
其指，而李軌解魄爲光，尤爲乖謬。至宋貫之、司馬公始覺爲非，
然遂欲改魄爲明所載，似得其理；既而又曰：既望則明爲魄所終，
則是下句當曰「終明」，而不當爲「終魄」矣。以此推之，恐其上句
文義鄉背，亦未免如蘇氏、王氏之云，爲自下而載上也。大氐後人
讀前人之書，不能沈潛反覆，求其本義，而輒以己意輕爲之說，故
其鹵莽有如此者。況讀《楚辭》者，徒玩意於浮華，宜其於此尤不
暇深究其底蘊，故余因爲辯之，以爲覽者能因是以考焉，則或（p195）
泝流求原之一助也。〔註60〕

這段話的篇幅很長，我們可以分爲幾個部分來看，首先是「載」字的解釋，
朱熹將其解釋爲車載人的載，爲承載的意思，載營魄意思是以營魄爲車，承
載魂於其上。

　　其次爲「載營魄」的修養觀點，「載營魄」出自於《老子》，所以基本上
是以道家修養觀點爲基礎，因此朱熹也引道教納甲之法相較，認爲營魄所代
表之晶瑩月光與月體納甲之修鍊法頗有相似之處，然朱熹所釋之以魂爲陽、
爲二，以魄爲陰、爲一，之以動守靜、以火迫水之魂魄不相離的修養方式，
畢竟與道教煉丹法有異。朱熹認爲以魂去守魄才能使魂安靜而魄精明，火不
燥而水不溢，才是求長生久視的要訣。

　　第三爲朱熹對其他注家的評論，其中宋朝的包括：蘇子由、王元澤、洪
慶善、宋貫之和司馬光。朱熹認爲蘇子由和王元澤皆解釋魂爲神、魄爲物，

〔註60〕《楚辭集注·楚辭辯證》，朱熹：《楚辭集注》，蔣立甫校點，上海：上海古籍
　　　　出版社，2001 年 12 月出版，頁 194～196。

並且以魂去載魄，魄承於魂之上，而洪慶善認爲陽氣充魄爲魂，朱熹也以爲類似於蘇王二人的看法，皆是使神常勞動，而魄亦不得以少息，被強陽所挾的情況下，最後就是陷入傷身損壽的地步。宋貫之和司馬光認爲魄爲明所載，似乎是符合朱熹對於魄作承載者的詮釋，但他們認爲明爲魄終，所以他們基本上還是持魄爲載於其上者，與朱熹解法相左。

　　由魂魄的看法延伸出兩個面向，一是朱熹對於「招魂」習俗的回應，以及朱熹對於神仙度世的看法。

三、招魂

　　首先在「招魂」的方面，對朱熹而言，「招魂」是一禮俗，其旨在於表達愛敬之意。朱熹在解釋〈招魂〉篇時說：

> 〈招魂〉者，宋玉之所作也。古者人死，則使人以其上服升屋，履危北面而號曰：「皋！某復。」遂以其衣三招之，乃下以覆尸。此《禮》所謂復。而說者以爲招魂復魄，又以爲盡愛之道而有禱詞之心者，蓋猶冀其復生也。如是而不生，則不生矣，於是乃行死事。此制禮者之意也。而今荊楚之俗，乃或以是施之生人，故宋玉哀閔屈原無罪放逐，恐其魂魄離散而不復還，遂因國俗託帝命，假鳥語以招之。以禮言之，固爲鄙野，然其盡愛以致禱，則由古人之遺意也，是以太史公獨之而哀其志焉。若其謑怪之談，荒淫之志，則惜人蓋已誤其譏於屈原今皆不復論也。〔註61〕

古時若有人去世，則取其衣招其復返，於《禮》曰「復」，雖基於愛敬之心、不捨之情，仍然有往者復生的期盼，但是終究還只是一種禮儀而已，若往者不能復，則續行喪事，然而荊楚的風俗也有招生人魂的，所以宋玉哀憫屈原無罪遭放逐，恐有魂魄離散不復還的危機，就因國俗假託帝命和鳥語來替屈原招魂。朱熹認爲此舉就禮儀來看是鄙野的，但是就憐愛的動機而言是可以接受的。

　　其中招生人魂的部分，朱熹於〈楚辭辯證〉中也有說明：

> 後世招魂之禮，有不專爲死人者，如杜子美《彭衙行》云：「煖湯濯我足，剪紙招我魂。」蓋當時關陝間風俗，道路勞苦之餘，則皆爲

〔註61〕 朱熹：《楚辭集注》，蔣立甫校點，上海：上海古籍出版社，2001年12月出版，頁129。

此禮，以祓除而慰安之也。近世高抑崇作《送終禮》云：「越俗有暴

死者，則巫使人徧於衢路以其姓名呼之，往往而甦。」以此言之，

又見古人於此誠有望其復生，非徒為文具而已也。〔註62〕

在杜子美的文字中，已經有見招生人魂之禮了，這是關陝間的風俗，因為旅途勞累，藉此舒緩身心，並且宋朝隱士高抑崇也說越俗中常有呼名使暴死者復生的例子，可見唐宋陝西以及東南沿海古越地一帶（高抑崇亦為今安徽人）皆對於魂魄有著不只是禮儀意涵的認識，而是真的以其為生命中很重要的部分，招魂可以消除疲倦，對死者呼名也是因為真的認為復活是有望的，所以朱熹於上面引文的最後說「非徒文具而已也」這是當時當地人真實的生活，也是他們確切相信會發生的事情。

　　而朱熹自己對於招魂的確實性也是認可的，在〈大招〉篇：「青春奮發，萬物遽只。冥凌浹行，魂無逃只。魂魄歸徠，無遠遙只！」這句話中，朱熹的註釋是接續著洪興祖的註釋而發的，洪興祖說：「言歲始春，陽氣上陞，陰氣下降，玄冥之神，徧行凌馳於天地之間，收其陰氣，閉而藏之，故魂不可以逃，將隨太陰下而沈沒也。一作伏陰。……魂者，陽之精也。魄者，陰之形也。言人體含陰陽之氣，失之則死，得之則生。屈原放在草野，憂心愁悴，精神散越，故自招其魂魄。言宜順陽氣始生而徠歸己，無遠漂遙，將遇害也。」〔註63〕

　　洪興祖以陰陽之氣來解釋為何魂不可以逃，朱熹也是根據氣的概念來說明，只是更加上「感動」的部分，朱熹說：

言春氣既發，幽暗冰凍之地無不周浹而流行，故魂魄之已散而未盡

者，亦隨時感動而無所逃，於是及此時而招之，欲其無遠去而即歸

來也。《祭義》所謂「春雨露既濡，君子履之，必有怵惕之心，如將

見之」，故禘有樂以迎其來。意亦如此，非嘗覃思於有無動靜之間者，

不能知也，讀者宜深玩之。〔註64〕

朱熹認為人去世之後，魂魄之已散而未盡者，是能夠被感動而招聚的，所以

〔註62〕《楚辭集注・楚辭辯證》，朱熹：《楚辭集注》，蔣立甫校點，上海：上海古籍
　　　　出版社，2001 年 12 月出版，頁 198。

〔註63〕洪興祖：《楚辭補注》，頂淵文化事業有限公司，2005 年初版，頁 216～217。

〔註64〕朱熹：《楚辭集注》，蔣立甫校點，上海：上海古籍出版社，2001 年 12 月出版，
　　　　頁 141。

若能感動那「無所逃」的魂魄，那麼「招魂」一事就成了，換言之，朱熹事實上是認爲「招魂」可行的。

　　另外，在上面引文後面，朱熹還引《祭義》的話說明感動魂魄此等事，若是不曾覃思於有無動靜之間者，是無法通曉的，說明朱熹在招魂此一風俗習慣上，不僅留與風俗很大的詮釋空間，更積極的給予正面回應，人鬼是存在的。

四、神仙度世

　　由魂魄觀尚有另一延伸的議題爲「神仙」，朱熹對於民俗中有不死之人的傳說，似乎一點也不奇怪，他說：

> 不死之人，則《山海經》、《淮南子》婁言之，固爲可信。然俗傳山中有人，年老不死，子孫藏之雞窠之中者，亦或有之，不足怪也。〔註65〕

因此朱熹認爲年老不死是有可能的，並且或許在他的身邊，這樣的傳說也是常有的事，但是不死之人仍是人，與神仙是不同的，朱熹並不贊成神仙度世之說，朱熹有言：

> 夫神仙度世之說，無是理而不可期也審矣！屈子於此，乃獨眷眷而不忘者，何哉？正以往者之不可及，來者之不得聞，而欲久生以俟之耳。然往者之不可及，則已末如之何矣，獨來者之不得聞，則夫世之惠迪而未吉、從逆而未凶者，吾皆不得以須其反復熟爛，而睹夫天定勝人之所極，是則安能使人不爲沒世無涯之悲恨？此屈子所以願少須臾無死，而僥倖萬一於神仙度世之不可期也！嗚呼遠矣，是豈易與俗人言哉！〔註66〕

朱熹認爲「神仙度世之說」是無理而且不可期待的，而屈原之所以眷戀神仙之說，只是因爲往者不可及，而來者不得聞的無奈之下，屈原期待長生。況且未來之事吉凶未判，人與天似乎完全無法較力，天定勝人彷彿是絕對的，故而屈原難免在悲恨之下，僥倖於神仙度世之說，以期待於萬一。朱熹認爲這反而是另一種高妙的情操，不能單從尋求神仙度世之表面文字論斷。

〔註65〕 朱熹：《楚辭集注》，蔣立甫校點，上海：上海古籍出版社，2001年12月出版，頁57。
〔註66〕 同上書，頁103～104。

　　因此朱熹是不信神仙度世之說的，但若視朱熹由魂魄論以二守一之養生術而言，以追求神仙之術爲表，實則尋求延年益壽之養生妙法，確爲朱熹操持的路徑。

　　朱熹在解釋「曰：道可受兮，而不可傳。其小無內兮，其大無垠。毋滑而魂兮，彼將自然。壹氣孔神兮，於中夜存。虛以待之兮，無爲之先。庶類以成兮，此德之門。」（〈遠遊〉）這段話時注說：

> 曰者，王子之言也。受，心受也。傳，言傳也。小無內、大無垠，言無所不在也。滑，亂也。而，汝也。壹，專也。孔，甚也。此言道妙如此，人能無滑亂其魂，則身心自然，而氣之甚神者，當中夜虛靜之時，自存於己而不相離矣。如此，則於應世之務，皆虛以待之於無爲之先，而庶類自成，萬化自出。蓋廣成子之告黃帝不過如此，實神仙之要訣也。〔註67〕

此段註釋字義部分與《楚辭補注》相同，但後面「言道妙如此……神仙之要訣也。」則爲《楚辭補注》所無。這段文字原爲「道」之闡述，描繪「道」的諸多特點，朱熹則以字義解釋之外，特加入人事的應用，說明人當法道，以「虛」、「無爲」等爲生活態度，甚至是養生之方，朱熹更且將其說是廣成子告訴黃帝的神仙要訣〔註68〕。

〔註67〕 朱熹：《楚辭集注》，蔣立甫校點，上海：上海古籍出版社，2001年12月出版，頁106。

〔註68〕 《莊子·在宥》：「黃帝立爲天子十九年，令行天下，聞廣成子在於空同之上，故往見之，曰：『我聞吾子達於至道，敢問至道之精。吾欲取天地之精，以佐五穀，以養民人；吾又欲官陰陽，以遂群生。爲之奈何？』廣成子曰：『而所欲問者，物之質也；而所欲官者，物之殘也。自而治天下，雲氣不待族而雨，草木不待黃而落，日月之光益以荒矣。而佞人之心翦翦者，又奚足以語至道！』黃帝退，捐天下，築特室，席白茅，閒居三月，復往邀之。廣成子南首而臥，黃帝順下風膝行而進，再拜稽首而問曰：『聞吾子達於至道，敢問治身奈何而可以長久？』廣成子蹶然而起，曰：『善哉問乎！來！吾語女至道。至道之精，窈窈冥冥；至道之極，昏昏默默。無視無聽，抱神以靜，形將自正。必靜必清，無勞女形，無搖女精，乃可以長生。目無所見，耳無所聞，心無所知，女神將守形，形乃長生。慎女內，閉女外，多知爲敗。我爲女遂於大明之上矣，至彼至陽之原也；爲女入於窈冥之門矣，至彼至陰之原也。天地有官，陰陽有藏，慎守女身，物將自壯。我守其一，以處其和，故我修身千二百歲矣，吾形未嘗衰。』黃帝再拜稽首曰：『廣成子之謂天矣！』廣成子曰：『來！吾語女。彼其物無窮，而人皆以爲有終；彼其物無測，而人皆以爲有極。得吾道者，上爲皇而下爲王；失吾道者，上見光而下爲土。今夫百昌，皆生於土而反於土，故余將去女，入無窮之門，以遊無極之野。吾與日月參光，吾與天地爲常。當我，緡乎！遠我，昏乎！人其盡死，而我獨存乎！』」

因此綜觀本節所述，以「陰陽鬼神」、「靈而有知覺」和「動靜」三個方面來看，朱熹的魂魄觀點，雖然接受「招魂」，但是魂魄的論點，較多的還是落在養生的層面上。

第四節　《楚辭集注》神話傳說與民俗義鬼神觀總結

本章由鬼神觀研究，探討朱熹如何看待大眾信仰神話傳說以及民俗義鬼神，發現《楚辭集注》可以由三個層面論述：第一個層面是就文本詮釋的角度而言，第二個是就朱熹以理氣觀點回應神話傳說，以及民俗義鬼神的部分而言，第三個層面為朱熹對魂魄以及神仙度世的看法。

由第一個層面，本章論述《楚辭集注》恢復文本中民俗義鬼神原貌的迂迴詮釋方式，提高了對民俗信仰的重視，也更加清楚的注解文本，使當中的比喻更清楚的呈現。

在第二個層面，本章論述朱熹以理氣論為基礎，使用科學觀點、常識觀點，以及理之變的包容觀點，回應神話傳說，以及民俗義鬼神，將當中不符合科學觀點，也不能為常識接受的部分，斥為虛妄，而不違反理氣論者，則以理氣論含括，不否認其存在的可能性。

而第三個層面，本章論述朱熹的魂魄觀與朱熹對神仙度世的看法，朱熹駁斥了一般對神仙度世的想像與期待，而以具體養生之法，和合於理氣論之養生之理，使神仙學轉為長生之道的具體化實踐。

因此由鬼神觀的研究可知朱熹相當重視民俗信仰，而朱熹一方面提升民俗信仰的地位，一方面運用理氣論加以規範，使民俗信仰中的鬼神，或因理氣論得證合理存在，或因理氣論遭貶荒誕的作法，又可顯明朱熹對民俗信仰，推行理氣哲學教化的目的，使大眾免於迷信。

第六章　祭祀
——以《儀禮經傳通解》爲中心

　　《儀禮經傳通解》是朱熹晚年最後一本大作，雖以《儀禮》爲名，卻是以《儀禮》爲經，兼取《周禮》、《禮記》的禮學大成之作，也是朱熹祭祀觀最爲完整的作品，本章欲由《儀禮經傳通解》中朱熹對於三《禮》的理解和編纂探討朱熹如何看待大眾祭祀鬼神。

　　《儀禮經傳通解》雖多沿用古注，但朱熹大行刪訂節取的編纂工作，可見當中確有朱熹用力著作之處，古注的選用亦有朱熹採納接收之意，因此筆者將其視爲朱熹晚年對三禮之學全面理解的作品，也是對祭祀體制處理最爲完整的作品。

　　另外關於《儀禮經傳通解》非全由朱熹本人完成，而因晚年病逝之故，部分假手他人，或有非朱熹本人全意之質疑，筆者以爲所假之他人，亦爲朱熹指定之學生，所派定工作當符合朱熹原意，且全書骨幹爲朱熹生前就已排定，由此探討朱熹對祭祀問題之處理，應無可議。〔註1〕

〔註1〕參考《朱子全書》，朱傑仁、嚴佐之、劉永翔主編，上海古籍出版社、安徽教育出版社，2002，第2冊，頁3和頁26。
　　　　《儀禮經傳通解》分爲三個部分，第一個部分爲舊稱的《經傳通解》，包括〈家禮〉五卷、〈鄉禮〉三卷、〈學禮〉十一卷，和〈邦國禮〉四卷等二十三卷，爲朱熹生前親自審定的部分。第二部份〈王朝禮〉十四卷，未經朱子裁定，舊稱《集傳集注》，其中〈卜筮〉篇是闕的，僅保留篇名。最後的〈喪禮〉十五卷和〈祭禮〉十四卷部分，則分別由黃榦和楊復審定，稱爲《續》。

本章論述朱熹對於祭祀鬼神的處理，是將其應用於秩序的建立，以及德行教化兩方面，其方式則為寓理於禮，表面上崇尚宗教意涵，實則以禮化氣，作為實踐上的應用，將秩序與教化二者合一，重造孔子「克己復禮」的意涵。

第一節　祭祀與秩序建立

《儀禮經傳通解》中鬼神的意涵，主要是作為祭祀的對象而言。本節論述因祭祀禮儀的規定明長幼尊卑之序，使得鬼神以及鬼神的祭祀，趨向工具性意義，而非目的性意義，真正的目的乃在於整體禮制與秩序架構的建立。

在這三個部分中，朱熹以及他所派定接續他工作的學生，重新編排了《儀禮》原有的目次順序，依照朱熹所定的卷名將原《儀禮》卷次安插進去，並加入了《周禮》、《禮記》，或取其篇名，整篇納入，或只採用篇名，將其內容與其他二禮或朱熹選錄的諸經史雜書混和為一卷。（參見朱熹〈乞修三禮箚子〉，《朱子全書》第2冊，頁25。）

在〈家禮〉五卷中，朱熹排入了原《儀禮》的〈士冠禮〉、〈士昏禮〉，加入《禮記》〈冠義〉、〈昏義〉，及另編排〈內則〉、〈內治〉、〈五宗〉和〈親屬記〉。在〈鄉禮〉三卷中，朱熹放入原《儀禮》的〈士相見禮〉、〈鄉飲酒禮〉和〈鄉射禮〉，加入〈士相見義〉、〈投壺禮〉、〈鄉飲酒義〉和〈鄉射義〉。在〈學禮〉十一卷中，朱熹加入了儀禮沒有的〈學制〉、〈學義〉、〈弟子職〉、〈少儀〉、〈曲禮〉、〈臣禮〉、〈鐘律〉、〈鐘律義〉、〈詩樂〉、〈禮樂記〉、〈書數〉、〈學記〉、〈大學〉、〈中庸〉、〈保傅〉、〈踐阼〉和〈五學〉。至於〈邦國禮〉四卷，則有儀禮的〈燕禮〉、〈大射儀〉、〈聘禮〉和〈公食大夫禮〉，加入〈燕義〉、〈大射義〉、〈聘義〉和〈公食大夫義〉。

第二部份未由朱子親自裁定的〈王朝禮〉十四卷則僅有〈覲禮〉為《儀禮》本有，其餘皆為朱子加入的，包括：〈朝事義〉、〈曆數〉、〈卜筮〉、〈夏小正〉、〈月令〉、〈樂制〉、〈樂記〉、〈王制之甲分土〉、〈王制之乙制國〉、〈王制之丙王禮〉、〈王制之丁王事〉、〈王制之戊設官〉、〈王制之己建侯〉、〈王制之庚名器上〉、〈王制之辛名器下〉、〈王制之壬師田〉、〈王制之癸刑辟〉。

最後一部份的〈喪禮〉十五卷和〈祭禮〉十四卷，〈喪禮〉有〈喪服〉、〈士喪禮〉、〈士虞禮〉是原《儀禮》的部分，另外《儀禮》的〈既夕禮〉被置於〈士喪禮〉之下，加入的有〈喪大記〉、〈卒哭祔練祥禫記〉、〈補服〉、〈喪服變除〉、〈喪服制度〉、〈喪服義〉、〈喪通禮〉、〈喪變禮〉、〈弔禮〉、〈喪禮義〉。〈祭禮〉中〈特牲饋食禮〉、〈有司徹〉是原《儀禮》的部分，而併入的有〈諸侯遷廟〉、〈諸侯釁廟〉、〈祭法〉、〈天神〉、〈地示〉、〈百神〉、〈宗廟〉、〈因事之祭〉、〈祭統〉、〈祭物〉和〈祭義〉。

一、秩序建立的時代性需要

　　由〈乞修三禮箚子〉可以看出朱子撰寫《儀禮經傳通解》有其當時秩序重建需要的考量，其中包含「王安石變亂舊制」一事，以及宋代的禮學現況。

1、王安石變亂舊制

　　朱熹對於當時秩序重建，首要的考量在於「王安石變亂舊制」一事。朱子希望能夠藉由恢復古禮，重建國家秩序〔註2〕。

　　在〈乞修三禮箚子〉有這樣一段描述，朱子說：

> 臣聞之：六經之道同歸，而禮樂之用爲急。遭秦滅學，禮樂先壞。漢晉以來，諸儒補緝，竟無全書。其頗存者，《三禮》而已。《周官》一書，固爲禮之綱領，至其儀法度數，則《儀禮》乃其本經，而《禮記》〈郊特牲〉、〈冠義〉等篇，乃其義疏耳。前此猶有《三禮》、通禮、學究諸科，禮雖不行，而士猶得以誦習而知其說。熙寧以來，王安石變亂舊制，廢罷《儀禮》，而獨存《禮記》之科，棄經任傳，遺本宗末，其失已甚。而博士諸生又不過誦其虛文，以供應舉。至於其閒亦有因儀法度之實而立文者，則咸幽冥而莫知其源。一有大議，率用耳學臆斷而已。若乃樂之爲教，則又絕無師授。律尺短長，聲音清濁，學士大夫莫有知其說者，而不知其爲闕也。故臣頃在山林，嘗與一二學者考訂其說。欲以《儀禮》爲經，而取《禮記》及諸經史雜書所載有及於禮者，皆以附於本經之下，具列注疏諸儒之說，略有端緒。〔註3〕

〔註2〕　參考王貽梁：「而真正要看到他完整的治國思想，那就只有通過《通解》才能了解到。沒有在實際政治舞台上實現政治抱負的朱熹，在《通解》中藉著古代文獻的軀殼而建立起了他的『理想王國』。這就是《通解》一書真正價值所在之處，而當時的人們顯然是看懂了這一點。他們在仔細甄別以後，感到朱熹構想的政治體系比王安石幾近的改革更平穩妥貼些、更能爲人所接受些。因此，《通解》自一問世起，就得到了幾乎是千篇一律的好評，遠遠超過了陳祥道以王安石思想爲主線編纂的《禮書》，有的甚至把《通解》奉爲『千古不刊之典』。」（王貽梁：〈《儀禮經傳通解》與朱熹的理學思想體系〉，朱杰人主編：《邁入21世紀的朱子學：紀念朱熹誕辰870週年、逝世800週年論文集》，上海：華東師範大學出版社，2001年11月，頁293～294）

〔註3〕　朱熹：〈乞修三禮箚子〉，《朱子全書》（朱傑仁、嚴佐之、劉永翔主編，上海古籍出版社、安徽教育出版社，2002）第2冊，頁25。

在這段描述中，朱子認爲禮樂的使用在當時是相當急迫的。因爲秦朝之後，禮樂首先遭到破壞，漢晉以來，雖然經過許多補緝的工作，但是也無法整全，所存的僅有《三禮》而已，而《三禮》之中，就儀法度數而言，《儀禮》是本經，《周官》是禮之綱領，《禮記》是解釋《儀禮》的義理闡發之作，但是王安石卻變亂舊制，廢罷《儀禮》，僅獨存《禮記》。就朱熹看來，這是遺本宗末的作法。

所以，爲了使學者不只是爲了考試誦讀虛文，而是更能瞭解禮的源流，朱熹認爲有必要對禮重新考訂。以《儀禮》爲經，並兼取《禮記》還有諸經史雜書中有關禮的記載，以附錄在《儀禮》之下的方式，列舉諸儒的注疏，作《儀禮經傳通解》。

2、宋代禮學的現況

除了王安石變亂舊制的考量以外，朱熹認爲當時有重建秩序的需要，也是基於對宋代禮學研究現況的考量。朱熹在下面這段話中，表現出他考量了當時張載、二程與溫公所制之禮，朱熹說：

> 橫渠所制禮，多不本諸儀禮，有自杜撰處。叔器問四先生禮。曰：「二程與橫渠多是古禮，溫公則大概本儀禮，而參以今之可行者。要之，溫公較穩，其中與古不甚遠，是七八分好。若伊川禮，則祭祀可用。婚禮，惟溫公者好。大抵古禮不可全用，如古服古器，今皆難用。」

〔註4〕

朱熹在考量張載、二程與溫公所制之禮以後，以爲二程與張載所制之禮多是古禮，這當中已非全然合乎現世所用了。儘管如此，當中仍有可取之處，朱熹認爲伊川禮在祭祀方面好。

而張載所治之禮，則多不本《儀禮》，並有其杜撰處，相較之下，溫公所制之禮則是較爲穩妥的，既本《儀禮》，又參照現實情況，不但與古不甚相遠，又能符合今世之用，婚禮也是溫公的好。總的來說朱熹對溫公所制之禮，是七八分好的評價。

因此可以看出朱熹作《儀禮經傳通解》的目的，是要制定一套配合現世需要，能夠既符合古禮，又能在今世使用的禮〔註5〕，才能達到重建秩序的目標。

〔註4〕《朱子語類》卷84〈禮一・論考禮綱領〉，黎靖德編，王星賢點校，北京中華書局，頁2183。
〔註5〕錢穆：「古經以禮爲最難治，遇有疑惑，不得不詳考以定一是。朱子治經，最

而國家秩序的建立主在端正尊卑關係，最要緊的關係，包括宮廷中的君臣關係，以及家族中宗主關係。建立秩序的目的，務要使長幼尊卑關係，皆能明確，也要使君王至平民百姓，皆能在秩序中得到安頓。

二、政權的尊卑次序

首先在宮廷的君臣關係方面，天子、諸侯和大夫因祭祀禮儀規定，祭祀對象有別，所以藉由明祭祀對象之差別，可達端正天子、諸侯和大夫三者尊卑上下關係的效果。

1、祭祀對象有別

在祭祀對象上面，天子祭祀的對象爲天神，包括上帝、五帝和日月星辰〔註6〕，上帝是天神之中至高的權威者〔註7〕，五帝包括黃帝〔註8〕、蒼

知重考據，於禮最多涉及。清儒考禮，其所用心，僅在古紙堆中。朱子治禮，則以社會風教實際應用爲主。」（《朱子新學案》，第四冊，〈朱子之禮學〉，台北：三民書局總經銷，1971 年，頁 113）

〔註6〕朱子引《周禮・春官・大司樂》說：「乃奏黃鍾，歌大呂，舞《雲門》，以祀天神。（鄭注：以黃鍾之鐘、大呂之聲爲均者，黃鍾，陽聲之首，大呂爲之合，奏之以祀天神，尊之也。天神，謂五帝及日月星辰也。王者又各以夏正月祀其所受命之帝於南郊，尊之也。《孝經說》曰：「祭天南郊，就陽位」是也。）（《周禮・春官・大司樂》）」（《儀禮集傳集註卷二十七》〈王朝禮四之上・樂制〉，《朱子全書》，第 3 冊，頁 967）由此段看來，天神包括五帝以及日月星辰，爲祭祀諸帝以及日月星辰的泛稱，祭祀須奏黃鍾、歌大呂和舞《雲門》。

〔註7〕在朱子所引《禮記・月令》有這一段描述：「是月也，天子乃以元日祈穀于上帝。（鄭注：謂以上辛郊祭天也。《春秋傳》曰：「夫郊祀后稷，以祈農事。是故啓蟄而郊，郊而後耕。」上帝，大微之帝也。）乃擇元辰，天子親載耒耜，措之參保介之御間，帥三公、九卿、諸侯、大夫，躬耕帝藉。天子三推，三公五推，卿諸侯九推。（鄭注：元辰，蓋郊後吉亥也。耒，耜之上曲也。保介，車右也。置耒耜於車右與禦者之間，明己勸農，非農者也。人君之車，必使勇士衣甲居右而參乘，備非常也。保，猶衣也。介，甲也。帝藉，爲天神借民力所治之田也。）反，執爵于大寢，三公、九卿、諸侯、大夫皆御，命曰：勞酒。」（《儀禮集傳集註卷二十六》〈王朝禮三之下・月令〉，《朱子全書》，第 3 冊，頁 920～921）

〔註8〕《禮記・月令》說：「中央土。（鄭注：火休而盛德在土也。）其日戊己。其帝黃帝，其神后土。（鄭注：此黃精之君，土官之神，自古以來，著德立功者也。黃帝，軒轅氏也。后土，亦顓頊氏之子曰黎，兼爲土官。）（《禮記・月令》）」（《儀禮集傳集註卷二十六》〈王朝禮三之下・月令〉，《朱子全書》，第 3 冊，頁 941）

帝〔註9〕、赤帝〔註10〕等。

宮廷中對上下四方之神，也由天子帶領各諸侯進行〔註11〕，公、侯、伯、子、男都各有自己要站的位置，各按其職、各司其位。

天子所在位份最高，百神皆可祭祀，諸侯則不能祭天地，在自己的封地之內，可以因為益民的緣由，祭祀山林川谷，但若是不在其境內，則依照規定不可以祭〔註12〕，《禮記・王制》有一個簡要的說明：

〔註9〕 「是月也，以立春。先立春三日，大史謁之天子曰：某日立春，盛德在木。天子乃齊。立春之日，天子親帥三公、九卿、諸侯、大夫以迎春於東郊。還反，賞公卿、諸侯、大夫於朝。（鄭注：迎春，祭蒼帝靈威仰於東郊之兆也。《王居明堂禮》曰：出十五裡迎歲。蓋殷禮也。周近郊五十里。賞，謂有功德者有以顯賜之也。朝，大寢門外。）命相布德和令，行慶施惠，下及兆民。慶賜遂行，毋有不當。乃命大史守典奉法，司天日月星辰之行，宿離不貸，毋失經紀，以初為常。（鄭注：典，六典。法，八法也。離，讀如儷偶之儷。宿儷，謂其屬馮相氏、保章氏，掌天文者，相與宿偶，當審候伺，不得過差也。經紀，謂天文進退度數。）《禮記・月令》」（《儀禮集傳集註卷二十六》〈王朝禮三之下・月令〉，《朱子全書》，第 3 冊，頁 919～920）

〔註10〕 「立夏之日，天子親帥三公、九卿、大夫以迎夏於南郊。還反，行賞，封諸侯。慶賜遂行，無不欣說。（鄭注：迎夏，祭赤帝赤熛怒於南郊之兆也。不言帥諸侯，而云封諸侯，諸侯時或無在京師者，空其文也。）《禮記・月令》」（《儀禮集傳集註卷二十六》〈王朝禮三之下・月令〉，《朱子全書》，第 3 冊，頁 932）

〔註11〕 如〈覲禮〉所述關於「方明」的記載：「諸侯覲於天子，為宮方三百步，四門，壇十有二尋、深四尺，加方明於其上。（鄭注：方明者，上下四方神明之象也。上下四方之神者，所謂神明也。會同而盟，明神監之，則謂之天之司盟，有象者，猶宗廟之有主乎？王巡守，至於方嶽之下，諸侯會之，亦為此宮以見之。）方明者，木也，方四尺，設六色，東方青，南方赤，西方白，北方黑，上玄，下黃。設六玉，上圭，下璧，南方璋，西方琥，北方璜，東方圭。（鄭注：六色象其神，六玉以禮之。上宜以蒼璧，下宜以黃琮，而不以者，則上下之神非天地之至貴者也。設玉者，刻其木而著之。）上介皆奉其君之旗，置於宮，尚左。公、侯、伯、子、男，皆就其旗而立。四傳擯。天子乘龍，載大旗，象日月、升龍、降龍；出，拜日於東門之外，反祀方明。（〈周禮・覲禮〉）」（《儀禮集傳集註卷二十四》〈王朝禮一・覲禮第四十三〉，《朱子全書》，第 2 冊，頁 877～878）

〔註12〕 〈祭法〉有詳盡的說明：「埋少牢於泰昭，祭時也。相近於坎壇，祭寒暑也。王宮，祭日也。夜明，祭月也。幽宗，祭星也。雩宗，祭水旱也。四坎壇，祭四方也。山林、川谷、丘陵能出雲為風雨，見怪物，皆曰神。有天下者祭百神；諸侯在其地則祭之，亡其地則不祭。（注曰：昭，明也，亦謂壇也。時，四時也，亦謂陰陽之神也。埋之者，陰陽出入於地中也。凡此以下，皆祭用少牢。相近，當為禳祈，聲之誤也。禳，猶卻也。祈，求也。寒暑不時，則或禳之，或祈之。寒於坎，暑於壇。王宮日壇。王，君也，日稱君。宮壇，

　　天子祭天地，諸侯祭社稷，大夫祭五祀。天子祭天下名山大川：五
　　嶽視三公，四瀆視諸侯。諸侯祭名山大川之在其地者。

　　（《禮記‧王制》）〔註13〕

上面這段引文說明天子可以祭天地，諸侯可以祭社稷，大夫只能祭五祀，天
子可以祭所有的名山大川，但諸侯只能祭祀自己在地之內的山川〔註14〕，等
級制度由祭祀的體制上顯得非常清楚明確〔註15〕。

2、社稷為王權落實於地方的媒介

　　而諸侯與大夫所祭之社稷、五祀和五嶽統稱爲地示〔註16〕，雖不說爲祭
地，但實則皆爲祭地〔註17〕。其中社稷是最值得注意的，社稷是土神，社的

營域也。夜明，亦謂月壇也。宗，皆當爲禜，字之誤也。幽禜，亦謂星壇也，
星以昏始見，禜之言營也。雩禜，亦謂水旱壇也。雩之言吁嗟也。《春秋傳》
曰：「日月星辰之神，則雪霜風雨之不時，於是乎禜之。」「山川之神，則水
旱癘疫之不時，於是乎禜之。」四方，即謂山林、川谷、丘陵之神也。祭山
林、丘陵於壇，川谷於坎，每方各爲坎爲壇。怪物雲氣，非常見者也。有天
下，謂天子也。百者，假成數也。疏曰：「埋少牢於泰昭祭時也」者，謂祭四
時陰陽之神也。……「山林川谷丘陵能出雲爲風雨，見怪物，皆曰神」者，
此明四坎壇所祭之神也。怪物，慶雲之屬也。風雨雲露並益於人，故皆曰神
而得祭也。「有天下者祭百神」者，有天下，謂天子也。祭百神者，即謂山林
川谷，在天下而益民者也。天子祭天地四方，言百神，舉全數也。「諸侯在其
地則祭之」者，諸侯不得祭天地，若山林川澤在其封內而益民者，則得祭之，
如魯之泰山、晉之河、楚之江漢是也。「亡其地則不祭」者，亡，無也。謂其
境內地無此山川之等，則不得祭也。）（《禮記‧祭法》）」（《儀禮經傳通解續
卷第二十一》〈祭禮五‧祭法〉，《朱子全書》，第 4 冊，頁 2364～2365）

〔註13〕《儀禮經傳通解續卷第二十一》〈祭禮五‧祭法〉，《朱子全書》，第 4 冊，頁
2363。

〔註14〕參考孫致文：「朱子承繼《禮》典的記載，特別強調了名位、等級上下之別。
從理氣關係而論，我們固然可能質疑朱子所言祭祀者與受祭的天地山川之間
的關係；但由此卻正可看出朱子藉由祭祀活動穩固社會結構的用心。這也是
『禮』的功用之一。」（孫致文：〈朱熹祭祀觀管窺〉，《當代儒學研究》第四
期 2008.7，頁 54～55）

〔註15〕鄒昌林說：「祭祀是一種權力。祭祀的範圍有多大，權力就有多大。」（《中國
古禮研究》，台北市：文津出版社，1992 年出版，頁 221）

〔註16〕「示」字，異體字作示，正體字作「示」，地神，通祇。（參考教育部異體字
字典）

〔註17〕〈宗伯〉有如下的說明：「以血祭祭社稷、五祀、五嶽，以貍沈祭山林川澤，
以疈辜祭四方百物。（注曰：不言祭地，此皆地祇，祭地可知也。陰祀自血起，
貴氣臭也。社稷，土穀之神，有德者配食焉，共工氏之子曰句龍，食於社；
有厲山氏之子曰柱，食於稷。湯遷之而祀棄。故書「祀」作「禩」，「疈」爲

基本意思是后土〔註18〕，在地方設置的「社」，既表示神明居於當地，也代表
王權在當地的落實〔註19〕，朱熹引用《禮記・祭法》說：

王爲群姓立社曰太社，王自爲立社曰王社；諸侯爲百姓立社曰國社，
諸侯自爲立社曰侯社；大夫以下成群立社曰置社。（《禮記・祭法》）
〔註20〕

上述引文表達的立社觀點，使得王至諸侯、大夫等級區分確化，「社」也成
爲君民間的中介角色〔註21〕，透過社，政教法令落實於地方〔註22〕，因此祭

「罷」。鄭司農云：『禓當爲祀，書亦或作祀。五祀，五色之帝，於王者宮中
曰五祀。罷辜，披磔牲以祭，若今時磔狗祭以止風。』玄謂：此五祀者，五
官之神，在四郊。四時迎五行之氣於四郊，而祭五德之帝，亦食此神焉。少
昊氏之子曰重，爲句芒，食於木；該爲蓐收，食於金；脩及熙爲玄冥，食於
水。顓頊氏之子曰黎，爲祝融、後土，食於火、土。五嶽：東曰岱宗，南曰
衡山，西曰華山，北曰恆山，中曰嵩高山。不見四瀆者，四瀆五嶽之匹，或
省文。祭山林曰埋，川澤曰沈，順其性之含藏。疈，疈牲胸也。疈而磔之，
謂磔禳及蠟祭。《郊特牲》曰：『八蠟以記四方，四方年不順成，八蠟不通，
以謹民財也。』又曰：『蠟之祭也，主先嗇而祭司嗇也，祭百種以報嗇也。饗
農及郵表畷、禽獸，仁之至，義之盡也。』）（《周禮・春官・宗伯》）」（《儀禮
經傳通解續卷第二十一》〈祭禮五・祭法〉，《朱子全書》，第 4 冊，頁 2355）

〔註18〕「是月也，安萌芽，養幼少，存諸孤。擇元日，命民社。（鄭注：社，后土也。
使民祀焉，神其農業也。祀社日用甲。）（《禮記・月令》）」（《儀禮集傳集註
卷二十六》〈王朝禮三之下・月令〉，《朱子全書》，第 3 冊，頁 923）

〔註19〕「社，所以神地之道。（疏曰：『社所以神地之道也』者，言立社之祭，是神
明於地之道故也。）（《禮記・郊特牲》）」（《儀禮經傳通解續卷第二十三》〈祭
禮七・地示〉，《朱子全書》，第 4 冊，頁 2508）這邊所言的「神地之道」就是
神明於地之道的意思。

〔註20〕《儀禮經傳通解續卷第二十三》〈祭禮七・地示〉，《朱子全書》，第 4 冊，頁
2498。

〔註21〕《孟子》書中也以「社稷」作爲君民之中介角色：「諸侯危社稷，則變置。（集
注：諸侯無道，將使社稷爲人所滅，則當更立賢君，是君輕於社稷也。）犧
牲既成，粢盛既潔，祭祀以時，然而旱乾水溢，則變置社稷。（集注：祭祀不
失禮，而土谷之神不能爲民御災捍患，則毀其壇壝而更置之，亦年不順成，
八蠟不通之意，是社稷雖重於君而輕於民也。）（《孟子・盡心下》）」（《儀禮
經傳通解續卷第二十三》〈祭禮七・地示〉，《朱子全書》，第 4 冊，頁 2512）
孟子在君、社稷和民三者關係的處理上，社稷爲地方上重要的祭祀，民敬於
社稷的祭祀，也是民在王權、王治下安居樂業的表徵，若諸侯無道，使得社
稷不爲人民所重視，而滅社稷，那就表示，眞正該變置的其實是君，這是君
輕於社稷，反之，若人民重視社稷祭祀，但土谷之神沒有善盡御災捍患的職
責，那麼則需要變置社稷，這是社稷輕於民。

〔註22〕「命降于社之謂殽地。（注曰：謂教令由社下者也。社，土地之主也。《周禮》

祀絕不僅僅爲一宗教行爲，而是帶有明政治次序的活動，《禮記・經解》有句
話說：

> 喪祭之禮，所以明臣子之恩也。喪祭之禮廢，則臣子之恩薄，而倍
> 死忘生者眾矣。（《禮記・經解》）〔註23〕

所以朱熹認爲祭祀是一種藉著宗教，以端正尊卑次序的方法，根據祭祀對象
的區別，以及社稷的運用，在宮廷禮儀中，藉著祭祀，可達到端正君臣關係，
以及強化中央與地方政權秩序的目的。

秩序的建立在政治上，主要在君臣關係，而在家族中，禮儀則用在端正
宗主關係。

二、宗族中的長幼次序

家族中的祭祀目的主要在於親屬關係的落實，與長幼尊卑制度的維繫，表
明家族中宗子和庶子的關係，以及別子爲祖和繼別爲宗的問題，確立宗族體系。

朱熹對於親屬關係的處理，主要置於〈家禮〉中的〈五宗〉，〈五宗〉出
自朱熹之手，爲朱熹綜合多家之言而來，朱熹說：

> 古無此篇，今取《小戴・喪服小記》、《大傳》、《曾子問》、《內則》、
> 《文王世子》、《檀弓》、《曲禮》篇及此經《喪服傳》、《春秋》內外
> 傳、《家語》、《白虎通義》、《書大傳》、《孔叢子》等書之言宗子之法
> 以治族人者，創爲此篇。〔註24〕

由此可知宗族中的宗族體系與宗族關係，相當受到朱熹的重視。

1、宗庶關係

在宗庶關係上面，禮儀上有「庶子不祭」的規定，朱熹引《禮記・喪服
小記第十五》說：

土會之法，有五地之物生。疏曰：直云『命降于社之謂殽地』。命者，政令之
命，降下於社，謂從社而來以降民也。社即地也，指其神謂之社，指其形謂
之地。法社以下教令，故云之謂殽地。地有五土，生物不同，人君法地，亦
養物不一也。又曰：下文『社者，神地之道』，此云『土地之主』，主則神也。）
（《禮記・禮運》）」（《儀禮經傳通解續卷第二十三》〈祭禮七・地示〉，《朱子
全書》，第 4 冊，頁 2508）
〔註23〕《儀禮經傳通解續卷第十五》〈喪禮十三・喪禮義十五〉，《朱子全書》，第 4
冊，頁 2005～2006。
〔註24〕〈篇第目錄〉，《朱子全書》，第 2 冊，頁 32～33。

庶子不祭，明其宗也。（今按：此依《大傳》文，直謂非大宗則不得祭。別子之爲祖者非小宗則各不得祭其四小宗所主之祖禰也。……而鄭氏曲爲之說，……張子曰：宗子既祭其祖禰，支子不得別祭，所以嚴宗廟合族屬，故曰庶子不祭祖禰明其宗也。）

（《禮記·喪服小記第十五》）〔註25〕

由上述引文可知在祭祀上「庶子不祭」是爲了明確宗子的地位，區別宗庶，以達到「嚴宗廟合族屬」的目的〔註26〕。

不論別子爲祖，或者繼別爲宗〔註27〕，宗子和庶子（或稱支子）的區別，必須由祭祀禮儀上顯明，才能強化家族親屬間的聯繫，使得長幼親疏都能在有次序的連結上，得到安頓〔註28〕。

〔註25〕《儀禮經傳通解卷五》〈家禮五·五宗第七〉，《朱子全書》，第2冊，頁203。

〔註26〕庶子不祭是爲了明宗主關係，但並不意味著庶子一定不能祭，下面兩段引文可爲證：

第一段：

「支子不祭，祭必告於宗子。（程子曰：古所謂『支子不祭』者，惟使宗子立廟主之而已。支子雖不祭，至於齋戒致其誠意，則與主祭者不異。可與，則以身執事，不可與，則以物助，但不別立廟爲位行事而已。後世如欲立宗子，當從此義。雖不祭，情亦可安。若不立宗子，徒欲廢祭，適足長惰慢之志，不若使之祭，猶愈於已也。）（《禮記·曲禮下》）」（《儀禮經傳通解卷五》〈家禮五·五宗第七〉，《朱子全書》，第2冊，頁206）依程子的說法，若是秉持齋戒誠敬之心，祭與不祭不過是形式而已。

第二段：

「曾子問曰：『宗子去在他國，庶子無爵而居者可以祭乎？』孔子曰：『祭哉。』（注：子孫存，不可以乏先祖之祀。疏曰：孔子既許其祭，以無正文得祭，故云『祭哉』。『哉』者，疑而量度之辭。）（《禮記·曾子問》）」（《儀禮經傳通解卷五》〈家禮五·五宗第七〉，《朱子全書》，第2冊，頁209）對於曾子的提問，若宗子不在，庶子可否祭祀的問題，孔子只是簡單回答「祭哉」二字而已，可見不乏先祖之祭才是最重要的，庶子祭與不祭其實並不是必然的律則。

〔註27〕「別子爲祖，（鄭注：諸侯之庶子，別爲後世爲始祖也。謂之別子者，公子不得禰先君。又若始來在此國者，後世亦以爲祖也。）繼別爲宗（鄭注：別子之世長子爲其族人爲宗，所謂百世不遷之宗。又曰：別子之世適也，族人尊之，謂之大宗，是宗子也。）（《禮記·喪服小記第十五》）」（《儀禮經傳通解卷五》〈家禮五·五宗第七〉，《朱子全書》，第2冊，頁201）

〔註28〕參考孫致文：「雖然在朱子之時『大宗』、『小宗』之別已不再延續，但朱子仍十分強調『長子』在祭儀中的特別地位。」孫致文並舉兩項引文，可供參考，一是陳淳《北溪字義》：「古人宗法，子孫於祖先，亦只是嫡派方承祭祀，在旁支不敢專祭。」（點校本，頁60）另一項爲《文集》卷五一〈與黃子耕·

2、嚴宗廟與三綱六紀

　　爲強化家族親屬間的聯繫，以及確立長幼尊卑次序，嚴宗廟是當中相當重要的一環，並且秩序建立的目標，是以「三綱六紀」爲最終企求。

　　朱熹爲說明嚴宗廟的緣由，在〈家禮五・五宗第七〉篇，引《禮記・大傳》並孔穎達《疏》說：

> 親親故尊祖，尊祖故敬宗，敬宗故收族，收族故宗廟嚴，宗廟嚴故重社稷，重社稷故愛百姓，愛百姓故刑罰中，刑罰中故庶民安，庶民安故財用足，財用足故百志成，百志成故禮俗刑，禮俗刑然後樂。
>
> （疏曰：「親親故尊祖」者，以己上親於親，親亦上親於祖，以次相親，去已高遠，故云尊祖。而祖既高遠，無由可尊，宗是祖之正胤，故敬宗。族人既敬宗子，故宗子亦收族人。若族人散亂，骨肉乖離，則宗廟祭享不嚴。若收之，則親族不散，昭穆有倫，則宗廟之所以尊嚴也。宗廟嚴，故重社稷，此以下並立宗之功也。始於家邦，終於四海，若能先嚴宗廟，則後乃社稷保重也。百姓，百官也。百官當職，更相匡輔，則刑罰皆得中也。上無淫行濫罰，故庶民安也。庶民各安其業，故財用得足也。財用既足，所以君及民人百志悉成。是謂倉廩實知禮節、衣食足知榮辱也。刑亦成也，天下既足，百志又成，則禮節風俗於是而成，所以長爲民庶所樂而不厭也。）
>
> （《禮記・大傳》）〔註29〕

這段引文說明嚴宗廟祭祀是相當重要的，對宗族而言是一方面強化親親尊祖，一方面使親族不散、昭穆有倫，對社稷、君臣民而言，則更具安定之效，宗廟祭祀對於秩序的建立，是「始於家邦，終於四海」的。

　　由上述宮廷中尊卑次序以及宗族中長幼次序，可知祭祀實有助於秩序的建立，而筆者以爲朱熹在秩序建立的目標，是以「三綱六紀」爲最終企求，朱熹在〈親屬記第八〉最後摘錄《白虎通義》「三綱六紀」之語：

一〉：「祭禮極難處，竊意神主唯長子得奉祀之，官則以自隨，影像則諸子各傳一本自隨無害也。支子之祭，先儒雖有是言，然竟未安。向見范丈兄弟所定：支子當祭，旋設紙牓於位，祭訖而焚之，不得已，此或可採用。然禮文品物，亦當少損於長子，或但一獻，無祝亦可以也。」（點校本，冊五，頁2359～2360）（孫致文：〈朱熹祭祀觀管窺〉，《當代儒學研究》第四期2008.7，頁52～53）

〔註29〕《儀禮經傳通解卷五》〈家禮五・五宗第七〉，《朱子全書》，第2冊，頁216。

三綱者何謂也？謂君臣、父子、夫婦也。六紀者，謂諸父、兄弟、族人、諸舅、師長、朋友也。故君爲臣綱，父爲子綱，夫爲妻綱。又曰：敬諸父兄，六紀道行，諸舅有義，族人有序，昆弟有親，師長有尊，朋友有舊。何謂綱紀？綱者，張也；紀者，理也。大者爲綱，小者爲紀，所以張理上下，整齊人道也。人皆懷五常之性，有親愛之心，是以綱紀爲化，若羅綱之有紀綱而萬目張也。君臣，父子，夫婦，六人也，所以稱三綱何？一陰一陽謂之道。陽得陰而成，陰得陽而序，剛柔相配，故六人爲三綱。六紀者爲三綱之紀者也。師長君臣之紀也，以其皆成己也；諸父兄弟父子之紀也，以其有親恩連也；諸舅朋友夫婦之紀也，以其皆有同志爲紀助也。謂之舅姑者何？舅者，舊也：姑者，故也。舊、故之者，老人之稱也。謂之姊妹何？姊者，咨也；妹者，末也。謂之兄弟何？兄者，況也；況父法也；弟者，悌也，心順行篤也。稱夫之父母謂之舅姑何？尊如父而非父者，舅也；親如母而非母者，姑也。故稱夫之父母爲舅姑也。（《白虎通德論卷七·三綱六紀》）〔註30〕

朱熹於《儀禮經傳通解》大行編纂之工，不僅含納三《禮》，其他相關書籍如《白虎通論》也編納於內，其藉由祭祀講述秩序重建的編著動機十分明確，並且包含的範圍上至宮廷，下至父子兄弟，乃一全面性三綱六紀的推行目標。

綜觀本節所述，朱熹作《儀禮經傳通解》，具有藉祭祀體制而建立秩序的目的。朱熹考量當時王安石變亂舊制的因素，以及當時宋代禮學的現況，認爲建立一套以古禮爲基礎的禮書，有其必要性，因此以《儀禮》爲經，加入其他禮書，以及相關材料，作成《儀禮經傳通解》。

在秩序的建立上，主要有政權的尊卑次序，以及家族中的長幼次序兩種。在政權的尊卑次序上，依照祭祀對象的區分，建立君臣關係中的尊卑次序，一方面保障王權的落實，一方面也穩固社會秩序。而在家族中的長幼次序上，則在確立宗庶關係，雖然庶子不祭的原則，在實際操作上仍可變通，但宗庶有別的宗旨對於嚴宗廟體制，以及振三綱六紀皆爲相當重要的部分。朱熹著重宗廟的態度，主要還是在使三綱六紀能落實。

〔註30〕《儀禮經傳通解卷第五》〈家禮六·親屬記第八〉，《朱子全書》，第 2 冊，頁 233。

因此祭祀對於秩序建立而言，較偏重工具性意義，祭祀本身非目的之完全，祭祀的實用價值，才是主要目的。

第二節　祭祀與德行教化

本節論述除秩序建立以外，鬼神祭祀尙有另一實踐目的，即在德行教化方面〔註 31〕。藉由對鬼神之崇敬，以「禮」教化人心，能夠使民敬上，以及行諸多德行。

教化的推行主要爲君王的工作，爲由上到下的政治行爲。君王在治理國家的方法上，除了刑罰以外，尙可推行禮樂，透過禮達到教化人心的作用。而敬鬼神則是當中相當重要的輔助，教化的落實需仰賴敬鬼神之心。如此長久推行，必可藉由祭祀達到涵養的功效，使眾人皆行仁孝之理。

一、禮爲君王治國之道

相較於刑罰管理之術而言，禮樂之道也是君王治國的途徑之一。

在〈學禮八・禮樂記第二十五〉篇，朱熹引《禮記・樂記》說祭祀是有別於刑罰的另一項君王治理之道，這段引文是：

> 是故先王之制禮樂，人爲之節：衰麻哭泣，所以節喪紀也；鐘鼓干
> 戚，所以和安樂也；昏姻冠笄，所以別男女也；射鄉食饗，所以正
> 交接也。禮節民心，樂和民聲，政以行之，刑以防之，禮樂刑政，
> 四達而不悖，則王道備矣。(《禮記・樂記》)〔註 32〕

此處將禮樂與刑政並舉，說明二者同爲治理之道，先王制禮使人有節度，禮儀祭祀節制民心，禮樂刑政四者若能達而不悖，那麼王道就完備了。

〔註 31〕　參考孫致文：「祭祀鬼神的儀式與人類社會的存續，關係密切。或許我們也可以藉由這一觀念，闡發朱子的祭祀觀：對積極關懷現世的朱子而言，祭祀所展現的教化意義與效用，遠比個人思想中「理氣論」的圓熟重要。若將『鬼神』純然視作自然之『氣』，自然可以不必理會世俗詭異可怖之說；然而，如此一來，經由『祭祀』所蘊含的人文意義即無法彰顯。因此，『鬼神祭祀』在朱子的思想體系中，同樣不會被輕易否定。我們認爲唯有如此，才能理解朱子兼含多義的鬼神觀，也才能體認朱子對重視祭祀的原因。」(孫致文：〈朱熹祭祀觀管窺〉，《當代儒學研究》第四期 2008.7，頁 58)

〔註 32〕　《儀禮經傳通解卷第十四》〈學禮八・禮樂記第二十五〉，《朱子全書》，第 2 冊，頁 527。

因此單有刑政是不足夠的，王道之治，還需要加之禮樂，才能完備。

二、敬鬼神爲教化媒介

祭祀雖爲禮儀形式，但藉由其中鬼神的宗教意涵，卻可達教化之效，使人藉由敬鬼神而愛君。

下面這段引文是朱熹引《周禮》說明祭祀對於國家的重要，朱熹所引的是：

> 國索鬼神而祭祀，則以禮屬民而飲酒于序，以正齒位：壹命齒于鄉里，再命齒于父族，三命而不齒。凡其黨之祭祀、喪紀、婚冠、飲酒，教其禮事，掌其戒禁。……閭胥：凡春秋之祭祀、役政、喪紀之數，聚眾庶。既比，則讀法，書其敬、敏、任、恤者。
>
> （《周禮・地官司徒》）〔註33〕

這段引文說明因爲鬼神的緣故，祭祀成爲一教民之法。這是宗教力量的轉移，也是使宗教成爲一教化的途徑和媒介〔註34〕。藉由祭祀，能教人嚴上愛君。

關於嚴上的部分，在《禮記・禮運》並鄭注，有這樣一段關於「教民嚴上」的記載：

> 夫禮，必本於天，殽於地，列於鬼神，達於喪祭。（鄭注：聖人則天之明，因地之利，取法度於鬼神，以制禮下教令也。既又祀之，盡其敬也，教民嚴上也。鬼者，精魂所歸，神者，引物而出，謂祖廟

〔註33〕 《儀禮經傳通解卷第九》〈學禮一之上・學制第十六〉，《朱子全書》，第2冊，頁386～388。

〔註34〕 參考傅佩榮：「禮的開展，顯然以其宗教性爲底基；正由於忽略、遺忘了這種宗教性，才造成『禮壞樂崩』的現象。禮的宗教性一半喪失，餘下的具體儀節只能被統治者用來畏其臣民，使不踰法，而祭祀的真正價值也只是用來鞏固人民而已。如此，禮成爲一種工具或手段，喪失原始涵義，只剩下外在形式而已。這正是『禮壞樂崩』的困境，也正是孔子所深以爲憂的。」（傅佩榮：《儒道天論發微》，台北市：台灣學生書局，1985年10月初版，頁99）以及「強調春秋時代的『禮』與宗教無關，並不能證明宗教不重要，反而說明了春秋時代何以沒落。同時，未解決當時的危機，也只有設法復興原始的文化理念──亦即禮之原始內涵：統合全部存有領域，如宗教、政治、與道德爲其犖犖大者。禮之內涵，係由宗教擴及政治與道德。現在孔子則以仁代禮，由原屬道德義的仁出發。這一取代，常被描述爲『人文主義的』，但是稍後我們將會發現，它的基礎仍在於深刻的宗教情操。」（傅佩榮：《儒道天論發微》，台北市：台灣學生書局，1985年10月初版，頁101～102）

第六章　祭祀──以《儀禮經傳通解》爲中心

山川五祀之屬也。民知嚴上，則此禮達於下也。）（《禮記・禮運》）
〔註35〕

鄭玄指出禮的教化作用在於人們藉由祭祀表達敬意，同時也受教嚴上之理。

而關於敬愛君主的部分，則出現在朱熹所編〈王朝禮十・王制之己〉篇中，朱熹選錄《左傳・襄公十四年》）的一段話，說到：

> 晉侯曰：「衛人出其君，不亦甚乎？」對曰：「或者其君實甚，良君將賞善而刑淫，養民如子，蓋之如天，容之如地；民奉其君，愛之如父母，仰之如日月，敬之如神明，畏之如雷霆，其可出乎？」
> （《左傳・襄公十四年》）〔註36〕

這段對話也在說明民對君的態度是愛之如父母、敬之如神明，這些都是祭祀所帶來的教化功效。

因此朱熹強化祭祀，有藉宗教行教化的用意，使人們重視祭祀、重視當中的重要性，再轉化其中意涵，教化人民從中學習敬君、愛君之理。而在諸多祭祀之禮中，喪祭之禮是更值得注意的。

三、喪祭禮爲涵養仁愛之途

喪祭禮是諸多禮儀當中，相當重要的部分，而其中教化的意涵，也甚爲濃厚，能使人從中涵養仁孝之心。

在朱熹所排定〈喪禮十三・喪禮義十五〉篇中，選錄了《大戴禮記・盛德》的一段話說：

> 凡不孝生於不仁愛也，不仁愛生於喪祭之禮不明，喪祭之禮所以教仁愛也。致愛故能致喪祭，春秋祭祀之不絕，致思慕之心也。夫祭祀致饋養之道也，死且思慕饋養，況於生而存乎？故曰喪祭之禮明，則民孝矣。故有不孝之獄，則飾喪祭之禮。（《大戴禮記・盛德》）〔註37〕

這段話說明喪祭之禮能教仁愛，而有了仁愛之心，自然就能行孝，禮雖爲外在的形式，但在春秋不斷絕的祭祀中，人能漸漸涵養對先人的思慕之心，以

〔註35〕《儀禮經傳通解續卷第十五》〈喪禮十三・喪禮義十五〉，《朱子全書》，第 4 冊，頁 2005。

〔註36〕《儀禮集傳集註卷三十三》〈王朝禮十・王制之己〉，《朱子全書》，第 3 冊，頁 1104。

〔註37〕《儀禮經傳通解續卷第十五》〈喪禮十三・喪禮義十五〉，《朱子全書》，第 4 冊，頁 2006。

－167－

及饋養之道，漸生仁愛之心。假如對於喪祭之事，能打從心裡重視，那麼更何況是對於在世之人的奉養呢？所以喪祭之禮明，則民歸孝，人可藉由喪祭之禮，學習仁愛之心與孝道。

祭祀與仁愛之心本屬兩樣不同的屬性，但卻巧妙的結合起來，由祭祀之禮蘊含的教化目的來看，禮不僅僅只是形式上的儀式而已，其中更具有實質的實用性意涵。

因此，在祭祀與德行教化的關係方面，經由祭祀與敬鬼神之心，君王可以對人民推行教化的工作，使人民敬愛君主，一來可作爲刑政的輔助，二來也可作爲仁愛與孝道的涵養教化之用。

因此朱熹看待祭祀，極重當中教化的實用性意涵，重視祭祀的當中，實在於於教化的目的。

第三節　以禮化氣

由本章前面兩節所論，祭祀的目的在建立秩序與德行教化來看，朱熹對於「禮」的看法與孔子禮學思想極具相似性，因此若要深究《儀禮經傳通解》中的內涵，有必要先回顧孔子對於「禮」的看法，以及朱熹對於孔子「禮」的相關詮釋。

在《論語》中與禮內涵相關的命題可取「義以爲質」和「克己復禮爲仁」二者，勞思光將此二者視爲孔子欲行之兩件事，先「攝禮歸義」，繼而「攝禮歸仁」〔註38〕。「復周禮」的推廣就禮而言，僅爲表面形式，實質上「義」與「仁」才是孔子眞正要廣推的內涵。

本節論述朱熹作《儀禮經傳通解》既有「復古禮」的動機，於立基點上已與孔子相同，並且朱熹對「禮」內涵的規定，亦與孔子一致，惟途徑略有不同。朱熹作《儀禮經傳通解》是以理氣論重造孔子「克己復禮」的內涵。下文依循禮義與禮仁兩個方面分述：

一、將以義爲質轉爲以理爲質

朱熹在《儀禮經傳通解》中對「義」的詮釋，與孔子一致，唯以「理」代之，將「以義爲質」轉爲「以理爲質」。

〔註38〕參考勞思光：《新編中國哲學史》，台北市：三民書局，1984，頁110～122。

1、對孔子「義以為質」的詮釋

　　先看朱熹對孔子「義以爲質」的詮釋，在「義以爲質」的部分，「義以爲質」出現在〈衛靈公〉：「子曰：君子義以爲質，禮以行之，孫以出之，信以成之。君子哉。」朱子將這一段話解釋爲：

　　　　義者制事之本，故以爲質榦。而行之必有節文，出之必以退遜，成
　　　　之必在誠實，乃君子之道也。〔註39〕

朱熹說明一個君子必定具備行有節文禮儀、出有退遜謙讓、成事必以誠實等表現，但這些皆屬外在的「禮」，在內必須先固好質榦，也就是「禮」的內涵「義」，這是闡述禮和義的關係，以義作爲禮的內容，而禮爲義的外在具體實踐，禮義爲一表裡關係。

　　外在具體行爲「禮」的實踐固然重要，但作爲禮之根本的「義」是更爲重要的，在《論語》〈八佾〉篇：「林放問禮之本。子曰：大哉問。禮，與其奢也，寧儉；喪，與其易也，寧戚。」這是一段相當著名討論禮之本的對話，所謂「本」，是有別於繁文縟節的行禮之本，孔子的回答表示孔子縱然對於儀文相當重視，但禮之本，也就是在所有儀節背後那作爲「本」者，才是孔子更爲著重的關鍵。

　　儀文的鋪張或者簡易，對孔子而言並不是行禮真正重要的地方，在行禮的當下，儀節的當中，行禮者所表現的禮的本質才是核心。

　　在林放問禮這一段話，朱子的解釋是：

　　　　林放，魯人。見世之爲禮者，專事繁文，而疑其本之不在是也，故
　　　　以爲問。孔子以時方逐末，而放獨有志於本，故大其問。蓋得其本，
　　　　則禮之全體無不在其中矣。易，治也。孟子曰：「易其田疇。」在喪
　　　　禮，則節文習熟，而無哀痛慘怛之實者也。戚則一於哀，而文不足
　　　　耳。禮貴得中，奢易則過於文，儉戚則不及而質，二者皆未合禮。
　　　　然凡物之理，必先有質而後有文，則質乃禮之本也。〔註40〕

朱熹認爲林放因爲見世人多專重繁縟儀文，而不一定看到儀節當中的「本」，所以有此問，孔子的回答也似乎表示孔子以儀文爲末，若先求其本，諸多儀

〔註39〕《四書章句集注》〈論語集注卷八・衛靈公第十五〉，北京中華書局，1983 年
　　　　10 月，頁 165。
〔註40〕《四書章句集注》〈論語集注卷二・八佾第三〉，北京中華書局，1983 年　10
　　　　月，頁 62。

節自然就能掌握，這並非表示儀節不重要，反而單憑儉樸哀戚也是不足的，只是要先有質後有文，由本而末、內外兼顧，行禮才能得中。

　　而此處所說的「質」正是〈衛靈公〉篇所說的「義」，所以依照朱熹的解釋，孔子以義爲禮之質和禮之本，義與禮有著本末的關係，守住了義，才能得禮之全體。然而，朱熹事實上將孔子所說的「義」理解爲「天理」。

2、將義解釋為天理

　　朱熹雖保留孔子以義爲本的意涵，但實際上是將孔子所說的「義」理解爲「天理」。

　　在《論語》〈里仁〉篇中，孔子說：「君子喻於義，小人喻於利」，朱熹解釋「義」爲「天理之所宜」，「利」爲「人情之所欲」〔註41〕所以朱子對於「義」的理解，即爲「天理」。

　　朱熹在解釋〈冠義〉〔註42〕時也運用了《論語》「義以爲質」的觀點，下面這段引文是《禮記‧冠義》的一段話，並朱熹的注解：

> 傳曰：禮之所尊，尊其義也。言禮之所尊，尊其有義也。失其義，陳其數，祝史之事也。故其數可陳也，其義難知也。知其義而敬守之，天子之所以治天下也。言政之要盡於禮之義。今按：此蓋秦火之前，典籍具備之時之語，固爲至論。然非得其數，則其義亦不可得而知矣。況今亡逸之餘，數之存者不能什一，則尤不可以爲祝史之事而忽之也。（《禮記‧冠義》）〔註43〕

這段話說明禮義需要兼重，禮儀之所以重要是貴在禮儀當中所指的義理，但是若在禮數不全的時候，先求其禮儀的完備，才是首先要作的，所以不能將

〔註41〕　《四書章句集注》〈論語集注卷二‧里仁第四〉，北京中華書局，1983 年 10
　　　　　月，頁 73。
〔註42〕　〈冠義第二〉是朱子用來說明冠禮的篇章，朱子說：「此《小戴記》第四十
　　　　　三篇，蓋漢儒所造以釋冠禮之義者也。《家語‧冠頌篇》略見天子、諸侯、
　　　　　大夫之禮，《小戴‧曾子問》中有變禮，《春秋》內外傳有事證，今皆以附
　　　　　於後，定爲第二，而遞改下篇之次云。」（〈篇第目錄〉，《朱子全書》，第 2
　　　　　冊，頁 31）朱子於〈冠義第二〉重在申明冠禮的重要性，在一開始朱子即
　　　　　選入《禮記‧冠義》的一段話，說明禮的重要性，以及尊禮是在於尊禮中
　　　　　之義理。
〔註43〕　《儀禮經傳通解卷一》〈家禮一下‧冠義第二〉，《朱子全書》，第 2 冊，頁 71。
　　　　　底線爲筆者自劃，標其文爲朱子注。

禮數僅視爲是祝史之事就忽略，反而要知道當中的義，並且以敬重的態度持守各樣禮數，才是天子治理天下的好方法〔註44〕。

由於朱熹將「義」看做「天理」，所以這段〈冠義〉的解釋也可以看做朱熹是以「理」作爲禮的內涵。

二、將克己復禮轉爲以禮（理）化氣

「克己復禮」出自〈顏淵〉，朱熹將「克己復禮」解釋爲勝過自己的私欲，然後復返天理節文，並且認爲克己當日日克之，所以爲仁工夫，當由每日之細小儀節做起，時日久了，自然就能達到克己復禮的效果。

1、對孔子「克己復禮」的解釋

《論語》中「克己復禮」出自〈顏淵〉：「顏淵問仁。子曰：『克己復禮爲仁。一日克己復禮，天下歸仁焉。爲仁由己，而由人乎哉？』」朱子對於這一段話解釋作：

> 仁者，本心之全德。克，勝也。己，謂身之私慾也。復，反也。禮者，天理之節文也。爲仁者，所以全其心之德也。蓋心之全德，莫非天理，而亦不能不壞於人慾。故爲仁者必有以勝私慾而復於禮，則事皆天理，而本心之德復全於我矣。歸，猶與也。又言一日克己復禮，則天下之人皆與其仁，極言其效之甚速而至大也。又言爲仁由己而非他人所能預，又見其機之在我而無難也。日日克之，不以爲難，則私慾淨盡，天理流行，而仁不可勝用矣。程子曰：「非禮處便是私意。既是私意，如何得仁？須是克盡己私，皆歸於禮，方始是仁。」又曰：「克己復禮，則事事皆仁，故曰天下歸仁。」謝氏曰：「克己須從性偏難克處克將去。」〔註45〕

〔註44〕參考戴君仁：「總之，禮意的轉變，和禮意的擴大，都是孔子啓其機，而更由先秦的儒者闡其旨。朱子之修儀禮經傳通解，正是紹先儒之學以詔後世。他重視禮的義，把郊特牲篇，『禮之所尊，尊其義也，失其義，陳其數，祝史之事也。故其數可陳也，其義難知也。知其義而敬守之，天子之所以治天下也。』這段話，錄在冠義篇前面。小戴記中講禮義的，都歸於內心，不事外求。故禮義明，則『事神致福』之禮，就轉變爲『恭儉莊敬』之禮。」（《三禮研究論集・書朱子儀禮經傳通解後》，李日剛等著，台北：黎明文化事業公司出版，1982年10月再版，頁307）

〔註45〕《四書章句集注》〈論語集注卷六・顏淵第十二〉，北京中華書局，1983年10月，頁131～132。

朱熹將「克己復禮」解釋為勝過自己的私欲，然後復返天理節文，儼然是一套理氣論的解釋方式。首先，克是克服、勝過的意思，己指的是個人的私欲，可認作是「氣」的部分，而禮是天理的節文，也就是說，朱熹認為克己復禮即是克己治氣，以達天理全然顯現。

心的全德就是仁，也就是天理完全的展現，但人因為有私欲，所以未能得以完全，藉由克己復禮，一方面克制自己的私欲，一方面行禮，透過作為將天理化為具體文字的禮，人可以為仁。並且克己復禮的功效是相當大的，若能日日克之，漸漸的私欲就會淨盡，而天理就可以完全展現。因此「克己復禮為仁」在朱子看來，我們也可以推論即為由細小處，每日做起的為仁工夫。

2、每日的細小為仁工夫

若看顏回「克己復禮」之後接下去對孔子的提問，以及朱熹的解釋，可以發現朱熹著重的重點在於每日細小的為仁工夫，所以細小儀節的部分是朱熹相當重視的。

這段《論語》的記載為：「顏淵曰：『請問其目。』子曰：『非禮勿視，非禮勿聽，非禮勿言，非禮勿動。』顏淵曰：『回雖不敏，請事斯語矣。』」（〈顏淵〉），朱熹注解如下：

> 目，條件也。顏淵聞夫子之言，則於天理人慾之際，已判然矣，故不復有所疑問，而直請其條目也。非禮者，己之私也。勿者，禁止之辭。是人心之所以為主，而勝私復禮之機也。私勝，則動容周旋無不中禮，而日用之間，莫非天理之流行矣。事，如事事之事。請事斯語，顏子默識其理，又自知其力有以勝之，故直以為己任而不疑也。程子曰：「顏淵問克己復禮之目，子曰，『非禮勿視，非禮勿聽，非禮勿言，非禮勿動』，四者身之用也。由乎中而應乎外，制於外所以養其中也。顏淵事斯語，所以進於聖人。後之學聖人者，宜服膺而勿失也，因箴以自警。其視箴曰：『心兮本虛，應物無跡。操之有要，視為之則。蔽交於前，其中則遷。制之於外，以安其內。克己復禮，久而誠矣。』其聽箴曰：『人有秉彝，本乎天性。知誘物化，遂亡其正。卓彼先覺，知止有定。閑邪存誠，非禮勿聽。』其言箴曰：『人心之動，因言以宣。發禁躁妄，內斯靜專。矧是樞機，

興戎出好，吉兇榮辱，惟其所召。傷易則誕，傷煩則支，己肆物忤，
出悖來違。非法不道，欽哉訓辭！』其動箴曰『哲人知幾，誠之于
思；志士勵行，守之於爲。順理則裕，從欲惟危；造次克念，戰兢
自持。習與性成，聖賢同歸。』」愚按：此章問答，乃傳授心法切要
之言。非至明不能察其幾，非至健不能致其決。故惟顏子得聞之，
而凡學者亦不可以不勉也。程子之箴，發明親切，學者尤宜深玩。
〔註46〕

朱子認爲顏回沒有繼續提問，而直接請問條目，是因爲顏回已經明白「克己
復禮爲仁」當中的天理人欲差異，以及應作的爲仁工夫。在「非禮勿視，非
禮勿聽，非禮勿言，非禮勿動」四個條目中，「非禮」表示此時不合乎天理，
人由私欲掌權，但這正也是心可以來作選擇，取回主導權的時候，此時若能
做到勿視、勿聽、勿言和勿動，那麼就可以勝過私欲以復禮。

　　由程子的話來看，這就是一種「由乎中而應乎外，制於外所以養其中」
的工夫，以人心來作主，對外在環境做出適當的反應，雖然是受限於外在環
境，視聽言動受到侷限，但是卻以此來養其中，使心之德可以透過復禮來展
現。

　　因此在《禮》書的編訂方面，個人禮教的養成也是朱子欲著重的重點〔註
47〕，朱熹新立〈家禮〉和〈學禮〉兩篇，將許多原本《儀禮》沒有的部分，
收放其中，講述個人在日常生活中的應對進退之道，極具實用性。

〔註46〕　《四書章句集注》〈論語集注卷六·顏淵第十二〉，北京中華書局，1983 年 10
　　　　　月，頁 132。
〔註47〕　參考王貽梁：「這樣的內容編排，很明顯地表示出朱熹注重禮的實用的思
　　　　　想。人們能夠根據自己的身份等即予實際需要，在《通解》中查到相對應
　　　　　的禮制儀式。朱熹重視禮的實際運用，貫穿著他的一生，而且歷久彌堅。
　　　　　朱熹的這種認識，發端於孔子的『克己復禮』，但更成熟，更有體系。朱熹
　　　　　生活的時代，儒家思想形成了『修身、齊家、治國、平天下』這樣較爲完
　　　　　整的思想體系，朱熹深得此理，並將之用來整理禮學思想。《通解》以家、
　　　　　鄉、學、邦國、王朝、喪、祭順序整理的理學體系，政事這種思想指導的
　　　　　產物，同時也是朱熹道德人本主義理學文化精神的反映，是將儒學內以修
　　　　　身的道德自律與對外行事的禮制規範相結合統一的結晶，從而建立起一條
　　　　　內外兼修兼濟的道路。」（王貽梁：《儀禮經傳通解》與朱熹的理學思想體
　　　　　系），朱杰人主編：《邁入 21 世紀的朱子學：紀念朱熹誕辰 870 週年、逝世
　　　　　800 週年論文集》，上海：華東師範大學出版社，2001 年 11 月，頁 292～
　　　　　293）

3、〈家禮〉和〈學禮〉中細小儀節的規定

在〈家禮〉方面，個人的循禮行義修養歷程，主要在於個人在家庭中，與家人和宗族間的應對關係，主要的內容在於〈內則第五〉〔註48〕、〈內治第六〉、〈五宗第七〉和〈親屬記第八〉。

〈內則第五〉內容主要說明在家中應如何侍奉父母舅姑的飲食和生活起居〔註49〕，以及如何盡孝〔註50〕。〈內治第六〉特為朱熹所創〔註51〕，篇中多為講述嫁為人婦之女子如何持家，尤其是天子之妻如何治理後宮〔註52〕，並舉《烈女傳・賢明・周宣姜后》中周宣姜后為例〔註53〕。

〔註48〕 〈內則第五〉出自《禮記》，朱子說：「此《小戴》第十二篇，蓋古經也。鄭氏以為記男女居室事父母、舅姑之法，以閨門之內禮儀可則，故曰〈內則〉。今案：此必古者學校教民之書，宜以次於〈昏禮〉，故取以補經而附以傳記之說云。」（〈篇第目錄〉，《朱子全書》，第 2 冊，頁 32）

〔註49〕 見「在父母舅姑之所，有命之，應唯敬對。進退周旋慎齊，升降出入揖游，不敢噦噫、嚏咳、欠伸、跛倚、睇視，不敢唾洟；寒不敢襲，癢不敢搔；不有敬事，不敢袒裼，不涉不撅，褻衣衾不見里。（《禮記・內則》）」（《儀禮經傳通解卷第三》〈家禮三・內則第五〉，《朱子全書》，第 2 冊，頁 142～143）

〔註50〕 見「曾子曰：『孝子之養老也，樂其心不違其志，樂其耳目，安其寢處，以其飲食忠養之孝子之身終，終身也者，非終父母之身，終其身也；是故父母之所愛亦愛之，父母之所敬亦敬之，至於犬馬盡然，而況於人乎！』（《禮記・內則》）」（《儀禮經傳通解卷第三》〈家禮三・內則第五〉，《朱子全書》，第 2 冊，頁 149）

〔註51〕 朱熹說：「古無此篇，今取《小戴昏義》、《哀公問》、《文王世子》、《內則》篇及《周禮》、《大戴禮》、《春秋》內外傳、《孟子》、《書大傳》、《新序》、《烈女傳》、《前漢書》、賈誼《新書》、《孔叢子》之言人君內治之法者，創為此記，以補經闕。」（〈篇第目錄〉，《朱子全書》，第 2 冊，頁 32）

〔註52〕 見「古者天子后立六宮、三夫人、九嬪、二十七世婦、八十一御妻，以聽天下之內治，以明章婦順；故天下內和而家理。天子立六官、三公、九卿、二十七大夫、八十一元士，以聽天下之外治，以明章天下之男教；故外和而國治。故曰：天子聽男教，后聽女順；天子理陽道，后治陰德；天子聽外治，后聽內職。教順成俗，外內和順，國家理治，此之謂盛德。（《禮記・昏義》）」（《儀禮經傳通解卷第四》〈家禮三・內治第六〉，《朱子全書》，第 2 冊，頁 179）

〔註53〕 見「周宣姜后賢而有德，事非禮不言，行非禮不動。宣王嘗早臥晏起，后夫人不出房。姜后既出，乃脫簪珥，待罪於永巷，使其傅母通言於王曰：「妾不才，妾之淫心見矣，至使君王失禮而晏朝，以見君王樂色而忘德也。夫苟樂色，必好奢，好奢必窮樂。窮樂者，亂之所興也。原亂之興從婢子起，婢子生亂，當服其辜，敢請婢子之罪，唯君王之命。」王曰：「寡人不德，實自生過，從寡人起，非夫人之罪也。」遂復姜后而勤於政事，早朝晏退，繼文武之迹，興周室之業，卒成中興之名，為周世宗。（《烈女傳・賢明・周宣姜后》）」（《儀禮經傳通解卷第四》〈家禮三・內治第六〉，《朱子全書》，第 2 冊，頁 188）

總括來說大凡男女、夫婦、事長、教子（含胎教）以及冠笄嫁娶等日常生活細節的教導，盡皆有之。

〈學禮〉方面則有更多教導，內容主要在〈學制第十六〉、〈學義第十七〉、〈弟子職第十八〉、〈少儀第十九〉、〈臣禮第二十一〉、〈學記第二十七〉、〈大學第二十八〉等篇中。

〈學制第十六〉是〈學禮〉的第一篇，列出教民、教子弟，和教學之通法〔註54〕，對子弟有三德、三行〔註55〕，還有六藝和六儀〔註56〕，各種的教化藝儀目的在於明人倫之義、禮樂之義和教學之序〔註57〕。

此外，朱熹於個人循禮行義的修養上，特重生活中的細小儀節，認爲這才是根本處，所以飲食、灑掃、應對進退都必須小心學習，故而取《管子》和《小戴禮記》編訂〈弟子職第十八〉和〈少儀第十九〉兩篇，都是尤其著重於細小儀節的篇章〔註58〕，另外也由《禮記》挑選，編訂〈學記第二十七〉和〈大學第二十八〉兩篇〔註59〕。

〔註54〕　朱子於〈篇第目錄〉中説：「古無此篇。此類今以家塾黨庠遂序皆爲鄉學，則其禮之次宜有以見其設教導民之法，故集諸經傳創立此篇，以爲此類之首。」（〈篇第目錄〉，《朱子全書》，第 2 冊，頁 36）

〔註55〕　「周禮師氏：掌以媺詔王。以三德教國子：一曰至德，以爲道本；二曰敏德，以爲行本；三曰孝德，以知逆惡。教三行：一曰孝行，以親父母；二曰友行，以尊賢良；三曰順行，以事師長。（《周禮・地官司徒》）」（《儀禮經傳通解卷第九》〈學禮一之上・學制第十六〉，《朱子全書》，第 2 冊，頁 389）

〔註56〕　「保氏：掌諫王惡，而養國子以道。乃教之六藝：一曰五禮，二曰六樂，三曰五射，四曰五馭，五曰六書，六曰九數。乃教之六儀：一曰祭祀之容，二曰賓客之容，三曰朝廷之容，四曰喪紀之容，五曰軍旅之容，六曰車馬之容。（《周禮・地官司徒》）」（《儀禮經傳通解卷第九》〈學禮一之上・學制第十六〉，《朱子全書》，第 2 冊，頁 389）

〔註57〕　〈學義第十七〉是朱子所創，爲要解釋〈學制第十六〉各種德行禮儀教化之意，根據〈學義第十七〉，可以知道各種的教化藝儀目的在於明人倫之義、禮樂之義和教學之序。

〔註58〕　朱熹説：「〈弟子職第十八〉：此《管子》之全篇，言童子入學受業事師之法。今分章句，參以眾説，補其注文，以附于經。〈少儀第十九〉：此《小戴記》之第十七篇，言少事長之節，注疏以爲細小威儀，非也。今釐其雜亂，而別取它篇及諸書以補之。」（〈篇第目錄〉，《朱子全書》，第 2 冊，頁 36）

〔註59〕　〈學記第二十七〉：朱熹説：「《小戴》第十八篇，言古者學校教人傳道授業之次序與其得失興廢之所由，蓋兼大小學而言之。舊注多失其所指，、金考橫渠張氏之説，並附己意，以補其注云。」〈大學第二十八〉：朱熹説：「《小戴》第四十二篇，專言古者大學教人之次第，河南程氏以爲孔氏之遺書者也。秦漢以來儒者既失其傳，故其舊文舛錯爲甚，而訓説亦多不能得其微意。今推

朱子特重生活中細小儀節的實踐與操持，故而特立〈家禮〉與〈學禮〉兩篇，在日常處事上，訂出規範條例，使人方便學習與執行。

對朱子而言，禮儀不是只是形式，而是蘊含了義理在其中，所以每日由細小儀節作起，時候久了，自然能夠克己復禮，以至於理的完全顯現。

因此，根據本節之論，朱熹是以「理」作為「禮」的內涵，並且重新詮釋了孔子「義以為質」和「克己復禮」的意義。朱熹以理氣論作為詮釋架構，將「義」解釋為「理」，又將「克己復禮」解釋為由每日細小儀節中，以禮化氣的為仁工夫，特重〈家禮〉和〈學禮〉兩篇中細小儀節的部分。

因此朱熹將禮儀的實踐，視為以理化氣。

第四節　《儀禮經傳通解》祭祀觀總結

本章由鬼神觀的研究，探討朱熹如何看待大眾祭祀鬼神，發現朱熹論祭祀有政治與教化兩個目的。

朱熹以祭祀的體制，強化政權的尊卑次序，與家族中的長幼次序，既有鞏固王權之效，也有穩定社會秩序，重整三綱五常之功。藉由祭祀中敬鬼神的意涵，更有使人敬愛君主，以及涵養仁孝的教化作用。

朱熹採禮、義、理的路徑，以理作為禮的內涵，與孔子採禮、義、仁的路徑雖有異，但克己復禮的旨意是一致的。朱熹認為藉由每日細小儀節的實踐與操持，涵養教育的工夫漸漸生效，終能以禮（理）化氣，復歸於理。

因此朱熹雖重視祭祀的諸多禮儀，但重點卻不在鬼神之宗教層面，而在於政治與教化，使國家社會有序，三綱五常得正，不論就個人或國家而言，祭祀禮儀的強化，皆是以禮（理）化氣的工作。

本程氏，既緒正之，仍別為之章句。讀者宜盡心焉，則聖賢之學可漸而進矣。」（〈篇第目錄〉，《朱子全書》，第 2 冊，頁 38）

第七章　結　論

本書參考傅科《知識考古學》所提供的考古學方法，由造成朱熹思想斷裂處的「鬼神」為研究焦點，以著作研究法，研究《詩集傳》、《周易本義》、《周易參同契考異》、《楚辭集注》和《儀禮經傳通解》等五本著作，以及其他相關著作中，朱熹論鬼神的目的，證明朱熹論鬼神之著眼點，以及論述目的在於政治與教化兩方面。

朱熹欲藉鬼神相關議題的闡述，協助政權與國家秩序穩定，端正社會風俗，確立三綱五常，並且使大眾的鬼神信仰，具有理氣論的規範，使合理的信仰得到尊重，無法找到理氣根據的信仰，不再迷惑大眾，因此朱熹所論理氣哲學與鬼神之宗教向度，並非不一致的關係，而是緊密相連的關係。

朱熹一方面藉由重視宗教，推廣理氣論與儒學教化，將理氣論與儒學教化，推廣至國家社會各個層面，一方面又藉由理氣論，使宗教合理化，朱熹所論理氣哲學與鬼神之宗教向度，可以說是以理化氣的關係，更可以說是理在氣中之不離不雜的關係。

因此，基於政治與教化的目的，朱熹論鬼神僅為理氣論的延伸，朱熹的思想體系，仍具有完整一致性。

本章分兩部分總結論述，第一部份回應第一章緒論所述諸學者提出的質疑。第二部份綜述理氣論與宗教向度的關係，回應題旨，總結全書。

第一節　對朱熹論鬼神質疑的回應

本書曾於第一章述及諸學者對朱熹論鬼神的質疑，包括對朱熹理氣哲學

與鬼神之宗教向度不一致問題的質疑，大致存在於「鬼怪神仙與民俗義鬼神存在問題」、「與儒家思想人文化相左問題」、「祭祀上氣的聚散與感格問題」，以及「朱熹所論鬼神是否為人格神或理神」四個方面。本節以下列五點加以回應。

一、鬼怪神仙與民俗義的鬼神存在問題

對於朱熹是否認可鬼怪神仙的存在，以及朱熹對鬼神的看法是否同於世俗義鬼神，多位學者認為當中有矛盾或者爭議。

對於朱熹某些認可鬼怪神仙的描述，劉述先認為是偶有例外，張立文認為是未能擺脫傳統習慣，而金永植認為是雖反對迷信，但承認異常，筆者以為這個問題，需要回到朱熹各相關著作的文本中檢視。

若根據本書第四章和第五章，對《周易參同契考異》及《楚辭集注》的討論，可以發現朱熹對於神仙的看法分為兩類，第一類是與煉丹相關的神仙，第二類是神話傳說以及民俗義的神仙，鬼怪亦包含於民俗義之內。

1、與煉丹相關的神仙

與煉丹相關的神仙，根據本書第四章第四節的論述，包括在煉丹中可能加以指導的神仙，以及憑藉內丹或外丹修煉而成的神仙。就前者而言，朱熹認為那只是想像或比喻，事實上不存在。

而就後者而言，朱熹也不認為有煉丹而長生不死的仙人，或許會因為練就「清虛之氣」而較不易散去，但也只是時間早晚，久了還是散去。所以對於與煉丹相關，永在的神仙，朱熹是不認同的。

2、民俗義鬼怪神仙

較出現爭議的當屬第二類，也就是神話傳說以及民俗義的鬼怪神仙。根據本書第五章所論，朱熹對於神話傳說和民俗義的鬼怪神仙，是以理氣論，以及當時的科學知識與常識兩方面加以思考的。以理氣論為主，當時的科學知識與常識為輔。倘若該神話傳說或民俗義的鬼怪神仙所述，直接違反當時的科學知識與常識，朱熹便直接將之斥為怪妄或者荒誕不足論者，但是如果可以用理氣論加以理解的，就以「理之變」或者「或有是也」的態度回應。

然而對於「神仙度世」之說，朱熹認為無理，所以不可期，朱熹能接受

的只是因養生而長壽者，所以對於神仙的觀點，也在詮釋上導向修養論。

因此對於度世的神仙，朱熹基本上就是認為不存在，而神話傳說以及民俗義的鬼怪神仙，則是如能用理氣論解釋，那麼可能有，不能用理氣論解釋，則不存在。理氣論是鬼神是否存在的判斷標準，也是鬼神存在的解釋，即便朱熹使用「理之變」和「或有是也」這樣不確定的言語，也只是不確定當屬何「理」而已，只要可能有理，朱熹就肯定其存在。

因此，可以推論朱熹的鬼神觀，並非金永植和林維杰曾述之不可知論〔註1〕，而為可知論，甚至朱熹根本上就認為鬼神存在，但是朱熹所論之鬼神又非與世俗義之鬼神無異，因為世俗義之鬼神並非皆以理氣論作為判準與解釋，而朱熹所論存在之鬼神必以理氣作為判準與解釋，所以與世俗義之鬼神是絕不相同的，由此也可以回應周予同先生提出之關於儒家思想退化的質疑。

二、與儒家思想人文化相左問題

周予同認為朱熹是宋儒哲學思想退化的代表，他認為朱熹認同世俗義的鬼神與古代儒家思想背道而馳，先秦儒家鮮論鬼神，雖重喪葬祭祀，但也僅止於與宗教相似，實質上乃重在假借儀式修養身心，並以宗教為維繫社會之工具，宗教之內涵在於倫理。但朱熹雖以鬼神為陰陽之靈的別稱，對世俗所謂的鬼神，卻客觀承認其存在，實在是未脫原始宗教，哲學氣息漸滅無餘。

此外，朱熹的祭祀觀與《禮記》中〈祭義〉、〈禮器〉、〈郊特牲〉之祭祀觀相較，也未見宋儒對古代儒家思想加以哲學性的解釋，故不能稱為學術思想的進步。〔註2〕

由周予同對朱熹的批駁，可知其焦點在於：其一，朱熹所論鬼神與世俗所謂鬼神無異；其二，在祭祀觀上與古代儒家相悖。關於第一點，本章已於上文論述，朱熹對世俗所謂鬼神的看法，不可直接將其視為客觀承認，更不

〔註1〕 金永植說：「說到底，朱熹的態度來源於孔子在《論語》中的教導：『敬鬼神而遠之。』以及：『未能事人，焉能事鬼？』這是一直到朱熹為止，很多儒生對鬼神之事採取懷疑、不可知論的態度的根源：沒有必要花太多的經歷去弄懂這些事，更重要的人事都顧不過來呢！朱熹一再引用孔子的話，也贊同這樣的態度。」金永植：《朱熹的自然哲學》，潘文國譯，上海：華東師範大學出版社，2003 年 11 月，頁 115。林維杰所說不可知論見本書第一章緒論。
〔註2〕 本段為第一章緒論周予同引文部分的摘要說明。

可視爲與理氣論不合，因爲朱熹實在是以理氣論，作爲一切鬼神是否存在的判準與解釋。朱熹若承認某世俗所謂之鬼神存在，也必是因其符合理氣論，能以理氣論解釋之故，並非概括承認。

其二，關於祭祀觀的部分，本書於第六章《儀禮經傳通解》，已論述朱熹的祭祀觀乃綜合三《禮》而來，其中蘊含了秩序重建與德行教化的目的，透過祭祀禮儀規定的體制，明長幼尊卑次序，確立宮廷與宗族的秩序制度，又透過對鬼神之崇敬，以禮教化人心，使民能敬上，行諸多德行。

朱熹所創〈家禮〉和〈學禮〉兩篇，則是強化細小儀節的部分，以理作爲禮的內涵，在日常處事上，訂出規範條例，使人方便學習與執行，此一爲仁工夫實行得久了，自然得到涵養德行的效果。

因此朱熹的祭祀觀與周予同所述古代儒家思想一致，朱熹所述每日操持的爲仁工夫，爲孔子「克己復禮爲仁」思想的發展，宗教的實質內容與目的，仍在修養人心與維繫社會。朱熹雖較古代儒家多講鬼神，但本質上還是在說理氣論，以及倫理教化。

因此朱熹對祭祀的看法，並無表現其哲學思想的退化，而是其哲學思想更多結合宗教面的發揮。

三、祭祀上氣的聚散與感格問題

第一章緒論曾述及黃瑩暖提出的五點質疑，認爲朱熹論鬼神，在這五點上無法自圓其說，其中三點是關於「感格」，本章於此回應黃瑩暖的質疑，並補充朱熹的「感格」說。

大致來說黃瑩暖指出當中存疑之處，在於人死後氣散與不散的問題、已散之氣如何能再聚的問題，以及朱熹以血脈貫通的角度說祭祖，但卻無法以此狹義角度涵蓋姻親、天地山川、五祀、無主後者和先聖先賢的祭祀〔註3〕。

先看「感格」說的部分，黃瑩暖將朱熹所謂感格成立的原因歸納爲五點：（1）心存誠敬；（2）血脈相貫（祀祖先）；（3）同此大化之氣（祀姻親）；（4）理合如此（祀聖賢及無主後者）；（5）當位主之（天子、諸侯、大夫之祀）；其中以第一點爲其餘各點的基礎。然黃瑩暖又說當中第三點與第四

〔註3〕見黃瑩暖：〈朱熹的鬼神觀〉，《國文學報》第二十九期，台北：國立台灣師範大學國文系，2000年6月，頁108～112。

點，界義皆太過遼闊，若以第三點視之，天地間只是一氣，那麼第二、四、五三點就無成立必要了；同樣若以第四點視之，亦可涵括其餘諸點，黃瑩暖說：「第四點『理合如此』亦可涵括祖先、姻親、聖賢、天地山川等的祭祀原因，而跨越一切『非類』的藩籬。」那麼，第一、二點言感格基礎在血緣、在氣者，似似乎就成了第二義。這樣紛雜的論述，呈現朱熹鬼神理論不統整的問題。〔註4〕

　　由黃瑩暖對第三點與第四點的看法可知，事實上所歸納之五點原因，只是（3）、（4）兩點，也就是在（3）主氣或（4）主理兩個原因而已，因為黃瑩暖視為基礎的（1），其實並非感格的原因，而只是感格的條件，因為僅憑心存誠敬，並不能造成感格，唯有理或氣，才是感格的原因，所以筆者認為黃瑩暖之所以認為朱熹「感格」說有不統整之處，乃在於「氣主」與「理主」二者能否並存。

　　然而筆者以為黃瑩暖忽略了「理」「氣」在朱熹來說，本就具有「不離」的關係，理氣本就是並存的，況且在黃瑩暖的解釋中（2）和（5）本就皆可併入（3）主氣或（4）主理之中，因此若推論朱熹乃因為詮釋的方便，選擇以理來說或者以氣來說，並不會造成當中的不統整。

　　而氣散與不散的問題，也在於朱熹的解釋為或主理、或主氣。若有理，則可聚。朱熹可因詮釋的方便，依祭祀的對象，或以理、或以氣說明鬼神存在。

四、人格神傾向問題

　　在第二章中，本書已回應對朱熹而言「天」不是神人同形同性的神，「天即理」，「天」可以說具有最高的主宰與權威，但是那也僅僅就「理」而言，「天」是作為一個原理、原則性的存在。儘管「天」具有宗教性意義，滿足人宗教情感的期待，可作為歸咎對象，以及美好的理想與盼望，但終究不是一個人格性的存在，而僅為概念性的存在。

　　朱熹認為所有祭祀的對象，皆不能視為一類似於「人」的存在，在那裡

〔註4〕黃瑩暖說：「依朱熹的說法，只要道理上合當祭祀，便理所當然必致感格，道德判斷的應然與否，即決定感格事實之成立與否，如此，（一）、（二）點言感格基礎在血緣、在『氣』者，似已成第二義，可見朱熹理論不統整之處。」本段描述以及兩段引文出處皆見黃瑩暖：〈朱熹的鬼神觀〉，《國文學報》第二十九期，台北：國立台灣師範大學國文系，2000年6月，頁111。

接受祭祀，因此所有祭祀的對象包括「天」在內，都不是一個神人同形同性的存在。

五、理神論傾向問題

在第三章，本書論及朱熹哲學中，理神論傾向的疑義。就卜筮而言，一切吉凶禍福，皆在於自身行為順理與否，「理」才是最終的依據，但是此「理」並非理神論的「理」。

朱熹不論在卜筮，或者本書第二章所述之上天的賜福，其理論基礎皆在「感格」上，第二章的感格以「理」為主，第三章所述及之感格，兼及理氣。就「理」的感格而言，聖人得天理而能闡釋義理，是基於「理」的感格，而卜筮之問卜則主在「氣」的感格。不論基於理的感格，或氣的感格，上天的賜福與問卜對象，皆不是一個特定的對象，因此「理」並非指向一個特定的神。

而且朱熹問卜的對象也包含「氣」，理神論傾向的神學觀點，既無法包含為陰陽屈伸之氣的鬼神，也無法解釋「氣」的感格面，所以朱熹所論之鬼神實非一「理神」的存在。

再者，本書第三章也論及，卜筮活動所涉之理，尚有「義理」的層面，所以朱熹論卜筮仍在儒家倫理德行的意涵上，實與神學理論中「神」的意涵有差距。

第二節　理氣論與宗教向度的關係

本書透過鬼神觀的研究，以五本主要著作的研究成果，作為論證前提，證明朱熹論鬼神的目的，在於政治與教化兩方面。透過政治與教化的考量，朱熹理氣哲學與宗教向度具有一致性。

若以政治以及教化兩個面向，重新審視本書論述之五大主題：天、卜筮、煉丹求仙、神話傳說與民俗義鬼神，以及祭祀，可以發現朱熹理氣哲學與宗教向度間，具有「宗教為理氣哲學實踐的媒介」與「理氣哲學為鬼神存在的根據」兩大特點，理氣哲學與宗教形成平行且相互依靠的關係，本書結論此為理在氣中的關係，為理氣論中理氣架構的延伸。

一、宗教為理氣哲學實踐的媒介

若以政治與教化的角度，本書各章的論述中，皆可發現朱熹以宗教為理氣哲學實踐的媒介。

在第二章論天處，藉由天在宗教上的崇高性，朱熹一方面強化了君王的權威性，一方面也推廣了儒家的倫理道德意識，以「德」為天人關係建立的基礎。

在第三章論卜筮處，朱熹藉由提升對卜筮以及象數學的重視，將卦爻中的義理闡釋得更為清楚，最終的目的在從中達到「通志成務」。

在第四章論道教神仙術的部分，朱熹雖論述道教經典，表現出對當中煉丹術的興趣，但實則反對煉丹成仙的說法，而僅取修養之途。當中的修養理論，朱熹也以儒學易理加以貫通，以「心」作為修養的焦點。

在第五章論神話傳說與民俗義鬼神的部分，朱熹雖在文本詮釋上恢復民俗義鬼神的原貌，其實也只是在詮釋上，將原本省略的曲折之處，加以還原，使得文本詮釋能更加清楚。對於當中神仙度世之說，朱熹也以具體養生之法，和合於理氣論之養生之理，使神仙學轉為長生之道的具體化實踐。

在第六章論祭祀的部分，朱熹藉由論祭祀重建政治倫理秩序，不論是在宮廷或在宗族中皆有明尊卑上下之意涵，透過每日細小儀節的操持，宗教祭祀更帶有倫理的意涵。朱熹以《儀禮》為經含納三《禮》，編纂《儀禮經傳通解》實有仿效孔子復周禮之意味，只是孔子以義和仁作為禮的內涵，朱熹以理作為禮的內涵，但貫徹儒學教化，以禮安定國家社會秩序的用意是一致的。

二、理氣哲學為鬼神存在的根據

朱熹論鬼神，並未如民俗信仰一般，而是以理氣論作為一切鬼神存在的判準，以及依據。

透過朱熹理氣論的說明，朱熹給予卜筮和祭祀感格合理的根據，使得卜筮與所有合理的祭祀活動都具有正當性。此外朱熹也透過理氣論的說明，給予某些神話傳說和民俗義中的鬼神，存在的正當性，只要符合理氣說明的鬼神，皆是存在的。

對於民俗信仰中的宗教活動，如巫師請靈，和「尸」的功用，朱熹也透過理氣加以說明，使其具有合理的可能性。

透過以理氣哲學作爲鬼神存在的根據，朱熹提升了宗教的地位，確保了宗教信仰的存在。

三、理在氣中的哲學與宗教關係

本書以朱熹鬼神觀爲研究焦點，證明朱熹所論之宗教層面，僅具有政治管理上的輔助作用，以及理氣論儒學推廣的教化性目的，朱熹未眞正進入宗教層面談論宗教，也未走入信仰之途。因此朱熹雖贊同某些民俗義鬼神存在，也未違背以鬼神事爲第二序的宣稱。

就哲學與宗教的關係來看，本書化解了朱熹思想中因「鬼神」，而產生之哲學與宗教不一致問題，朱熹一方面使用宗教作爲理氣哲學實踐落實的媒介，運用祭祀的儀式與鬼神的信仰，推行儒學義理教化與政治策略；一方面以理氣作爲鬼神存在的根據，使得卜筮與所有合理的宗教活動都具有正當性，某些神話傳說和民俗義的鬼神，也因合理而有存在的正當性。朱熹對哲學與宗教關係間的處理，並無違背理氣論，而只是理氣論在實用上的應用。

筆者以爲若我們將哲學義理，視爲朱熹「理」概念的延伸，那麼鬼神宗教這些朱熹以哲學義理去加以規範的議題，就是「氣」概念的延伸，因此由朱熹鬼神觀來看，朱熹的哲學與宗教思想就是一個理在氣中，理氣不離不雜的關係。

參考文獻

Ⅰ、中文

一、古籍文獻（按作者年代排列）

1. （漢）京房《京氏易傳》三卷，吳陸績注，台北：世界書局，1986 年。
2. （唐）李昉等編《太平廣記》，北京：北京中華書局，1961 年。
3. （宋）張伯端《悟眞篇淺解‧附錄二悟眞篇丹法源流》，王沐淺解，北京中華書局，1990 年 10 月初版。
4. （宋）邵雍《皇極經世》，揚州市：江蘇廣陵古籍刻印社，1997 年。
5. （宋）程顥程頤《二程集‧周易程氏傳》，王孝魚點校，北京：北京中華書局，1981 年 7 月初版。
6. （宋）洪興祖《楚辭補注》，頂淵文化事業有限公司，2005 年初版。
7. （宋）朱熹《四書章句集注》，北京：中華書局，1983 年 10 月。
   ——《朱子語類》（全 8 冊），黎靖德編，王星賢校點，北京：中華書局，1986 年 3 月。
   ——《欽定四庫全書‧周易參同契考異》，版本依據《周易參同契考異、周易參同契發揮、周易參同契分章註》，天津古籍出版社，1988 年。
   ——《朱子文集》，陳俊民校編，德富古籍叢刊，台北市：德富文教基金會出版：允晨文化總經銷，2000 年。
   ——《楚辭集注》，蔣立甫校點，上海：上海古籍出版社，2001 年 12 月出版。
   ——《朱子全書》（共 27 冊），朱杰人、羅佐之、劉永翔主編，上海古籍出版社、安徽教育出版社，2002 年。

8. （宋）王質《詩總聞》二十卷二，北京：學苑，2003 年。

9. （宋）呂祖謙《復齋易說・古周易》，（宋）趙彥肅撰，台北市廣文書局，1974 年 9 月初版。

10. （宋）陳淳《北溪字義》，收入（清）張伯行集解：《近思錄集解・北溪字義》，卷下，頁 26b，總頁 43，台北：世界書局，1991 年。

11. （明）張宇初、邵以正、張國祥編纂《正統道藏》，第三十四冊，臺北市：新文豐，1985 年。

12. （明）胡廣等纂修《性理大全》，濟南市：山東友誼書社，1991 年。

13. （明）黃宗羲《宋元學案》，（清）全祖望補修，陳金生、梁運華點校，北京：中華書局，1986 年 12 月。

14. （清）徐乾學輯（清），納蘭成德校訂《索引本通志堂經解》，台北市：漢京，1985 年。

15. （清）王懋竑《朱熹年譜》，何忠禮點校，北京中華書局，1998 年 10 月。

16. （清）皮錫瑞《經學通論》，台北市：學海，1985 初版。

17. （清）阮元校勘《十三經注疏》（共 8 冊），台北市：藝文印書館，1989 年。

18. （清）永瑢等編撰《四庫全書總目提要》，上海：上海商務印書館，1933 年。

二、近人著述

1、專書（按作者姓名筆畫排列）

1. 王倩《朱熹詩教思想研究》，北京：北京大學出版社，2009 年 11 月。

2. 田浩（Hoyt Cleveland Tillman）《朱熹的思維世界》，台北市：允晨文化，1996 年初版。

3. 朱伯崑《易學哲學史》，台北市：藍燈文化事業，1991 年 9 月初版。
    ———《易學哲學史》，北京：華夏出版社，1995 年。

4. 牟宗三《生命的學問》，台北市：三民，1984 年，三版。
    ———《圓善論》，台北：台灣學生書局，1985 年。

5. 李日剛等《三禮研究論集》，台北：黎明文化事業公司出版，1982 年 10 月再版。

6. 吳文璋《巫師傳統和儒家的深層結構——以先秦到西漢的儒家爲研究對象》，高雄市：復文出版社，2000 年 6 月初版。

7. 吳展良《朱子研究書目新編 1900～2002》，臺北：國立臺灣大學出版中心，2007 年初版二刷。

8. 余英時《朱熹的歷史世界：宋代士大夫政治文化的研究》（上、下篇），台北市：允晨文化，2003 年 6 月 10 日初版。

9. 杜保瑞《北宋儒學》，台北：台灣商務印書館，2005 年 4 月。
   ———《南宋儒學》，台北：台灣商務印書館，2010 年 9 月。

10. 束景南《朱子大傳》，福建教育出版社，1992 年 10 月。
    ———《朱熹年譜長編》（上、下卷），上海：華東師範大學出版，2001 年。
    ———《朱熹研究》，北京：人民出版社，2008 年 10 月。

11. 何平立《天命、儀禮與秩序演繹——中國文化史要論》，濟南：山東人民出版社 2011 年 1 月。

12. 孟乃昌《周易參同契考辯》，上海古籍出版社，1993 年 8 月出版。

13. 周予同原著，朱維錚編校《孔子、孔聖和朱熹》，上海人民出版社出版，2012 年 6 月初版。

14. 林忠軍《象數易學發展史》（第一卷），齊魯書社，1994 年 7 月初版。

15. 林國平、彭文宇《福建民間信仰》，福建人民出版社，1993 年 12 月。

16. 林慶彰《朱子學研究書目•1990～1991》，台北：文津出版社，1992 年。

17. 徐志銳《宋明易學概論》，瀋陽：遼寧古籍出版社，1996 年 12 月。

18. 徐剛《朱熹自然哲學思想論稿》，福州：福建教育出版社，2002 年。

19. 徐復觀《中國人性論史·先秦篇》，台北市：台灣商務印書館，1984 年 4 月 7 版。

20. 唐君毅《中國文化之精神價值》，台北：正中，1979 年，台修訂二版。

21. 高懷民《宋元明易經史》，高懷民出版，台北市荷美印刷設計有限公司印刷，1994 年 12 月初版。

22. 黃忠慎《朱子《詩經》學新探》，台北市：五南，2001 年初版。

23. 陳來《朱熹哲學研究》，文津出版社，1990 年。
    ——《古代宗教與倫理：儒家思想的根源》，台北市：允晨文化，2005 年。
    ——《宋明理學》，臺北：允晨文化，2010 年 2 月。
    ——《朱子書信編年考證》，北京：生活·讀書·新知三聯書店，2011 年 1 月初版。

24. 陳榮捷《朱學論集》，台北：台灣學生書局，1982 年。
    ———《朱子門人》，台北：台灣學生書局，1982 年。
    ———《朱子新探索》，台北：台灣學生書局，1989 年。

25. 曾春海《朱熹易學析論》，台北縣：輔仁大學出版社，1983 年 1 月初版。

26. 勞思光《新編中國哲學史》，台北市：三民書局，1984 年。

27. 傅佩榮《儒道天論發微》，台北市：台灣學生書局，1985 年 10 月初版。

28. 張立文《朱熹思想研究》（上下冊）。台北：谷風出版社，1986 年 10 月。

29. 張光直《中國青銅時代》，北京：生活・讀書・新知三聯書店，1999 年 9 月。

30. 欽偉剛《朱熹與《參同契》文本》，四川出版集團巴蜀書社，2004 年 11 月。

31. 鄒昌林《中國古禮研究》，台北市：文津出版社，1992 年出版。

32. 葉國良《禮學研究的諸面向》，新竹市：國立清華大學出版社，2010 年 12 月出版。

33. 劉述先《朱子哲學思想的發展與完成》，台灣學生書局，1982 年。

34. 劉國樑注譯，黃沛榮校閱《新譯周易參同契》，三民書局，1999 年 11 月初版。

35. 潘啓明《周易參同契解讀》，北京光明日報出版社，2005 年 9 月。

36. 錢玄《三禮通論》，南京師範大學出版社，1996 年 10 月。

37. 錢穆《朱子新學案》，台北：三民書局總經銷，1971 年。

38. 檀作文《朱熹詩經學研究》，北京：學苑出版社，2003 年 8 月。

2、翻譯作品（按作者姓名字母排列）

1. Bruce, J. Percy（卜道成）《朱熹和他的前輩們：朱熹與宋代新儒學導論》（*Chu hsi and his masters: an introduction to Chu hsi and the sung school of Chinese philosophy*），謝曉東譯，廈門：廈門大學出版社，2010 年 3 月初版。

2. Ching, Julia（秦家懿）《朱熹宗教思想》（*The Religious Thought of Chu His*），曹劍波譯，廈門大學出版社，2010 年 3 月。

3. Foucault, Michel（米歇爾・福柯）《知識考古學》（*L'archeologie du savoir*）謝強、馬月譯，北京：生活・讀書・新知三聯書店，1998 年 6 月初版。

4. Kim, Yung Sik（金永植）《朱熹的自然哲學》（*The Natural Philosophy of Chu Hsi（1130～1200）*），潘文國譯，上海：華東師範大學出版社，2003 年 11 月。

5. Needham, Joseph（李約瑟）《中國之科學與文明》（*Science and Civilisation in China*），第二、三、五冊，陳立夫主譯，中華文化復興運動推行委員會、「中國之科學與文明」編譯委員會編譯，台北：台灣商務印書管，1975 年 1 月初版。

6. Weber, Max（馬克斯・韋伯）《儒教與道教》（*Konfuzianismus und Taoismus Gesammelte Aufsätze zur religionssoziologie*）洪天富譯，南京：江蘇人民出版社，2003 年 8 月初版。

7. Whitehead, Alfred North（懷德海）《宗教的創生》（*Religion in the making*）蔡坤鴻譯，台北市：桂冠，1995 年。

3、**論文集**（按編者姓名筆畫排列）

1. 朱杰人主編《邁入 21 世紀的朱子學：紀念朱熹誕辰 870 週年、逝世 800 週年論文集》，上海：華東師範大學出版社，2001 年 11 月。

2. 陳支平、劉澤亮主編《展望未來的朱子學研究——朱子學會成立大會暨朱子學與現代跨文化意義國際學術研討會論文集》，廈門：廈門大學出版社，2012 年 5 月

3. 張品端主編《東亞朱子學新論》，廈門：廈門大學出版社，2011 年 10 月。

4. 鍾振宇、廖欽彬主編《跨文化視野下的東亞宗教傳統：個案探討篇》，當代儒學研究叢刊 29，台北市：中央研究院中國文哲所，2012 年 12 月。

5. 鍾彩鈞主編《國際朱子學會議論文集》（上、下冊），張季琳執行編輯，台北市：中央研究院中國文哲研究所籌備處發行，1994 年 5 月。

　　———《朱子學的開展——學術篇》，臺北：漢學研究中心，2002 年。

4、**學位論文**（按作者姓名筆畫排列）

1. 金尚燮《朱熹以理學詮釋易學之研究》，國立台灣大學哲學研究所博士論文（張永儁教授指導），1991 年。

2. 孫致文《朱熹《儀禮經傳通解》研究》，國立中央大學中國文學研究所博士論文（岑溢成教授指導），2004 年 06 月。

5、**期刊論文**（按作者姓名筆畫排列）

1. 李中祥〈萊布尼茲的「單子」和朱熹的「理」之異同——兼論萊布尼茲對朱熹之「理」的理解〉，《河北理工大學學報》（社會科學版），第 11 卷，第 3 期，2011 年 5 月。

2. 吳展良〈朱子世界觀體系的基本特質〉，《台大文史哲學報》，第六十八期，2008 年 5 月。

3. 林維杰〈牟宗三先生論儒教〉，《揭諦》，第七期，2004 年 7 月。

4. 洪宇蓁〈《北溪字義》「鬼神」思想之探析〉，《鵝湖月刊》第 38 卷第 4 期，2012 年 10 月。

5. 孫致文〈朱熹祭祀觀管窺〉，《當代儒學研究》第四期 2008 年 7 月。

6. 張進〈朱熹的宗教思想初探〉，《中共濟南市委黨校學報》，2007 年 3 月。

7. 黃瑩暖〈朱熹的鬼神觀〉，《國文學報》第二十九期，台北：國立台灣師範大學國文系，2000 年 6 月。

8. 楊雅妃〈朱熹靜坐法〉，《興大中文學報》第十八期，2006 年 1 月。

Ⅱ、外文

1. Audi, Robert. *The Cambridge Dictionary of Philosophy*, second edition. Cambridge: Cambridge University Press, 1999.

2. Chan, Wing-tsit. Chu His: *New Studies*. Honolulu: University of Hawaii Press, 1989.

3. Chan, Wing-tsit. *Chu His: Life and Thought*. Hong Kong: Chinese University Press, 1987.

4. Ching, Julia. *The Religious Thought of Chu His*. Oxford: Oxford University Press, 2000.

5. Chung, *Tsai-Chun. The Development of the Concepts of Heaven and of Man in the Philosophy of Chu Hsi*. Taiwan: Institute of Chinese Literature and Philosophy, Academia Sinica, 1993.

6. Hick, John. *Philosophy of Religion*. Englewood Cliffs, New Jersey: Prentice-Hall, 4th ed, 1990.

7. Kim, Yung Sik.「From the Chu-Tzu Yü-Lei（1270）to the Chu-Tzu Ch'üan-Shu(1714): Change and Stability of Orthodox Ch'eng-Chu Learning」. *Tsing Hua Journal of Chinese Studies*, Sep2008, Vol. 38 Issue 3, p505.

8. Kim, Yung Sik. *The Natural Philosophy of Chu Hsi（1130～1200）*. Philadelphia: American Philosophical Society, 2000.

9. Leibniz, Gottfried Wilhelm. *Discourse on the Theology of the Chinese*. Translated, with an introduction, notes and commentary by Henry Rosemont, and Daniel J. Cook. Honolulu: University Press of Hawaii, 1977.

10. Needham, Joseph. *Science and Civilisation in China*. Cambridge: Cambridge University Press, 1954.

11. Pan, Feng-Chuan.「The Interpretation and the Re-interpretation of Chinese Philosophy: Longobardo and Leibniz」. *Leuven Chinese Studies*, 17: 491～514.

12. *The Oxford English Dictionary*, second edition. Oxford: Oxford University Press, 1989.